Andreas R. Batlogg SJ

JESUS BEGEGNEN

Andreas R. Batlogg SJ

JESUS BEGEGNEN

suchen – finden – bekennen

Kösel

Sollte diese Publikation Links auf Webseiten Dritter enthalten, so übernehmen wir für deren Inhalte keine Haftung, da wir uns diese nicht zu eigen machen, sondern lediglich auf deren Stand zum Zeitpunkt der Erstveröffentlichung verweisen.

FSC www.fsc.org
MIX
Papier aus verantwortungsvollen Quellen
FSC® C014496

Klimaneutral
Druckprodukt
ClimatePartner.com/14044-1912-1001

Penguin Random House Verlagsgruppe FSC® N001967

Umschlaggestaltung: zero-media.net, München
Umschlagmotiv: © Bjanka Kadic / plainpicture.com
Innenteil: © iladm / Shutterstock.com
Satz: Satzwerk Huber, Germering
Druck und Bindung: GGP Media GmbH, Pößneck
Printed in Germany
ISBN 978-3-466-37248-5

www.koesel.de

Inhaltsverzeichnis

Vorwort 7

1 Mein Weg mit Jesus: eine Lebensschule 11
2 Der sprechende Gekreuzigte 18
3 Jesus um den Hals fallen? 34
4 Von Jesus reden ... genügt nicht 39
5 Am Anfang steht: Jesus 48
6 Der endgültige Name Gottes: Jesus 54
7 Jesus begegnen – ignatianisch 64
8 Papst Franziskus – Jesuit 77
9 Warum ausgerechnet Jesus? 83
10 Bilder von Jesus 90
11 Jesusbücher 105
12 Jesuslitaneien 123
13 Ein blinder Fleck im Credo 133
14 Jesustitel – Hoheitstitel 147
15 Christologische Grunddaten 151
16 Der glaubende Jesus und der geglaubte Christus ... 160
17 Christentum ist gleich Jesus Christus 170
18 Der lernende Jesus 177
19 Der schwierige Jesus 187
20 Der harmlose Jesus 194
21 Der Jude Jesus 199
22 Der kosmische Christus 216

23 Jesus sehen ... 223
24 Gleichzeitigkeit? ... 233
25 Nachahmen und nachfolgen ... 240
26 Unterm Kreuz: »Zugesellt werden« ... 248
27 Jesus freilassen ... 257
28 Jesus für Atheisten? ... 264
29 In Gesellschaft Jesu ... 269
30 WWJD: Was würde Jesus tun? ... 275
31 Jesus bleibet meine Freude ... 282
32 »Christus, der Erlöser« ... 289
33 IHS: Jesus als Gefährte ... 294

Epilog ... 296
Danksagung ... 297
Literatur ... 298
Anmerkungen ... 310
Zitatnachweis ... 320

Vorwort

Jesus suchen, Jesus finden – und Jesus begegnen: Wie geht das überhaupt? So fragen, anders als Erwachsene, Kinder und Jugendliche ganz ungeniert, ehrlich und geradeheraus – einfach weil für viele von ihnen Jesus von Nazareth eine sehr ferne Gestalt der Geschichte ist. Weil sie von ihm vielleicht gehört, aber keinerlei Beziehung zu ihm haben oder aufbauen können. Kinder und Jugendliche trauen sich noch zu fragen – Erwachsene haben das oft verlernt. Oder sie genieren sich dafür. Weil sie bestenfalls noch eine ferne »Erinnerung« aus frühen Kindertagen oder aus dem Religionsunterricht haben: Jesus als »Gegenstand« des Wissens. Aber Jesus als Freund und Gefährte? Gar als Herr, als Kyrios oder, die Maximale sozusagen, als Sohn Gottes? Das ist auch vielen Erwachsenen, selbst praktizierenden Christen, zu »steil«. Manche Antworten, die sie geben, wenn sie gefragt oder herausgefordert werden, fallen dürftig aus: Verlegenheitsantworten.

Jesus begegnen: Das setzt voraus, ihn vorher entdeckt, ausfindig gemacht zu haben, unter vielen beeindruckenden Gestalten der Religions- und Weltgeschichte. Wer entdecken will, muss sich auf die Suche machen. Um vielleicht fündig zu werden. Damit es dann zu einer Begegnung kommen kann. Eine Begegnung, aus der vielleicht sogar einmal ein Bekenntnis erwächst, welches jemand, wie den Fischer Andreas im Johannesevangelium gegenüber seinem Bruder Simon, sagen lässt: »Wir haben den Messias gefunden.« (Joh 1,41) Wäre Jesus nur eine Gestalt der Geschichte, letztlich austauschbar, dann könnte er niemals der sein, von dem die christlichen Kirchen bekennen, er sei der erwartete Messias gewesen, der Retter und Erlöser der Welt, »Gott und Mensch zugleich«.

Jesus begegnen: Christen sind nicht Angehörige eines Leben-Jesu-Gedächtnis-Vereins. Dann wäre ihre Liturgie eine Totenfeier. Christen sind Wegbereiter, nicht Nachlassverwalter. Christen glauben, dass Jesus weiterlebt in der Kirche, dass er gegenwärtig ist: Wo Menschen in seinem Namen zusammenkommen, wo Sakramente gespendet werden, wo Menschen sich ausrichten und orientieren – an ihm, nämlich an seinem Leben und Sterben, an seiner Gesinnung. Menschwerdung Gottes in dem Zimmermannssohn aus Nazareth: Damit hat sich Gott nach christlichem Glauben dieser Welt unwiderruflich zugesagt. Er ist keine Episode. Kein »Deus emeritus«: Gott ist nicht gekommen, um wieder zu gehen, wie in antiken Mythen, ein Gastspiel sozusagen. Um sich, angewidert von dem, was er sieht, wieder zu verziehen. Gott bleibt, auf geheimnisvolle Weise: Geheimnis (Mysterium) des Glaubens.

Aber wie? Wie geht das? Das ist die spannende, aber auch die bedrängende Frage. Auf sie aber kommt es an! Es lässt sich ihr ausweichen. Man kann sich darüber lustig machen, die Frage ins Lächerliche ziehen. Aber ein intellektuell redliches, nicht nur auskunftspflichtiges, sondern auskunftsfähiges Christentum – und ein solches allein ist zukunftsfähig – kommt nicht daran vorbei.

An Jesus arbeiten sich Menschen seit über 2000 Jahren ab. Längst nicht nur die akademische Theologie. Wer sich auf Jesus einlässt, sein Leben und Wirken – und seine Wirkungsgeschichte –, den lässt er nicht kalt. Den und die lässt er nicht los. Das ist meine Erfahrung. Die Art und Weise, wie Papst Franziskus, der erste Jesuit auf dem Stuhl Petri, seit März 2013 sein Amt versteht und ausübt, ist für mich eine einzige Erinnerung an den, auf den es letztlich ankommt. Denn die Kirche hat nicht in Rom begonnen, sondern in Bethlehem, in Nazareth und in Jerusalem.

»Wer bin ich für dich?« Diese Frage an Simon, den Jesus später Petrus (Fels) nennt, ist eine Frage, die jede und jeden angeht, der auf Jesus schaut. Was die anderen sagen, ist nicht unwichtig. Aber Christentum lebt vom persönlichen Zeugnis. Christen nennen sich nach dem, den die Theologie als Christus, als Messias und Heiland bezeugt und ausweist. Wer sich auf Jesus einlässt, bekommt es mit Gott zu tun! Das ist unendlich schwer und doch so leicht, wenn wir es nur einmal versuchen. Und immer wieder versuchen. Denn es ist eine lebenslange Einübung!

Dieses Buch möchte Auskunft geben: Wie sein Autor selber Jesus begegnet ist – um mitzuhelfen, Jesus heute zu entdecken, um ihm dann zu begegnen. Und ihn, in einem weiteren Schritt, zu bekennen. Vor allem möchte dieses Buch Interesse für Jesus wecken. Vielleicht, um zu entdecken: Es lohnt, sich für ihn zu interessieren, sich auf ihn einzulassen, mit ihm durchs Leben zu gehen. Ahnungen können Gewissheit werden. Aus Gewissheit erwächst Überzeugung. Überzeugte können überzeugen. Sie sind glaubwürdig. Weil sich an ihrem Leben ablesen lässt, dass derjenige eine Rolle spielt, oft auch in ganz konkreten Entscheidungen des Alltags, von dem die Rede ist: Jesus.

33 Kapitel – die man auch unabhängig voneinander lesen kann – hat dieses Buch: Jedes einzelne Kapitel steht für ein Lebensjahr Jesu. Es ist ein Lesebuch geworden: Ich lese im Buch des Lebens Jesu. Ich lese in meinem eigenen Lebensbuch, in dem Jesus eine entscheidende Rolle einnimmt. Und ich lade dazu ein, im eigenen Leben nachzuspüren, wo und wie Jesus darin auftaucht. Als Jesuit ist mir dazu die in meinem Orden übliche Lesart des »IHS« zunehmend wichtiger geworden: »Iesum Habemus Socium«: Wir haben Jesus zum Gefährten – meine spirituelle Urerfahrung.

Der zum »lieben Jesulein« verkitschte Jesus trägt nicht. Er taugt nicht einmal für Kinder, deren Gespür für Echtheit, in Kinder- und Familiengottesdiensten etwa, oft unterschätzt wird. Aber Jesus kann es auch nicht mit »Superman« aufnehmen oder mit Sci-Fi-Heroen. Sie beeindrucken durch Macht, durch Raffinesse oder durch Zaubertricks. Nichts davon bei Jesus. Er beeindruckte, er irritierte, er gewann Menschen – durch seine Persönlichkeit. Man nahm ihm ab, was er sagte. Es überzeugte, was er tat.

Kirche(n) gäbe es nicht, wenn sich nicht wieder und wieder, quer durch die Jahrhunderte, Menschen gefunden hätten, Männer wie Frauen, die seinetwegen ihr Leben umgekrempelt, sich ihm geweiht haben und dafür auf manches verzichteten – weil sie sagten: Ich habe Jesus gefunden! Genügt das? Trägt das? Solchen Fragen gehe ich in diesem Buch nach.

München, 31. Juli 2021*

Andreas R. Batlogg SJ

* Der 31. Juli ist der Gedenktag des heiligen Ignatius von Loyola (1491–1556). Vor 500 Jahren, am Pfingstmontag 1521, hat den baskischen Offizier eine Kanonenkugel bei der Verteidigung der Festung Pamplona schwer verletzt und monatelang aufs Krankenlager gezwungen – der Beginn eines mehrjährigen Umkehrprozesses. Im September 1540 wurde die Gesellschaft Jesu (Jesuitenorden) gegründet. Im Mai 1521 wurde in Nimwegen, das damals zur Diözese Köln gehörte, Peter Kanis († 1597) geboren. Er gilt als der erste deutsche Jesuit. Der heilige Petrus Canisius ist der Patron der am 27. April 2021 gegründeten Zentraleuropäischen Jesuitenprovinz.

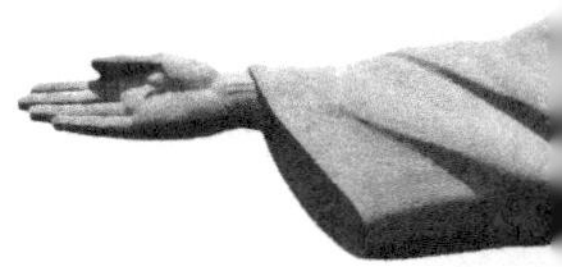

1

Mein Weg mit Jesus: eine Lebensschule

Es ist ein Weg. Ein Übungsweg. Lebenslänglich. Man kommt dabei nie an ein Ende. »Wir sind alle Anfänger im Christentum«[1], kann man bei Karl Rahner lesen. Weiter und zu Ende gedacht bedeutet das: Es gibt keine »Fortgeschrittenen«, die sich auf ihren (Glaubens-) Erfahrungen ausruhen könnten. »Wir sind« – und bleiben, ergänzt Rahner – »Anfänger im Christentum. Aber es ist die schwere Seligkeit des Lebens, ein Christ zu werden«[2]. Oder: Wir sind »Fortschreitende im Christentum« (Karl Kern). Vertrautheit kann abnehmen oder verschwinden. Freundschaft kann auseinandergehen, misslingen, zerbrechen – oder aber verraten werden. Eine Beziehung zu Jesus wächst. Sie wird bei vielen Menschen – heute eher die Ausnahme – in der Kindheit grundgelegt. Es ist ein schrittweises Kennenlernen.

Von einer »Lebensschule Jesu«, in der jeder »herzlich willkommen« ist, spricht Kardinal Christoph Schönborn: »Aber wie in jeder Schule muss man auch lernen wollen. Was, so frage ich mich, will ich von Jesus lernen? Wer zu einem Geigenlehrer geht, will Geige spielen lernen. Wer in die Fahrschule geht, will fahren lernen. Aber was will ich in der Schule Jesu lernen? Weiß ich ganz persönlich eine Antwort auf diese Frage?«[3] Der langjährige Erzbischof von Wien weist deswegen darauf hin: »Man spricht in der Pädagogik gerne von ›Lernzielen‹. Was ist mein Lernziel? Bin ich lernwillig, neugierig darauf, von Jesus etwas zu lernen?«[4] Wer in die Schule geht, will sich schulen lassen.

Wie Jesus: Bibelstunden

Die Kindergarten- und Volksschuljahre habe ich in der »Riedenburg« in Bregenz verbracht. Im Mai 2019 wurden die letzten Sacré-Cœur-Schwestern abgezogen, in den verschiedenen Schultypen unterrichten sie schon länger nicht mehr. Aus der Kindergartenzeit sind mir die wöchentlichen Bibelstunden in Erinnerung geblieben: Auf großen Bildtafeln, vermutlich im Nazarenerstil, erklärte Schwester Maria Parducz uns Kindern Szenen, Geschichten, Ereignisse aus dem Leben Jesu. Zuerst im großen Kreis für alle, dann im kleinen Kreis, der freiwillig war und wo wir nie mehr als vier oder fünf Kinder waren, die um ihren Schreibtisch herum saßen. Damals, so meine ich mich zu erinnern, kam in mir der (kindliche) Wunsch auf: So einer – ein Jünger Jesu – möchte ich auch sein!

Als Kind wirkten diese Schautafeln auf mich ein. Sie lösten etwas aus. Sie beflügelten die Fantasie. Durch die Erzählungen der Ordensfrau, an deren Lippen ich hing, wurde Jesus für mich lebendig, anschaulich, konkret.

Natürlich verflüchtigte sich der kindliche Plan im Lauf der Jahre. Die Erinnerung an die Bibelstunden blieb. Die Erinnerung daran: Mit diesem Jesus kann ich reden wie ein Freund mit einem Freund! Auf ihn kann ich mich verlassen.

Das Heilige Land – das fünfte Evangelium

Erst im Frühjahr 1984, mit 22 Jahren, machte ich eine andere, tiefgreifende Erfahrung. Ich war im September 1981 als Kandidat der Diözese Feldkirch ins Priesterseminar in Innsbruck eingetreten. Nach fünf Semestern verbrachte ich mit zwei weiteren Jahrgangsgenossen ein Freisemester in der von Wolfgang Feneberg, einem deutschen Jesuiten, gegründeten und geleiteten Bibelschule in Nazareth. Sie dauerte drei Monate, von Mitte März bis Mitte Juni. Die Umstellung von einer reinen Männergesellschaft, die ein Priesterseminar (bisher) nun einmal ist, auf eine gemischte Gruppe von Frauen und Männern war das Eine. Statt »Rundumversorgung« hieß es jetzt, sich beim Kochen nützlich zu machen und seine Wäsche selber zu waschen. Das Zimmer teilte ich mit drei anderen Bibelschülern.

Das Land faszinierte mich, auch wenn damals politisch alles unter dem Eindruck des Libanon-Feldzugs der israelischen Armee stand, als dessen Folge Israel den südlichen Libanon bis 1985 besetzt hielt. Als ich mich in ein Mädchen verliebte und meinte, vor der Alternative Ehe oder Ordensleben zu stehen, ging ich wiederholt ins Klarissenkloster in Nazareth. In der Stille hätte ich gern, wie Don Camillo, die Stimme Jesu gehört, was ich tun solle. Eindeutig und unverkennbar. Die »große Erleuchtung« hatte ich dabei nicht. Der Entscheidungsprozess zog sich über ein Jahr dahin.

Im Gebiet um den See Genezareth in Nordgaliläa, während einer Woche im Sinai, in der Karwoche in Jerusalem und bei Exerzitien in Emmaus am Ende der Bibelschule lernte ich, das Heilige Land »mit allen Sinnen zu schmecken«. Ich durfte einmal Wolfgang Feneberg bei einem Besuch bei dem jüdischen Religionswissenschaftler David Flusser († 2000) begleiten, der sich intensiv mit Jesus und Paulus beschäftigte. Ich lernte den charismatischen Amateur-Archäologen Bargil Pixner († 2002) kennen. Wir begegneten in Haifa dem Karmeliten Daniel Rufeisen († 1998), dessen Eltern in Auschwitz-Birkenau umgebracht wurden und der den Krieg selber, bereits zum Tode verurteilt, in einem Versteck in einem Nonnenkloster überlebte und sich in der Folge taufen ließ.

Die Heilige Schrift wurde mir durch diese drei Monate neu erschlossen. Sie wurde lebendig – und damit auch die Person Jesu. Mit denselben Augen wie Jesus über den See zu schauen, die Orte und Plätze zu sehen, die er gesehen hatte – das berührte mich ungemein. Wer die Orte Jesu mit eigenen Augen sieht, wer sie vielleicht sogar selbst erwandern kann – bekommt einen anderen, einen differenzierten Blick, liest die Evangelien anders, glaubt auch anders. Bargil Pixner sprach im Anschluss an den Kirchenvater Hieronymus († 420) vom »fünften Evangelium«: Landschaft und Zeitgeschichte des Heiligen Landes werden zum Schlüssel für ein tieferes Verständnis der Evangelien. Mit einem populären Satz Pixners machen heute Reisebüros Werbung, die Pilgerwanderungen anbieten: »Fünf Evangelien schildern das Leben Jesu: vier findest du in den Büchern – eines in der Landschaft. Liest du das fünfte, eröffnet sich dir die Welt der vier.« Für mich bewahrheitete sich diese Weisheit – damals, 1984, genauso wie später, 2019.

Mit Jesus zusammen verborgen in Gott

Auf dem Weg zur Priesterweihe machen Jesuiten während ihrer Ausbildung einen sogenannten Priestermonat, während dessen sie, meistens am Beginn ihres Theologiestudiums, wenn sie bereits fünf bis acht Ordensjahre hinter sich gebracht haben, über das Priestersein in der Gesellschaft Jesu nachdenken. Auch psychologische Fragen werden dabei thematisiert. Ich absolvierte den nach dem früheren Ordensgeneral Pedro Arrupe († 1991) auch »Arrupe-Monat« genannten Kurs im August 1990 in einem ordenseigenen

Exerzitienhaus in Hochelten am Niederrhein. Es waren vier intensive Wochen unter Anleitung des ebenso erfahrenen wie herzensguten Jesuiten Piet van Breemen (* 1927). Viel Biografie-Arbeit gab es, am Ende standen Exerzitien. Dabei geriet ich in eine schwere Krise. Mein bisheriger Ordensweg erschien mir plötzlich sinnlos. Massive Zweifel kamen auf. Ich wollte die Exerzitien abbrechen, bis ich mich darauf besann, in Krisenzeiten keine schwerwiegenden Entscheidungen zu fällen. In meiner Not griff ich zur Bibel, setzte mich in die Krypta der romanischen Kirche, und fand (eher unerwartet) schließlich Trost – in den Paulusbriefen, besonders im Kolosserbrief. Bei dem Wort »Euer Leben ist mit Christus zusammen verborgen in Gott« (Kol 3,3: καὶ ἡ ζωὴ ὑμῶν κέκρπται σὺν τῷ Χριστῷ ἐν τῷ θεῷ) wurde ich auf einmal ganz ruhig.

Der Gedanke hat mich nie mehr losgelassen: »mit Christus zusammen«. Als ich am 24. April 1993 in Wien zum Priester geweiht wurde, wählte ich ihn als meinen Primizspruch. Was ist das Tröstliche daran? Auch Jesus stand vor Gott: mit bohrenden Fragen vielleicht, mit Zweifeln, mit quälenden Ungewissheiten und Unsicherheiten. Damals, in einer Zeit großer Verlassenheit, spürte ich: Ich kann mich neben Jesus stellen, dazustellen – und zusammen mit ihm darf ich mich in Gott verborgen oder auch geborgen fühlen, wie man die griechische Verbform *kékryptai* auch übersetzen kann. Der Gedanke hat nie aufgehört, mich zu beruhigen, wenn ich mich verlassen oder nicht verstanden fühlte.

Jerusalem – 35 Jahre später

35 Jahre nach der Bibelschule kam ich wieder für drei Monate nach Israel. Inzwischen war ich 57 Jahre alt, seit 34 Jahren Jesuit und hatte im Jahr zuvor den 25. Jahrestag meiner Priesterweihe begangen. Aber aus dem 19. Dezember 2017 wurde der 1. März 2019.

Ursprünglich war alles ganz anders geplant: Vorbesprochen war mit dem Provinzial, dass ich nach meinem Ausscheiden aus der Redaktion der »Stimmen der Zeit« ab Weihnachten 2017 zwei Monate in Israel verbringen, danach – unterbrochen durch einen Monat in München, um mein Papstbuch zu präsentieren, das im April 2018 erscheinen sollte – zwei weitere Monate an einer unserer Jesuitenuniversitäten an der Westküste der USA studieren sollte. Am 25. September 2017 erhielt ich die Diagnose Krebs. Damit wurden alle Pläne Makulatur. Stattdessen Chemo- und Strahlentherapie, dann drei Operationen, für kurze Zeit wieder Chemotherapie, die aber im Mai 2018 wegen der guten Blutwerte abgebrochen wurde, womit ich mir weitere 700 Tabletten ersparte. Im Sommer 2018 eröffnete mit der neue Provinzial, meine Sabbatzeit sei krankheitsbedingt nur aufgeschoben, nicht aufgehoben gewesen. Das rechnete ich ihm hoch an. Denn ein Vergnügen waren die letzten zwölf Monate nicht gerade gewesen[5].

Vom 1. März bis 31. Mai 2019 war ich schließlich Gast des Päpstlichen Bibelinstituts in Jerusalem, der Dependance des »PBI« in Rom. Es liegt in unmittelbarer Nachbarschaft des legendären King David Hotels. 2009, während einer kurzen Reise nach Israel, hatte ich dort den Jesuitenkardinal Carlo Maria Martini, den emeritierten Erzbischof von Mailand, getroffen und ein Interview mit ihm für eine österreichische Wochenzeitung gemacht. Ich kam als rekonvaleszierender Krebspatient nach Israel, mit einer Opium-Tinktur im Gepäck, die ich bei der Einreise in Tel Aviv und später bei einem Kurztrip nach Jordanien sofort deklarierte, um nicht von schnüffelnden Wachhunden in eine peinliche Situation gebracht zu werden und in Erklärungsnot zu geraten. Auf meiner Website richtete ich einen eigenen »Jerusalem-Blog« ein, in dem ich regelmäßig meine Eindrücke festhielt, 19 an der Zahl, und auch Fotos postete.

Zum einen hatte ich eine Reihe von Déjà-vu-Erlebnissen in diesen drei Monaten. Zum anderen »sah« ich jetzt vieles mit den Augen eines Menschen, der die Hälfte seiner Lebenszeit längst überschritten hatte. War ich, auch religiös gesehen, nüchterner geworden? Weniger begeisterungsfähig? Ich spürte: Meine Suche nach Jesus ist längst noch nicht zu Ende. Ich war jetzt Mitglied eines Ordens, der sich »Gesellschaft Jesu« nennt. Ich hatte mich 1987 durch Gelübde an den Orden gebunden, am 2. Februar 2006 endgültig und für immer (und der Orden an mich). Aber auch als Jesuit war mir die Erfahrung nicht erspart geblieben, dass mir Jesus zeitweise fremd, sogar unbekannt oder fern, abwesend vorkam. Ganz neu begann ich, an den verschiedenen Orten, die ich aufsuchte, Jesus anders »zu lesen«, zu entdecken – und ihm zu begegnen. Es war eine einzigartige, bereichernde Zeit, nicht nur, weil ich dankbar war, dass ich meinen Krebs überlebt hatte. Jesus begegnen: Es bleibt ein (Übungs-) Weg. Und ein Abenteuer: »Man ist immer Christ, um es zu werden.«[6]

2

Der sprechende Gekreuzigte

Kinder und Jugendliche lassen sich (noch) begeistern, und sie vergessen die Zeit, wenn sie etwas in ihren Bann gezogen hat. So war es auch bei mir. Eine Film-Melodie hat sich in meinem Kopf festgesetzt wie ein Evergreen, obwohl es über fünfzig Jahre her ist; ich kann sie jederzeit aus dem Stegreif nachsummen: Zu meinen frühesten Kindheitserinnerungen gehören die Don Camillo-Filme von Julien Duvivier mit der Musik von Alessandro Cicognini. Don Camillo Tarocci, der schlitzohrige, mit dem Kruzifix sprechende Pfarrer von Boscaccio, einem Dorf in der Provinz Reggio nell'Emilia in der Po-Ebene (das in Wirklichkeit Brescello heißt), hatte es mir angetan. Und es war mein heißer Kinderwunsch, dass Jesus auch mit mir reden würde! Wahrscheinlich war damals mein unbewusster Nebengedanke: Das könnte meine Klassenkameraden beeindrucken! Wenn ich schon nicht beim Sport groß punkten konnte. Übers Wasser gehen oder ein Wunder wirken – das hätte mir auch »getaugt«. Kleine-Jungen-Fantasien!

»Il crocifisso parlante«: Don Camillo und Peppone

Die Schwarz-Weiß-Filme sind heute vielleicht keine Gassenfeger mehr, sie haben aber nichts von ihrem Reiz eingebüßt, obwohl sie keineswegs eine »heile Welt« vorgaukeln. Nachdem seinerzeit in den USA über eine halbe Million Bücher Käufer fanden, wurde selbst eine Hollywood-Verfilmung ins Auge gefasst.

Angefangen hatte es mit Kurzgeschichten. Giovannino Oliviero Giuseppe Guareschi begann als Werbezeichner und Karikaturist, später wurde er Journalist und Schriftsteller. Von 1928 an arbeitete er (zunächst als Korrekturleser, dann als Reporter) beim *Corriere Emiliano* in Parma. 1936 wurde er Herausgeber des zweimal pro Monat erscheinenden Satiremagazins *Bertoldo* mit Redaktionssitz in Mailand. Es setzte dem faschistischen Regime heftig zu. 1943 wurde die Zeitschrift verboten und in der Folge eingestellt. Nach einer regimekritischen Äußerung im Oktober 1942 als Reserveoffizier zur Armee eingezogen, war Guareschi von September 1943 an in deutschen Kriegsgefangenenlagern interniert, unter anderem in Tschenstochau im besetzten Polen. Seine Erlebnisse in verschiedenen Lagern hat er in einem Tagebuch festgehalten, das 1946 erschien: »Diario clandestino 1943–1945«.

Don Camillo hat auch eine historische Vorlage: den Pfarrer Camillo Valota († 1998). Er rettete während des Zweiten Weltkrieges Juden. Faschisten erwischten ihn dabei, als er Juden über die Schweizer Grenze führte und steckten ihn ins Gefängnis: in Mailand, Fossoli und Bozen (Bolzano), von wo aus er im August 1944 ins österreichische Konzentrationslager Mauthausen, von dort nach Gusen und schließlich nach Dachau kam. In einem der Lager lernte er Giovannino Guareschi kennen, der seine Charakterzüge später in der literarischen Figur des Don Camillo verewigen sollte.

Nach dem Krieg gründete Guareschi die (monarchistisch ausgerichtete) satirische Wochenzeitschrift *Candido*, die er bis 1957 leitete. Für manche ein »Witzblatt« – in Spitzenzeiten erreichte diese Zeitschrift jedoch eine Auflage von 350.000 Exemplaren. Dort jedenfalls erschienen zu Weihnachten 1946 die ersten Kurzgeschichten über Don Camillo. Sie wurden derart populär, dass der Verleger Angelo Rizzoli auf die Idee kam, daraus eine Serie zu machen. Ab 1948 wurden die Teile als Bücher veröffentlicht. 1952 kam dann die erste Kinofassung: Der französische Schauspieler Fernandel – der Künstlername steht für Fernand Joseph Désiré Contandin († 1971) – verkörperte darin Don Camillo, Peppone wurde von dem italienischen Schauspieler Gino Cervi († 1974) dargestellt.

Der Plot ist bekannt: Don Camillo, der sich ständig mit dem nicht minder schlagfertigen Bürgermeister und Mechaniker Giuseppe Bottazzi anlegt. Beide kennen sich aus der Partisanenzeit. Das hat sie zusammengeschweißt. Aber aus »politischen Gründen« darf nicht sein, was ist: dass sich die beiden verstehen und letztlich befreundet sind.

So zersplittert die italienische Parteienlandschaft heute ist – damals, in den 1950er-Jahren war Italien mehr oder weniger in zwei große Blöcke geteilt: in die *Democrazia Cristiana* (DC), die bis 1993 fast alle Ministerpräsidenten stellte, 1994 aufgelöst wurde und im *Partito Popolare Italiano* aufgegangen ist; und in den *Partito communista d'Italia* (KPI), der sich 1921 von der Sozialistischen Partei (PSI) abgespaltet hatte. Wer damals KPI wählte, war automatisch exkommuniziert. Wie auch der Schriftsteller Guareschi. Es genügte damals – heute kaum nachvollziehbar –, dass ein katholischer Priester und ein kommunistischer Bürgermeister miteinander »können«! Guareschis Erzählungen waren ein einziger Appell an die politischen Lager, nach der Überwindung des Mussolini-Faschismus den Wiederaufbau gemeinsam zu gestalten und sich nicht gegenseitig aufzuhebeln.

Und es ging dabei längst nicht um rührselige Propaganda. Das sieht man an einem Kunstgriff von Guareschi: Das Kruzifix in der einfachen, eher schmucklosen Dorfkirche spielt eine herausragende Rolle. Wann immer Don Camillo seinen Kontrahenten Peppone austrickst, wann immer die beiden aneinander geraten, wann immer Don Camillo wieder etwas ausheckt, wann immer ihm sein Temperament entgleitet – ist er taub, wie besessen, und hört auf keinen mehr. Nur auf einen vielleicht: Jesus, der mit ihm spricht. Und ihn nötigenfalls kritisiert, zurechtweist, Lösungswege aufzeigt. Don Camillo und der Gekreuzigte reden regelmäßig miteinander. Manchmal schleicht sich Don Camillo durch die Kirche, aber er wird, bevor er die Sakristei erreicht, von dem Mann am Kreuz angesprochen und zur Rede gestellt. Kann Don Camillo mit seinen Aktionen wieder einmal gegen »die rote Gefahr« punkten, holt ihn der sprechende Jesus »auf den Boden der Nächstenliebe« zurück. Manchmal liest er Jesus etwas aus der Zeitung vor. Manchmal fragt er Jesus um Rat. Jesus ist für Don Camillo ein zuverlässiger Freund. Die Vertrautheit, die hier sichtbar wird, bewegt. Wann immer Don Camillo sich allein fühlt: Jesus ist da. Er spricht. Und selbst wenn er schweigt, führt das zu einem Gespräch, das Don Camillo dann erzwingen will.

Es gab Genossen, denen die Kungelei des kommunistischen Volkstribunen und Kraftprotzes Peppone mit einem Priester in höchstem Maße verdächtig vorkam. Genauso wie es Priester gab, die sich über Don Camillo empörten. Ein sprechender Christus: Das grenzte für manche an Blasphemie. In den Augen von Guareschi war es aber weniger Christus, der da sprach, sondern die Stimme seines eigenen Gewissens.

Don Camillo bzw. sein Erfinder Guareschi inspirieren – bis heute. Ein prominentes Beispiel: Der Pallottinerpater und Psychotherapeut Jörg Müller hat 1997 das kleine Bändchen »Don Camillo spricht mit Jesus« veröffentlicht, das mittlerweile sieben Auflagen erlebt hat. Gespräche, die Müller regelmäßig in Gottesdiensten vorführt und die zahlreiche Nachahmer fanden, thematisieren Fragen,

Anliegen und Sorgen aus dem Alltagsleben von Menschen – und stießen offenbar auf große Resonanz. Im Vorwort zitiert Müller eine 80-jährige Frau: »Hätten wir früher ein so positives Gottesbild vermittelt bekommen, wäre mein Leben glücklicher und angstfreier verlaufen.«[7]

Als Kind faszinierte mich der sprechende Gekreuzigte in den Don Camillo-Filmen über alle Maßen. Und sie tun es immer noch, nicht nur, weil sie das Prädikat »Klassiker« verdienen.

Ignatius empfiehlt – das Gespräch mit dem Gekreuzigten

Und dann staunte ich als Novize des Jesuitenordens, 1985/87: Ignatius von Loyola († 1556) empfiehlt in den Geistlichen Übungen, den Exerzitien, das Gespräch mit dem Gekreuzigten! Er gibt die Anweisung: »Christus Unserem Herrn sich gegenwärtig und am Kreuz hängend vorstellen und ein Gespräch halten: wie Er denn als Schöpfer dazu kam, Sich zum Menschen zu machen (…) und so für meine Sünden zu sterben. Dann den Blick auf mich selber richten und betrachten, was ich für Christus getan habe, was ich für Christus tue, was ich für Christus tun soll (…). Das Gespräch wird mit richtigen Worten gehalten, so wie ein Freund mit seinem Freunde spricht (…)« (EB 53).

Mit richtigen Worten! Also nicht gespielt, gemimt, simuliert, eingebildet. Es geht um einen realen Vorgang: Mit dem Gekreuzigten reden! Wir tun es oft spontan, so oder so – im »Herrgottswinkel« der Stube, in einer Gebetsecke, in einer Kirche, an anderen Orten oder unterwegs: unter einem Wegkreuz, auf Berggipfeln, wo uns ein Kreuz erwartet: Mit dem Mann am Kreuz reden.

Lange haben sich Christen genau das nicht getraut. Sie haben es geradezu vermieden. In den ersten nachchristlichen Jahrhunderten wird nur der auferstandene Christus dargestellt. Der Gekreuzigte wurde von Christenverfolgern als Gestalt mit Eselskopf denunziert, eine Spottgestalt. Sowas zeigt man nicht her! Ein Gekreuzigter – das ist peinlich: Alles andere als eine Siegergestalt, auf die man stolz ist, mit der man angeben kann. Für viele hängt da ein Loser! Jemand, für den man sich schämen muss. Und doch heißt es in der Liturgie: »Im Kreuz ist Heil. Im Kreuz ist Leben.«

Unters Kreuz kann ich fliehen. Mit dem Mann am Kreuz kann ich sprechen. Mich ihm anvertrauen: meinen Schmerz, meine Fragen, meine Wut, meine Tränen, smeine Enttäuschung, meine Erschöpfung, meine Aggression, meine Verzweiflung, meine Sprachlosigkeit. Das Kreuz, der Gekreuzigte, gehört zu unserem Leben als Christen.

Ein Kruzifix-Streit kann eine Verfassungskrise auslösen, wie in Deutschland im Jahr 1995, als das Bundesverfassungsgericht ein Urteil sprach. 2009 beschäftigte sich der Europäische Gerichtshof für Menschenrechte mit der Thematik. 2018 dekretierte der bayerische Ministerpräsident, in den Foyers aller Landesbehörden habe ein Kreuz zu hängen. 2020 gab es einen Aufschrei, als in Berlin das nachgebaute Preußen-Stadtschloss mit einem Goldkreuz »gekrönt« wurde. Das Kreuz – es ärgert und provoziert nach wie vor. Das Kreuz kann zum Modeschmuck werden. Mit dem Kreuz wurde und wird Missbrauch getrieben. Im Namen des Mannes am Kreuz wurden Kreuzzüge veranstaltet. Und Kreuzwege werden heute weitergeschrieben.

Unters Kreuz kommen, einfach dazustehen: wie Maria oder Johannes. Da sein. Nähe suchen, damit vielleicht eine heilende und heilsame Nähe daraus wird. Mit dem Mann am Kreuz reden! Wer es versucht, kann möglicherweise überrascht werden, ja ein Wunder erleben. Das ist meine Erfahrung – und meine Überzeugung. Erzwingen, andozieren oder anbefehlen lässt sich das nicht. Es geht dabei auch nicht um Überredungskunst. Oder um Indoktrination. Aber dafür werben – das ist christliches Zeugnis. Und längst nicht nur Sache geweihter Amtsträger! Jeder Christ schreibt aufgrund seiner Taufe das Leben Jesu weiter und trägt so zur Glaubwürdigkeit oder Unglaubwürdigkeit der Botschaft des Mannes am Kreuz bei.

Papst Franziskus hat am 24. Oktober 2016, als die 36. Generalkongregation der Gesellschaft Jesu sich anschickte, einen neuen Generaloberen zu wählen, seine Mitbrüder in der Aula der Generalskurie besucht und dabei eine Ansprache gehalten: eine klassische Jesuitenpredigt mit drei Punkten. Er ging dabei natürlich, den französischen Jesuiten und Querkopf Michel de Certeau († 1986) zitierend, den er sehr schätzt, auf die Exerzitien ein, die jeden Jesuiten prägen. Er sagte: »Immer kann man einen weiteren Schritt machen, wenn man sich vom gekreuzigten Herrn innerlich noch stärker bewegen lässt, von ihm selbst und von seiner Gegenwart in so vielen unserer leidenden Brüder – in der großen Mehrheit der Menschheit!«[8] Mich vom gekreuzigten Jesus innerlich bewegen, anrühren, anfragen lassen – dann passiert etwas!

Im Jahr 2015 waren in der Münchener Jesuitenkirche Sankt Michael in der Innenstadt, zwischen Marienplatz und Stachus, der Corpus des Gekreuzigten auf dem Bronzekreuz des flämischen Bronzegießers Jean de Boulogne (Giambologna), einem Michelangelo-Schüler, und die von seinem deutschen Meisterschüler Hans Reichle gefertigte, kniende Maria Magdalena, die sehnsüchtig und schmerzgezeichnet zum Gekreuzigten aufblickt, für einige Monate nicht zu sehen. Beide – sehr bedeutsamen – Skulpturen waren ausgeliehen: in die Ausstellung »Bella figura« des Bayerischen Nationalmuseums in der Münchner Prinzregentenstraße.

Das leere Kreuz wurde für mich damals zu einem Sinnbild für das Schweigen, das auch zum Leben gehören kann, auch zum geistlichen Leben: Wir beten und bitten, wir flehen, wir klagen, wir schreien – und bekommen keine Antwort. Der Gekreuzigte spricht nicht. Scheinbar. Meine Erfahrung ist aber auch die: Es lohnt, sich wieder und wieder vor das Kreuz und unter das Kreuz zu stellen. Diese Nähe kann heilsame Nähe werden. Mit dem Gekreuzigten reden wie mit einem Freund und umgekehrt, vielleicht noch viel wichtiger: mich vom Gekreuzigten ansprechen lassen – darauf kommt es an! Mich vom Gekreuzigten ergreifen und verwandeln lassen, um eventuell diese Erfahrung zu machen: aufstehen – zu einem Leben als Christ, zu einem neuen Menschen, zu meinem Heil und zum Heil einer krisengebeutelten Welt. Das ist eine Erfahrung von Auferstehung!

Papst Franziskus in Assisi: Mich vom gekreuzigten Jesus anschauen lassen

Am 4. Oktober 2013, wenige Monate nach seiner Wahl zum Bischof von Rom, hat Papst Franziskus Assisi besucht. Seither ist er wiederholt dorthin gereist: am 4. August 2016 zu einem Abstecher von nicht einmal drei Stunden, um in San Damiano und am Grab des Heiligen in der Krypta unter der Basilika San Francesco zu beten; am 20. September desselben Jahres zu dem von der Gemeinschaft Sant'Egidio organisierten Weltgebetstreffen für den Frieden; oder, zuletzt, um dort am 3. Oktober 2020 seine dritte Enzyklika »Fratelli tutti« (»Über Geschwisterlichkeit und soziale Freundschaft«) zu unterzeichnen, die tags darauf veröffentlicht wurde. Die Reisen in die Vereinigten Arabischen Emirate Anfang Februar und nach Marokko Ende März 2019 sollten an die Begegnung von Franz von Assisi mit dem Sultan Al Kamil im Jahr 1219 in Palästina erinnern und die über acht Jahrhunderte dauernde Präsenz von Franziskanern unter Muslimen würdigen; neuerdings wurden, anlässlich des Erscheinens der Enzyklika, Zweifel an der Historizität dieser Begegnung geäußert. »Fratelli tutti« schreibt nicht nur »Laudato si'« fort, sondern auch das »Dokument über die Brüderlichkeit aller Menschen für ein friedliches Zusammenleben in der Welt«, das Franziskus am 4. Februar 2019 zusammen mit dem ägyptischen (sunnitischen) Großimam Ahmad Al-Tayyeb in Abu Dhabi unterzeichnet hat: viel beachtet, innerkirchlich umstritten und höchst kontrovers gewertet. Fünf Mal erwähnt Franziskus in seinem Lehrschreiben Ahmad Al-Tayyeb, so wie er am Beginn an die Begegnung zwischen Franz von Assisi und dem Sultan erinnert (vgl. FT 3).

Noch nie zuvor hatte sich ein Papst nach dem italienischen Nationalheiligen genannt[9], der bis heute weltweit eine ungebrochene Ausstrahlung besitzt: transkonfessionell, transreligiös und transkulturell. Drei Tage nach seiner Wahl, bei der ersten Audienz für Medienvertreter, kam Franziskus auf das Konklave zu sprechen. Er erwähnte dabei eigens Kardinal Claudio Hummes, einen Franziskaner, und erklärte seine Namenswahl so: »Manche wussten nicht, warum der Bischof von Rom sich Franziskus nennen wollte. Einige dachten an Franz Xaver, an Franz von Sales und auch an Franz von Assisi. Ich erzähle Ihnen eine Geschichte. Bei der Wahl saß neben mir der emeritierte Erzbischof von São Paolo und frühere Präfekt der Kongregation für den Klerus, Kardinal Claudio Hummes – ein großer Freund, ein großer Freund! Als die Sache sich etwas zuspitzte, hat er mich bestärkt. Und als die Stimmen zwei Drittel erreichten, erscholl der übliche Applaus, da der Papst gewählt war. Und er umarmte, küsste mich und sagte mir: ›Vergiss die Armen nicht!‹ Und da setzte sich dieses Wort in mir fest: die Armen, die Armen. Dann sofort habe ich in Bezug auf die Armen an Franz von Assisi gedacht. (…) So ist mir der Name ins Herz gedrungen: Franz von Assisi. Er ist für mich der Mann der Armut, der Mann des Friedens, der Mann, der die Schöpfung liebt und bewahrt. (…) Ach, wie möchte ich eine arme Kirche für die Armen!«[10]

Die Namenswahl – keineswegs das einzige Novum, an das sich die Kirche seit dem 13. März 2013 beim Papst gewöhnen musste –

elektrisierte. Und es hat sich bewahrheitet: Nomen est omen! Dieser Papst-Name steht für ein Programm, das sich freilich nicht nur – wie manche ebenso unaufhörlich wie hartnäckig glauben machen wollen – in symbolischen Gesten erschöpft, etwa der Weigerung, in den Apostolischen Palast im Vatikan einzuziehen und stattdessen im Gästehaus Santa Marta zu wohnen oder in der Wahl einfacherer Automobile auf Reisen anstelle von Luxuslimousinen. Von einem österreichischen Journalisten »Ignatius von Assisi« genannt, zeigte Franziskus mit seinen beiden Sozialenzykliken oder mit der Amazonien-Synode, wie wichtig ihm Umweltthemen sind, wie sehr er um die Zukunft des Planeten Erde besorgt ist – lange bevor Greta Thunberg mit ihrer Bewegung »Fridays for Future« auf den Plan trat.

Zwei Tage nach dieser Begegnung mit Journalisten präzisierte Franziskus am 22. März 2013 in einer Audienz für das am Heiligen Stuhl akkreditierte Diplomatische Korps seine Namenswahl: »Wie Sie wissen, gibt es mehrere Gründe, warum ich bei der Wahl meines Namens an Franziskus von Assisi gedacht habe – eine Persönlichkeit, die über die Grenzen Italiens und Europas hinaus und auch bei denen, die nicht den katholischen Glauben bekennen, wohlbekannt ist. Einer der ersten Gründe ist die Liebe, die Franziskus zu den Armen hatte. Wie viele Arme gibt es noch in der Welt! Und welchen Leiden sind diese Menschen ausgesetzt! Nach dem Beispiel des heiligen Franziskus von Assisi hat die Kirche immer versucht, sich in jedem Winkel der Erde um die Notleidenden zu kümmern, sie zu behüten, und ich denke, dass Sie in vielen Ihrer Länder das großherzige Wirken jener Christen feststellen können, die sich engagieren, um den Kranken, den Waisen, den Obdachlosen und allen Ausgegrenzten zu helfen, und die so daran arbeiten, menschlichere und gerechtere Gesellschaften aufzubauen.«[11]

Wer auf die neun Jahre dieses Pontifikats zurückschaut, wird unschwer erkennen, dass Franziskus im Großen wie im Kleinen – und wenn es Begegnungen mit Obdachlosen auf dem Petersplatz sind, überraschende Kurzbesuche bei Alten oder in Gefängnissen – an dieser Vision von Kirche arbeitet. Er träumt von einer mehr am Evangelium orientierten, nicht um sich selbst kreisenden, sich nicht selbst beweihräuchernden Kirche, die für die Menschen und ihre konkreten Alltagssorgen da ist.

In Assisi präsentierte sich Papst Franziskus am 4. Oktober 2013 bei seinem Pastoralbesuch als »Pilger«. In seiner Predigt auf der Piazza di S. Francesco stellte er die rhetorische Frage, was der umbrische Poverello uns heute zu sagen habe. Und er antwortete: »Christsein ist eine *lebendige Beziehung zur Person Jesu,* ist ein *Sich-Bekleiden mit ihm,* ein *Ihm-ähnlich-Werden.*«

Und wie kommt diese Beziehung zur Person Jesu zustande? »Wo«, fragt der Papst, »nimmt der Weg des heiligen Franziskus zu Christus seinen Anfang?« Seine Antwort: »Beim Blick des gekreuzigten Jesus. Sich von ihm anschauen lassen in dem Moment, in dem er sein Leben für uns hingibt und uns zu sich zieht. Franziskus hat diese Erfahrung in besonderer Weise in der kleinen Kirche von San Damiano gemacht, als er vor dem Kruzifix betete, das auch ich heute noch verehren werde. Auf diesem Kreuz erscheint Jesus nicht tot, sondern lebend! Das Blut fließt aus den Wunden der Hände, der Füße und der Seite herab, doch dieses Blut drückt Leben aus. Jesus hat die Augen nicht geschlossen, sondern geöffnet, weit offen: ein Blick, der zum Herzen spricht. (…) Wer sich vom gekreuzigten Jesus anschauen lässt, wird gleichsam neu erschaffen, wird eine ›neue Schöpfung‹. Das ist der Ausgangspunkt von allem: Es ist die Erfahrung der verwandelnden Gnade, unverdient geliebt zu sein, obwohl man Sünder ist.«[12]

San Damiano: Die Ikone mit offenen Augen

Das Tafelkreuz von San Damiano (2,10 Meter hoch und 1,30 Meter breit) ist vermutlich weltweit die bekannteste Ikone und in allen Kulturen verbreitet. Erst seit etwas mehr als fünfzig Jahren ist es öffentlich zugänglich. Seit 1260 hing es im streng abgeschirmten Klausurbereich der Klarissen, nach einer Renovierung im Jahr 1953 wurde es erstmals wieder öffentlich ausgestellt. Seit 1958 ist das romanische Tafelkreuz, dessen Bildsprache byzantinisch geprägt ist, in der Kreuz- bzw. Sakramentskapelle der Basilika Santa Chiara ausgestellt, die noch zur vormaligen Kirche San Giorgio gehörte, in der Papst Gregor IX. Franz von Assisi im Jahr 1228 heiliggesprochen hat.

Die Kreuzikone wurde zu seinem zentralen Ort der Betrachtung. Und die Ausrichtung auf das Kreuz bewirkte etwas, etwas Unerwartetes und Ungeplantes: »Das Damianokreuz löst 1206–07 eine eigentliche spirituelle Revolution in Franziskus aus, deren Folgen sich lebenslang zeigen.«[13] Man muss das Kreuz auf sich wirken lassen: »Um zu verstehen, warum und wie Ikonen auf Menschen wie Franziskus sprechen, müssen wir uns die originale Lage der Ikone und ihre sakrale Qualität vor Augen halten. Ikonen sind keine Poster, keine Dias und keine PowerPoint-Präsentationen. Sie sprechen nicht, wenn sie hell ausgeleuchtet werden oder zum Wandschmuck verkommen.«[14] Seit Jahrhunderten kommen Menschen vor dieses Kreuz, das »ein Bilderbuch«[15] ist. Vermutlich gibt es Millionen von Abbildungen, Kopien und Imitationen davon.

Wie Jahrhunderte später und so anschaulich bei Don Camillo geschildert, »musste« auch Franz von Assisi »auf seinem langen Weg zu sich selbst einmal auf das sprechende Kruzifix treffen.«[16] Vielleicht sind wir heutzutage auf spektakuläre Ereignisse fixiert, religiöse Sondererlebnisse: Doch was der 1181 oder 1182 geborene Kaufmannssohn Giovanni di Pietro di Bernardone erlebt hat, der die gesicherte Existenz eines privilegierten Städters aufgab, ist prinzipiell jedem Menschen möglich. Das stille Dasein vor dem Gekreuzigten kann in ein Gespräch münden. Es verändert. Es verwandelt.

Hagiografisch bedeutend ist: »Der Crucifixus von S. Damiano ist der erste sprechende Crucifixus der christlichen Religionsgeschichte. Aus den Jahrhunderten davor sind zwar einige Ereignisse ähnlichen Charakters überliefert, doch handelt es sich dabei zumeist um reine Visionen.«[17] Eine ganze Reihe von Beispielen sind bekannt. Aber: »Zu Franziskus spricht zum ersten Mal das Bild selbst. Von da an begegnen wir dann, im engeren und weiteren Bereich franziskanisch geprägter Frömmigkeit, noch mehreren sprechenden Crucifixi.«[18] So ein Gespräch kann Geschichte schreiben. Ordensgeschichte – und Weltgeschichte. Ob nun hagiografisch überhöht oder nicht, Tatsache ist: Franz von Assisi wurde 1207 von seinem Vater Pietro auf dem Domplatz öffentlich enterbt. Er begann, Kirchen und Kapellen zu restaurieren. Und er änderte sein Leben radikal. Bis heute lassen sich Männer wie Frauen auf seinen Weg der Nachfolge ein – und haben vor allem die Armen im Blick.

Corona und das Kreuz von Don Camillo

Im März 2020, als das Corona-Virus in der Lombardei besonders wütete und Bilder von Armeefahrzeugen um die Welt gingen, die in Bergamo massenweise Särge mit Leichen abtransportierten, hat der Pfarrer von Brescello, Don Evandro Gherardi, das Kreuz, mit dem Don Camillo im Film spricht, vor das Portal seiner Kirche gestellt. Er verband damit die Bitte, dass Jesus der in Oberitalien wild grassierenden Pandemie Einhalt gebiete.

Mich vom gekreuzigten Jesus anschauen – und ansprechen lassen: Das ist die Einladung auch heute! Franz von Assisi wie Ignatius von Loyola haben im 13. und im 16. Jahrhundert ihre Erfahrungen vor dem Kreuz gemacht. Sieht man denen, die heute – im 21. Jahrhundert und unter ganz anderen kirchlichen und theologischen Voraussetzungen – Kirche leben und gestalten, an, dass sie mit dem Gekreuzigten zu tun haben? Dass sie ihre Erfahrungen mit dem Mann am Kreuz gemacht haben? Dass sie mit ihm reden? Zu ihm beten? Erzählt ihr Leben davon? Spricht ihr Verhalten davon? Wirbt ihr Tun dafür?

Das Pestkreuz von San Marcello und Papst Franziskus »in tempo di epidemia«

Die Bilder vom 27. März 2020 gingen um die Welt, und sie prägten sich ein. Denn die Andacht war grandios inszeniert. Allein stieg Papst Franziskus die flachen Steinstufen zum Petersdom hoch. Auf den letzten Metern, um an seinen Platz unter dem Baldachin zu gelangen, benötigte er die Hilfe seines Zeremoniars. Hinter ihm, vor der kolossalen Fassade des Petersdoms: eine Marien-Ikone und ein mittelalterliches, als wundertätig verehrtes Pestkreuz aus dem 14. Jahrhundert, das seit dem frühen 19. Jahrhundert unweit der Piazza Venezia in der römischen Kirche San Marcello al Corso, einer römischen Titelkirche und heute Klosterkirche der Serviten, hängt. In Erinnerung an die Pest von 1522 wurde es jahrhundertelang am Gründonnerstag zum Petersdom getragen. Einige Tage vorher war Franziskus in einer privaten Fußwallfahrt nach San Marcello gepilgert – durch die leergefegten Straßen Roms.

Allmählich ging der Nieselregen in strömenden Regen über, als Franziskus in der Abenddämmerung vor dem menschenleeren Petersplatz um ein Ende der Pandemie betete. Fast eine Stunde dauerte die minimalistisch angelegte Segensandacht, bis er mit der Monstranz vor die Fassade des Petersdomes trat und »die Stadt und den Erdkreis« (»urbi et orbi«) segnete. Die Botschaft dieses Segens, den es traditionellerweise nur an Weihnachten und Ostern gibt, lautet: Vergesst nicht, einander Gutes zuzusprechen, damit Corona und Tod nicht das letzte Wort haben! »Der Segen«, war tags darauf in einem Kommentar zu lesen, »ersetzt nicht das Händewaschen und die nötige Distanz zwischen den Menschen, wie mancher religiöse Fundi denken mag, im Glauben, das Virus lasse sich niederbeten. Er ist weder Medizin noch Impfstoff (...). Er verhindert nichts, er löst nichts, klärt nichts. Er hat keine eingebaute Wundergarantie.«[19]

Erinnern und trösten wollte der Papst damit. Sein Segen konnte nicht vor dem Virus der Pandemie bewahren. Aber vor dem Virus der Trostlosigkeit, der Verzweiflung und der Verlassenheit. Damit das Unheil nicht das letzte Wort haben wird. Eine theologische Analyse endete mit der Bemerkung: »Aber religiöse Symbole und Zeichenhandlungen funktionieren nicht als Simplifizierung der Welt. Sie wirken, wenn sie eine störanfällige Welt gerade dort deuten, wo sie zu zerbrechen droht. Wo sie Ressourcen eines Lebens im Zusammenhang erschließen. An dieser Kompetenz hängt die Ausstrahlung einer Kirche, für die das Virus eine Zäsur darstellt. Der Segen, den Papst Franziskus am vergangenen Freitag gespendet hat, arbeitet mit der performativen Macht des Gebets. Es schafft eine Gemeinschaft, die die Leere im Leben überwindet und in der Verbindungsform des Gebets realisiert, worauf sie setzt.«[20]

Franziskus wandte sich bei diesem »Momento straordinario di preghiera in tempo di epidemia« nicht direkt an das (im Dauerregen leicht beschädigte) Kreuz. Es stand stumm da. Und wirkte gerade so. Franziskus stellte nüchtern fest, das zuvor verlesene Evangelium vom Seesturm (Mk 4, 35-41) ausdeutend, »dass wir alle im selben Boot sitzen, alle schwach und orientierungslos«, und er forderte dazu auf: »Laden wir Jesus in die Boote unseres Lebens ein. Übergeben wir ihm unsere Ängste, damit er sie überwinde. Wie die Jünger werden wir erleben, dass wir mit ihm an Bord keinen Schiffbruch erleiden.« Für ihn ist das Kreuz »Anker«, »Ruder« und »Hoffnung«, und Christen konnten diese Worte verstehen: »Den Herrn umarmen, um die Hoffnung zu umarmen – das ist die Stärke des Glaubens, der uns von der Angst befreit und uns Hoffnung gibt.«[21]

Der gekreuzigte Jesus: zu ihm sprechen, zu ihm beten, auf ihn setzen, ihm vertrauen, von ihm her Hoffnung entwickeln – diese Botschaft konnte der Papst überzeugend vermitteln. Und manche verstanden, dass hier der Gekreuzigte gleichsam selbst spricht.

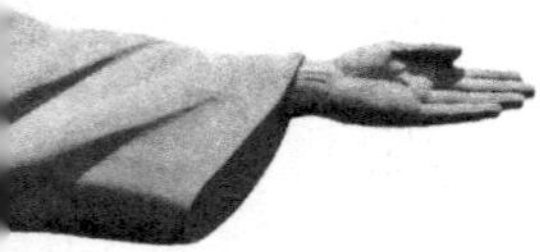

3

Jesus um den Hals fallen?

Irritiert hat mich, dass diese Formulierung bei Karl Rahner zu finden ist, dem als so nüchtern verschrienen Jesuiten, der für Schachtelsätze bekannt ist, die über eine ganze Seite gehen können. Aber es gibt eben auch den anderen, den »einfachen« Rahner! Als ich bei Eugen Biser der Stelle das erste Mal begegnete[22], habe ich mir das Rahner-Bändchen »Was heißt Jesus lieben?« sofort gekauft. Rahner erzählt, dass er mit »einem modernen evangelischen Theologen« im Gespräch war, »dessen Theorien einem normalen Christen wie mir sehr rationalistisch, sehr als ein existentialistischer Jesuanismus vorkommen mussten, der eigentlich mit dem Jesus des normalen christlichen Glaubens nicht mehr viel zu tun hatte«. Diesem gegenüber machte er folgende Bemerkung: »Da sagte ich: ›Ja, sehen Sie, man hat mit Jesus in Wahrheit doch nur etwas zu tun, wenn man ihm um den Hals fällt und in der Tiefe seiner eigenen Existenz realisiert, dass so etwas auch heute möglich ist.‹«[23]

Generalverdacht: pietistische Frömmelei

Wow – das sitzt! Natürlich musste der evangelische Kollege darauf etwas erwidern. Rahner hat auch diese Reaktion festgehalten: »Ja, Sie haben recht, wenn Sie das nicht zu pietistisch verstehen.« Diese Reaktion empfand ich als besserwisserisch, als »typisch theologisch«: eine akademische Abwehrreaktion eben. Fromm sein ja, aber bitte nicht zu fromm, sonst ist es »pietistisch«.

Für einen Alemannen wie Karl Rahner, der auch eine schwermütige, brummige Seite hatte, als systematischer Theologe wiederum die »Anstrengung des Begriffs« nicht scheute, waren Formulierungen wie Jesus »lieben wollen« und »den Mut haben, ihm um den Hals zu fallen«[24] durchaus erstaunlich. Interessant ist das Motiv, das er angibt: »Ich meine, man muss und kann in der Liebe über Raum und Zeit hinweg aus dem Wesen der Liebe im allgemeinen und aus der Kraft des Heiligen Geistes Gottes heraus Jesus wirklich in Unmittelbarkeit und Konkretheit lieben.«[25]

Die Frommen und die Theologen haben auf dieses Bändchen unterschiedlich reagiert: Die einen verschafften der Veröffentlichung einen erstaunlichen Erfolg – es erlebte innerhalb von drei Jahren drei Auflagen. Die anderen – die Zunftgenossen – haben es kaum beachtet, sodass es für geraume Zeit das Schicksal eines »werkgeschichtlichen Dornröschenschlafs«[26] ereilte.

Kein Jesuanismus, keine Sentimentalität, aber: ein existenzielles Verhältnis

Es geht Rahner um den konkreten Jesus. Von Ideen ist man ja vielleicht überzeugt oder in sie verschossen. Aber liebt man sie? Umarmt man sie? Christologische Fachbegriffe wie »hypostatische Union«, »ontologische Einheit«, »Idiomenkommunikation« usw., die die »Einheit« Jesu mit Gott umschreiben, kann man nicht lieben oder sich dafür erwärmen, außer akademisch-intellektuell – und damit auf Distanz.

Es geht um einen existenziellen Vorgang! »Es kann auch anders sein, als ich meine«, beginnt Rahner seinen Artikel »Auf der Suche nach Zugängen zum Verständnis des gott-menschlichen Geheimnisses Jesu« von 1971. Darin schlägt er »drei Zugänge zu jenem geheimnisvollen Verhältnis zu Jesus« vor, »durch das im Vollzug des Lebens selbst das aufgeht und wirklich verstanden (›realisiert‹) wird, was der Glaube der Kirche von Jesus bekennt.«[27] Rahner will ja nicht die Lehre der Kirche ersetzen oder austauschen. Aber er fragt danach, welches innere, also existenzielle Verhältnis ein Mensch zu Jesus als einer Gestalt der Vergangenheit entwickeln kann – ein Verhältnis, das trägt und das hält.

In der Liebe zu Jesus sah er einen epochalen Zugang zum Christsein überhaupt. In der Meditation »Ich glaube an Jesus Christus« von 1968 betonte Rahner, »dass es eine ganz persönliche, intime Liebe zu Jesus Christus geben muss.« Und er ergänzte: »Diese Liebe ist keine Sentimentalität pietistischer Art, keine bloße Ideologie, keine vage religiöse Stimmung, kein Analgeticum zur Betäubung des Schmerzes der Frustration einer anderen, realen zwischenmenschlichen Beziehung, sondern Anteilnahme von Schicksalsgemeinschaft, Selbstverständnis vom konkreten Leben Jesu her, Teilnahme an seiner Gottverlassenheit, kurz: Erfahrung und Annahme des eigenen Lebens als sehr geheimnisvolle, aber sehr reale Teilnahme an seinem Schicksal.«[28]

Die Frage »Was heißt Jesus lieben« ist also kein Kunstgriff oder ein pädagogischer Trick, um der (ohnehin fragwürdigen, weil künstlichen) Alternative »Christologie von oben« und »Christologie von unten« zu entgehen. Rahner beschäftigte vielmehr die Frage, wie heute überhaupt jemand eine persönliche, existenzielle Beziehung zu Jesus entwickeln kann, die sich nicht in lyrischer Schwärmerei oder in abstrakten Formeln verlieren will. Liebe zu Jesus verändert etwas. Es kann etwas passieren, wenn ich mich auf diesen Jesus einlasse. Rahner redet dabei expressis verbis von Jesus, nicht von Jesus Christus. Und es ist von *Liebe* die Rede, nicht von Erkenntnis über einen Sachverhalt im Sinne von Bescheidwissen. Liebe ist sozusagen der Umschlag der Erkenntnis, nicht deren Gegenspielerin, was Rahner mit dem »Geheimnis« begründet, das den Menschen zum Selbstüberstieg des Erkennens aus dem Ergreifen-Wollen in das Sich-Ergreifen-Lassen bringt.

Als 23-jähriger Student hat mich die Vorstellung der Möglichkeit, Jesus »um den Hals fallen« zu können, geradezu elektrisiert. Eine so innige Beziehung zu ihm aufzubauen, dass es mich danach verlangt, ihm wie einem guten Freund um den Hals zu fallen! Jahre später schrieb ich darüber meine theologische Diplomarbeit (»Jesus lieben. Existentielles Christsein nach Karl Rahner«), die ich im April 1991 in Innsbruck einreichte – auch weil mich faszinierte, dass Rahner auf 96 Druckseiten mit einer einzigen Fußnote das Auslangen findet.

Eine gewisse Wendung zu einer schlichten menschlichen Begegnung mit Jesus

Liebe als Grundakt des Menschen – und in ihrer höchsten Form Liebe des Menschen zu Jesus – hebt den Menschen über sich hinaus und, zumal in der Liebe zu Jesus, in Gott hinein. Diese Liebe bedeutet Teilhabe an Jesu einzigartigem Verhältnis zu Gott, wie es im Brief an die Kolosser verheißungsvoll ausgedrückt ist: »Euer Leben ist mit Christus verborgen in Gott.« (Kol 3,3)

In einem langen Interview aus Anlass seines 70. Geburtstags sagte Rahner: »Ich würde sagen, früher war der Satz, dass Gott Mensch und Welt geworden ist, der natürlich auch heute noch richtig ist, eine ursprünglichere, in einem metaphysischen Elan beinahe selbstverständliche Aussage, während ich jetzt sagen würde, in Jesus dem Gekreuzigten und Auferstandenen weiß ich, worauf ich leben und sterben soll. Die Aussagen einer metaphysischen Christologie behalten natürlich ihre Gültigkeit, es ist keine Wende zu einem primitiven Jesuanismus, aber eine gewisse Wendung zu einer schlichten menschlichen Begegnung mit Jesus, mit dem Konkreten in seinem Leben.«[29]

In seinem Vortrag »Was heißt heute an Jesus Christus glauben?« hat Rahner (1976) betont: »Wir können auf ihn hoffen, ihn lieben, zu ihm rufen, wir können auf seine Liebe und Treue zu uns bauen, wir können uns seines irdischen Lebens und Sterbens meditierend vergewissern in der glaubenden Überzeugung, dass dieses Lebensschicksal gerettet ist und als ewige Bürgschaft unserer eigenen Hoffnung bei Gott für uns hinterlegt ist. (…) In solcher Liebe zu dem konkreten Jesus in der Ewigkeit Gottes geschieht die letzte Versöhnung von Zeit und Ewigkeit (…).«[30]

Rahner endet seine Überlegungen mit dem Hinweis: »Wenn man Jesus liebt, ganz persönlich und unmittelbar, wenn man sein Leben und sein Schicksal liebend zur inneren Form und Entelechie des eigenen Lebens werden lässt, dann erfährt man, dass er der Weg, die Wahrheit und das Leben ist, dass er zum Vater führt, dass man den unbegreiflichen Gott trotz seiner Namenlosigkeit Vater nennen darf und kann, dass die Namenlosigkeit und Wegelosigkeit Gottes unsere eigene Heimat sein kann, die uns nicht Untergang, sondern ewiges Leben schenkt. Man muss Jesus lieben in der bedingungslosen Annahme seines Lebensschicksals als der eigenen Norm der Existenz, um die eigene Existenz als im allerletzten eben doch gelöst, heiter, fröhlich erfahren zu können.«[31]

4

Von Jesus reden ... genügt nicht

»Man müsste mal wieder mehr von Jesus reden. Das ist das Mantra, das konservative Theologen heute am liebsten anstimmen, wann immer das Gespräch auf die stetig sinkende Zahl der Kirchenmitglieder in Deutschland kommt. Sie sagen auch gern dazu, dass ›die linken Pfarrer‹ mit ihren Politthemen die Kirchen leer gepredigt hätten. – Vielleicht ist ja sogar was dran. Falsch kann jedenfalls nicht sein, von Jesus zu reden. Nur wie? Das sagen die Beschwerdeführer nicht. Sie tun, als sei das Wie schon immer unfehlbar klar gewesen.«[32] Diese Feststellung war in einem Artikel über junge Pfarrer und Youtuber zu lesen. Evelyn Finger stellte darin auch den populären Priester und Performer Christian Olding vom Niederrhein vor. Der sagt von sich selbst: »Ich bin nicht Priester geworden, um den Mangel zu verwalten.« Die alles entscheidende Frage sei: »Wie können wir so über Jesus reden, dass es nicht peinlich wird?«[33]

Geredet wird viel von Jesus. So oder so. Manches wirkt peinlich. Anderes ist peinlich. Einiges kann man nicht ernst nehmen.

Das liebe Jesulein ...

Von dem Neutestamentler Gerhard Lohfink gibt es ein Buch mit dem Titel »Gegen die Verharmlosung Jesu« (2013). Der Titel ist einem gleichnamigen Vortrag abgeschaut, in dem der früher in Tübingen lehrende Professor eine ganze Reihe von konkreten Beispielen auflistet und eindringlich davor warnt, die Botschaft Jesu weichzuspülen. Verkürzungen, Vereinnahmungen, Verniedlichungen, Verballhornungen, Spiritualisierungen oder Ideologisierungen bleiben nie aus. Jesus wird ins Prokrustesbett seiner Interpreten gelegt und je nach Interessenslage gestreckt oder verkürzt: »In den vielfältigen Stimmen scheint der Jesusmarkt seiner geneigten Kundschaft – in geziemender Abwandlung versteht sich – Robert Lembkes berühmte Frage zuzurufen: *›Welchen Jesus hätten's denn gern?‹*«[34]

Ein Mitbruder aus dem Jesuitenorden erzählte mir einmal im Dialekt (»uff Berlinerisch«) einen Kirchenwitz, den es auch auf Hochdeutsch gibt und der in verschiedenen Variationen durchs Internet geistert. Auch ich habe beim ersten Mal geschmunzelt. Heute gelingt mir das nicht mehr so leicht. In einer Klosterschule, hebt der Witz an, stellt die Schwester den Kindern ein kleines Rätsel: »Was ist das? Es ist klein und braun und flink, es hüpft von Baum zu Baum, knackt Nüsse und hat einen großen, buschigen Schwanz ... Na, wer weiß es?« Meldet sich Fritzchen: »Na, eigentlich würde ich sagen, es ist ein Eichhörnchen, aber wie ich den Laden hier so kenne, ist es bestimmt wieder das liebe, kleine Jesulein.«

Man lächelt vielleicht darüber: Jesus als pädagogische Allzweckwaffe, immer einsetzbar. Ob hier Ordensfrauen und ihre wertvolle pädagogische Arbeit ernst genommen werden? Ob sich solche Kinder ernst genommen fühlen? Ob Jesus ernst genommen wird? Oder ist es letztlich nur peinlich, weil Jesus zur Witzfigur verkommt, die man nicht ernst nehmen muss? Wer (glaubhaft) vermitteln möchte, dass Jesus für mich immer da ist, transportiert nicht nur Wissen über ihn. Es geht immer auch um Begegnung – und damit im Letzten um eine Stellungnahme. Die kann mir keiner abnehmen. Ausweichen lässt sich ihr. Ich kann mich davor drücken. Aber dann verpasse ich vielleicht auch eine Chance.

Reden über Jesus – und zuhören

Der verstorbene Salzburger Dogmatikprofessor Gottfried Bachl († 2020) meinte in seinem Bändchen »Der schwierige Jesus« (ursprünglich Vorlesungen für die Salzburger Hochschulwochen im Jahr 1994), alle »Schwierigkeit mit Jesus« beginne »beim Reden über ihn und beim Zuhören«: »Wir reden von Jesus wie über Hannibal oder Kleopatra und andere Gestalten der Geschichte. Er wird in den historischen Betrachtungen zum Fossil, ein seltener römischer Ziegelstein, im Objektabstand einer Sache, die sich, auf die augenblickliche Lage angewendet, außerhalb dieses Raumes befindet, in dem wir uns jetzt aufhalten.«[35] Jesus als Forschungsleiche, als »Objekt« der Betrachtung, als Gegenstand der wissenschaftlichen oder einer sonstigen Neugierde. Informationen allein genügen nicht. Wissen allein – löst noch nichts aus.

Bei Ignatius heißt es in den Geistlichen Übungen ganz am Anfang: »Nicht Vielwissen sättigt die Seele, sondern das Verkosten der Dinge von innen her.« (EB 2) Nicht auf das Viel- und das Bescheidwissen kommt es an. Papst Franziskus sagte in seiner Predigt zum Hochfest Erscheinung des Herrn (»Epiphanie« bzw. »Dreikönig«) am 6. Januar 2019: »Es genügt nicht, wie die Schriftgelehrten zu wissen, wo Jesus geboren ist, wenn wir nicht dieses *Wo* erreichen. Es genügt nicht, wie Herodes zu wissen, *dass* Jesus geboren ist, wenn wir nicht ihm begegnen. Wenn sein *Wo* unser Wo wird, sein *Wann* unser Wann, seine Person unser Leben, dann erfüllen sich die Prophezeiungen an uns. Dann wird Jesus in uns geboren und er wird *der lebendige Gott für mich.*«[36] Der in verschiedenen Fassungen kursierende Aphorismus von Angelus Silesius († 1677) hat es in sich: »Und wäre Jesus tausendmal in Bethlehem geboren und nicht in dir: Du bliebst doch in alle Ewigkeit verloren.«

Alles historische, ja nicht einmal jedes religiöse Wissen und Reden über Jesus ist eine Garantie dafür, dass es zu einer echten Begegnung kommt! Aber genau darauf kommt es an.

Nur Jesus? Oder: Genügt ein Jesushype?

Denn ich muss nicht nur über ihn reden (lernen), sondern vor allem mit ihm! Das Anfang 2018 im Rahmen der sogenannten »Mehr-Konferenz« des Augsburger Gebetshauses veröffentlichte »Mission Manifest«, das zehn »Thesen für das Comeback der Kirche«[37] formulierte, stieß auf rege Resonanz. Eine Gruppe engagierter Katholiken wollte sich mit der vielzitierten »Erosion des Glaubens« nicht abfinden. These 1 formuliert: »Uns bewegt die Sehnsucht, dass Menschen sich zu Jesus Christus bekehren.« These 6: »Wir danken allen Christen außerhalb der katholischen Kirche, die heute schon mit Hingabe missionieren, taufen und Menschen zu Jesus führen.« Methodisch hält These 8 fest: »Wir wollen missionieren, nicht indoktrinieren.« Und These 10 bekräftigt: »Wir müssen uns selbst zur Freude des Evangeliums bekehren, um andere zu Jesus führen zu können.«[38]

Das Buch präsentiert sich mit dem Aufkleber »SPIEGEL-Bestseller«. Im selben Jahr erschien im selben Verlag eine kritische Auseinandersetzung mit dem in Augsburg vorgestellten »Mission Manifest«. Die beiden Herausgeber liefern im Vorwort ihres Sammelbandes das Motiv: »Dynamiken« seien in jüngster Zeit zu beobachten, »die mit einem neuen Entschiedenheitsgestus auftreten.

Religiös zu sein, ist wieder alles andere als abwegig, und in christlichen Zirkeln gibt es einen Jesushype, der erstaunlich ist. Vorsicht war einmal, man hat Jesusbegegnungen – ja man weiß, was Jesus und Gott von einem will, weil man dies eben innerlich spürt.«[39] Ihre Prognose: »*Einfach nur mal eben Jesus* wird kaum funktionieren. Komplexe Lebenswelten und komplexe theologische Probleme sind nicht einfach mal eben durch Missionsprogramme zu bearbeiten. Kulturelle Diakonie hingegen in all ihren Dimensionen praktizieren zu wollen, hat zur Voraussetzung, Komplexität wahrnehmen zu wollen. Das ist mühsam, birgt aber auch eine Chance.«[40]

Der Fundamentaltheologe Magnus Striet kritisiert in seinem Beitrag die »Therapieempfehlung« des Manifests: »Entschiedenheitschristen aller Kirchen vereinigt euch. Und warum? Weil nur Freundschaft mit Christus glücklich macht. Schön und gut, möchte man sagen, aber: Stimmt die Diagnose? Und was bedeutet Freundschaft mit Christus?«[41] In Abrede gestellt ist hier nicht, dass es diese Freundschaft geben kann (und soll): Aber ob sie, unreflektiert, als Allheilmittel taugt, das ist – unabweisbar – eine berechtigte Frage.

Mit gewohnt spitzer Feder bemerkt die Politikwissenschaftlerin und Journalistin Christiane Florin in ihrem Beitrag: »Die Missionare wollen keine schönen Worte zum Auswendiglernen schreiben, sie wollen für Jesus sensibilisieren. Jesus ist ihr Freund. Sie sind ihm persönlich begegnet. (…) Schon beim Lesen der ersten beiden Sätze, beim Wort Kennenlernen, flammt ein Beziehungsgespräch auf: Es geht um Jesus. Um Christus. Um ihn. Um dich. Er ist dein Du. Lass dich von ihm berühren.«[42] Auch wenn einen die ironischen Bemerkungen über den »Jesus-Kennenlern-Tonfall[43]« wie Florin selbst »unberührt und ungerührt« lassen: Ein gewisses Misstrauen, Vorbehalte gegen eine suggestive Sprache, eine Art unreflektierten Jesusjargon sind angebracht, wie auch die Dogmatikerin Franca Spies festhält: »Neben der angesprochenen Religionstheologie wird unter anderem geboten: Wie sind Kreuzzüge zu bewerten? Lerne Jesus kennen. Ist Serienschauen okay? Lerne Jesus kennen. Die pluralistischen Denk- und Lebensbedingungen unserer Zeit dürften diese Ambivalenzverweigerung ebenso wenig zulassen wie der breit gefächerte und zur Differenzierung nötigende theologische und gesellschaftliche Diskurs.«[44]

Ist ein geradezu inflationärer Jesusjargon argumentativ belastbar? Intellektuell redlich verantwortbar? Von Jesus reden genügt nicht. Wir müssen mit ihm reden! Reden lernen. Alles theologische, historische oder andere Wissen nützt nichts, wenn wir nicht mit ihm ins Gespräch kommen. Ob man das dann beten nennt oder anders, ist sekundär. »Das erste und wichtigste in der Lebensschule Jesu« ist nach Christoph Schönborn: »ihn persönlich kennenlernen. Die Lehren Jesu sind wichtig, aber es gilt zuerst, mit ihm eine Freundschaft aufzubauen. Es geht in der Lebensschule Jesu nicht zuerst darum, möglichst viel Wissen anzusammeln, auch wenn das wichtig ist. Es geht nicht um etwas, es geht um jemanden. Ihn kennen und ihn lieben ist der größte Lernerfolg.«[45]

Das Potenzial des Wissbaren – und das bereits Begriffene

Was auch immer man im Laufe einer Lebens- und Glaubensgeschichte über Jesus in Erfahrung bringt, liest, studiert, sich erarbeitet: Wissen allein genügt nicht. Und befriedigt nicht. Bei Eugen Biser lese ich zustimmend: »Wenn es trotz des Wissens, das jahrhundertelange Einfühlung und Forschung über Jesus aufhäuften, zu seiner Neuentdeckung im glaubensgeschichtlichen Augenblick kam, besagt das, dass der christliche ›Besitzstand‹, der sich aus dogmatischer Einsicht, spirituellem Mitvollzug und tätiger Nachfolge aufbaut, stets in noch größere Möglichkeiten hinein ›aussteht‹. Somit ist das Potential des Wissbaren stets größer als das bereits Begriffene.«[46]

Von einem, der seine Diplomarbeit über Karl Rahners Bändchen »Was heißt Jesus lieben?« geschrieben hat, und der im März 2000 mit der Studie »Die Mysterien des Lebens Jesu bei Karl Rahner« zum Doktor der Theologie promoviert wurde, müsste man glauben, der »wisse« jetzt alles, was es zu wissen gibt. Weit gefehlt! Ganz abgesehen von der akademisch weniger relevanten Frage: Glaubt er auch daran? Ich stelle mir diese Frage oft – eben weil es nicht ausreicht, sich einen Jesusjargon anzueignen oder einem »Jesushype« zu verfallen. Er trägt à la longue nicht. Und man darf, ja man muss fragen: Ist er alltags- und krisentauglich?

Die Grundlage: eine Ahnung

Ich leihe mir ein Wort bei Heiner Wilmer, dem Bischof von Hildesheim: »Ich setze auf meinen Glauben an Jesus. Weil ich uns Menschen nicht für die letzte gerechte Instanz halte. Weil wir nie die blanke Wahrheit kennen. Ich setze auf meinen Glauben an Jesus, der mit seinem Tod und seiner Auferstehung gezeigt hat, dass dies hier nicht alles ist. Die Grundlage meines Glaubens ist die Ahnung.«[47] Ein sympathisches Bekenntnis – und ein gutes Wort: Ahnung. Und er beschreibt diese: »Die Ahnung, dass Jesus doch recht haben könnte. Die Ahnung, von der sich die Freunde um Jesus herum in den Bann ziehen ließen, alles zu verlassen. (…) Die Ahnung, dass es sich anders lebt, wenn im Webmuster meines Lebens der Lebensfaden Jesu eingewebt ist.«[48]

In manchen Ohren klingt das vielleicht zu minimalistisch: »Ahnung haben«. Ist das alles? Genügt das: »erfüllt von einer großen Ahnung«[49]? Man täusche sich nicht! Wissende sind längst noch nicht Glaubende! Ahnende sind immerhin Menschen, die von seiner Sehnsucht getrieben, manchmal vielleicht auch geplagt werden.

Sehnsucht nach der Sehnsucht

»Ich habe Sehnsucht danach, eine Sehnsucht nach Jesus zu haben«, schreibt Wilmer. Von einem Mitglied der Kongregation der Herz-Jesu-Priester, die »Jesus« in ihrem Namen führt (SCJ: *Congregatio Sacerdotum a Sacro Corde Iesu*), darf man erwarten, dass er mit Jesus zu tun hat. Haben will. Aber Wilmer kennt auch die Gefahren der Routine: »Jesus ist *wirklich* wichtig für mich – und ich merke, dass ich Phrasen dresche, so wie ich es als Schüler manchmal im Deutschunterricht getan habe, um einigermaßen gut abzuschneiden, dem Lehrer mein Interesse zu suggerieren, auch wenn es mir wurscht war, was Brecht nun wirklich von den Zuschauern wollte.«[50] Da deutet sich so etwas an wie eine Jesusroutine, die sich in Phrasen und Floskeln verliert – und damit Jesus verliert. »Deutsch«, so Wilmer, »kann man abwählen. Meinen Glauben an Gott nicht. Ich muss und will mit und über Jesus sprechen. Ich habe Sehnsucht danach, eine Sehnsucht nach Jesus zu haben. Ich muss und will mit ihm sprechen, und manchmal kostet es mich viel Kraft.«[51]

Ein erstaunlicher Gedanke: Vertrautheit kann Begegnung verhindern. Sie kann täuschen. Der aus Vorarlberg stammende, seit 1938 in Indien lehrende Jesuit und Theologe Josef Neuner († 2009), der auch Konzilsperitus war, warnt in einem Kommentar zu Geistlichen Übungen davor: »Das größte Hindernis, Jesus persönlich zu begegnen, besteht wohl in unserer allzu großen Vertrautheit mit ihm. Wir glauben, ihn zu kennen, denn die meisten von uns haben schon als Kinder gelernt, an ihn zu glauben; die Geschichten des Evangeliums haben wir hundertmal gelesen und gehört. Wir haben auch gelernt, was die alten Konzilien von ihm sagen, dass er wahrer Gott und wahrer Mensch ist. Und wie viele Bilder und Statuen haben wir von ihm gesehen! Sicher ist Jesus (zusammen mit Maria) die vertrauteste Figur in unserem geistlichen Haushalt. So kommt es vor, dass wir ihm nie persönlich begegnen – viele sind noch nie vor ihm erschrocken.«[52]

Da ist es wieder: das Erschrecken – darüber, dass mich einer anschaut und anspricht! Und das Ausbleiben des Erschreckens, weil ich (scheinbar) Bescheid weiß. Wissen verschafft vielleicht Ahnungen. Aber es führt nicht automatisch zu einer Begegnung, geschweige denn zu einem Bekenntnis.

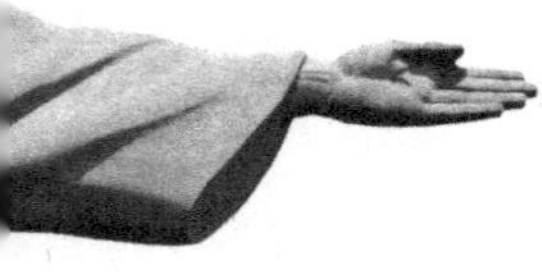

5

Am Anfang steht: Jesus

Der Dominikaner Edward Schillebeeckx († 2009), »ungeachtet seiner belgischen Herkunft als niederländischer Theologe«[53] geltend, da er den Großteil seines Arbeitslebens in Nimwegen verbrachte, hat ein monumentales Jesusbuch mit fast 700 Seiten Umfang geschrieben. Es erschien 1974 in deutscher Übersetzung und war – obwohl (wie im Vorwort festgehalten) als »christliche Jesus-Interpretation« und somit als Christologie angelegt – »nicht zur Lösung sehr subtiler, akademisch-theologischer Probleme geschrieben«[54]. Es trägt den Untertitel »Die Geschichte von einem Lebenden«, um von Anfang an jeder Meinung den Boden zu entziehen, es handle sich dabei um eine historische Darstellung von jemandem, der einmal gelebt hat, aber der Vergangenheit angehört.

Schon kurz darauf hat Schillebeeckx einen zweiten, noch dickeren Wälzer veröffentlicht: »Christus und die Christen«. Der erste Satz der Einleitung lautet ganz einfach: »Es begann mit einer Begegnung.« Und weiter: »Einige Menschen – aramäisch und vielleicht auch griechisch sprechende Juden – kamen in Kontakt mit Jesus von Nazaret und blieben bei ihm. Durch diese Begegnung und durch das, was sich im Leben und um den Tod Jesu abspielte, erhielt ihr eigenes Leben einen neuen Sinn und neue Bedeutung. Sie fühlten sich neugeboren und verstanden, und zugleich drückte sich diese neue Identität in ähnlicher Solidarität gegenüber dem anderen, dem Mitmenschen aus. Diese Änderung der Lebensrichtung war die Frucht ihrer Begegnung mit Jesus, denn ohne ihn wären sie das geblieben, was sie waren (...). Die Geschichte von einem neuen Lebensdasein, einer neuen Praxis, begann also mit einer Begegnung.«[55]

Beide Jesusbücher fanden breite Beachtung, das erste führte auch zu einem Lehrverfahren der Glaubenskongregation, die Klarstellung verschiedener Positionen verlangte, aber von einer förmlichen Verurteilung absah[56]. Mir ist der kurze Satz nie aus dem Gedächtnis gegangen: Es begann mit einer Begegnung.

Am Anfang – eine Begegnung

Sein mit 24. November 2013 datiertes Nachapostolisches Schreiben »Evangelii gaudium« (EG), das zwar nicht den Status einer »Antrittsenzyklika« hat, aber doch so etwas wie sein »Regierungsprogramm« ist, beginnt Papst Franziskus mit dem Satz: »Die Freude des Evangeliums erfüllt das Herz und das gesamte Leben derer, die Jesus begegnen.« (EG 1) Und er setzt wenig später fort: »Ich lade jeden Christen ein, gleich an welchem Ort und in welcher Lage er sich befindet, noch heute seine persönliche Begegnung mit Jesus Christus zu erneuern oder zumindest den Entschluss zu fassen, sich von ihm finden zu lassen, ihn jeden Tag ohne Unterlass zu suchen.« (EG 3) Am Ende dieses ersten Abschnitts zitiert er seinen Vorgänger: »Ich werde nicht müde, jene Worte Benedikts zu wiederholen, die uns zum Zentrum des Evangeliums führen: ›Am Anfang des Christentums steht nicht ein ethischer Entschluss oder eine große Idee, sondern die Begegnung mit einem Ereignis, mit einer Person, die unserem Leben einen neuen Horizont und damit seine entscheidende Richtung gibt.‹« (EG 7)

Dieses Benedikt-Zitat ist gleichsam der Auftakt, ja eine Art Fanfarenstoß am Beginn der Antrittsenzyklika »Deus caritas est« vom

25. Dezember 2005. Franziskus schlussfolgert daraus: »Allein dank dieser Begegnung – oder Wiederbegegnung – mit der Liebe Gottes, die zu einer glücklichen Freundschaft wird, werden wir von unserer abgeschotteten Geisteshaltung und aus unserer Selbstbezogenheit erlöst.« (EG 8) Damit ist eine Wirkung beschrieben, die die Folge der Begegnung ist.

Die »Begegnung mit einer Person«, also mit Jesus: Darum geht es im Christentum in erster Linie! Alles andere kommt danach. Diese Begegnung verändert: Sie bewegt, sie inspiriert, sie fordert heraus, sie erzwingt Entscheidungen, sie motiviert, sie heilt. Ohne diese Begegnung mag Christentum, mag Kirche intellektuell interessant oder faszinierend sein. Aber ohne diese Begegnung bleibt Christentum eine Idee, abgekoppelt, getrennt von der Person am Anfang.

Eine Begegnung – en passant

Und diese Begegnung kann unspektakulär erfolgen, gleichsam im Vorübergehen, *»en passant«*[57] geschehen – wie im Johannesevangelium im Anschluss an die Taufe Jesu bei der Berufung der ersten Jünger eindrücklich geschildert (Joh 1, 35-42): »Als Jesus vorüberging, richtete Johannes seinen Blick auf ihn und sagte: Seht das Lamm Gottes! Die beiden Jünger hörten, was er sagte, und folgten Jesus.« Man kann diese Stelle stunden-, ja tagelang meditieren! Denn Jesus wendet sich an die beiden Johannesjünger, die sich für ihn interessieren und fragt: »Was sucht ihr?« Die reagieren mit einer Gegenfrage: »Rabbi, wo wohnst du?« Und Jesus antwortet: »Kommt und seht!« Und der Evangelist berichtet lapidar: »Da kamen sie mit und sahen, wo er wohnte, und blieben jenen Tag bei ihm.« Wohin die beiden Fischer mit Jesus gingen, wo das war, was sie sahen – das erfährt der Zuhörer nicht. Aber dieser Tag – die Bemerkung »es war um die zehnte Stunde« markiert eine Entscheidungssituation – hat Folgen: Aus den beiden Johannesjüngern werden Jesusjünger. Was sie gesehen und erlebt haben, beeindruckt derart, dass sie mit Jesus mitgehen und bei ihm bleiben werden. Einer von ihnen wird mit Namen genannt: Andreas. Und der berichtet seinem Bruder Simon davon: »Wir haben den Messias gefunden.« Daraufhin führt er ihn zu Jesus, der diesen anspricht und ihm einen neuen Namen gibt: Kephas, was Petrus/Fels heißt – die einzige Umbenennung übrigens bei Jüngerberufungen.

Der Neutestamentler Johannes Beutler schreibt zu der Frage »Was sucht ihr«: »Man kann in dieser Frage Jesu eine ganze Theologie der Berufung zum Glauben erblicken: die Begegnung mit Jesus führt nicht nur zur Annahme einer dem Menschen fremden, ihm von außen angetragenen Botschaft, sondern zur Erfüllung der ureigensten Sehnsüchte des Menschen.«[58] Das »Bleiben« ist theologisch hoch bedeutsam.

Die Berufung bei Johannes unterscheidet sich von denen der synoptischen Evangelien, bei denen die ersten Jünger keine ehemaligen »Täufer-Schüler«[59] sind. Der Tübinger Neutestamentler Michael Theobald erklärt: »Wir finden zu Jesus, indem andere uns von ihm erzählen. Ein *unvermittelter* Zugang zu ihm ist uns verwehrt. (...) Wenn sich jemand aus voller Überzeugung zu Jesus bekennt und begeistert von ihm spricht, dann ermutigt das andere, die es hören und sich davon anstecken lassen, zu einem *eigenverantworteten* Glauben; auch sie wollen ›sehen‹ und erkunden, was Jesu Weg für sie bedeuten könnte.«[60]

Nachfolgen meint nach dem griechischen Urtext zunächst einfach »nachgehen« oder »hinter jemandem hergehen«. Aber dieses Verb hat im vierten Evangelium eine tiefere Bedeutung von enormer Tragweite: »Wer Jesus nachfolgt, wird nicht nur Schüler Jesu, sondern geht auch eine *Schicksalsgemeinschaft* mit dem Meister ein (...). Dabei ist der *Glaube* das entscheidende Merkmal wahrer Jüngerschaft.«[61]

Interessant ist eine Beobachtung, die ich dem Kirchenrektor von St. Michael, Karl Kern, verdanke: der Wechsel von der Frage »Was sucht ihr?« zur Frage »Wen suchst du?« Fragt Jesus die beiden Johannesjünger am Beginn des Evangeliums, was sie suchen, so spitzt er die Frage am Ende des Johannesevangeliums zu: am Grab (vgl. Joh 20, 11-18). Der Auferstandene, von der trauernden Maria Magdalena nicht erkannt, sondern mit einem Gärtner verwechselt, fragt die schwer Traumatisierte, die vor Schmerzen wie blind ist – »ein dramaturgisches Mittel, um den Überraschungseffekt bei der Erkennungsszene zu verstärken«[62]: »Wen suchst du?« (Joh 20,15) Die Frage, so Rudolf Schnackenburg in seinem Kommentar, »konzentriert das Gespräch auf die Person dessen, der sich dann zu erkennen gibt.«[63]

Eine authentische Begegnung, unvergesslich

Ein Wort von Papst Franziskus geht mir in dem Zusammenhang nach. Es fiel beim Angelusgebet am 17. Januar 2020, das coronabedingt in der Bibliothek des Apostolischen Palastes gesprochen wurde: »Jesus antwortet nicht: ›Ich wohne in Kafarnaum oder in Nazaret‹, sondern er sagt: ›Kommt und seht‹ (V. 39). Keine Visitenkarte, sondern eine Einladung zu einer Begegnung. Die beiden folgen ihm und bleiben an jenem Nachmittag bei ihm. Es ist nicht schwer, sich vorzustellen, wie sie da sitzen und ihm Fragen stellen und ihm vor allem zuhören und spüren, wie ihre Herzen von Wärme erfüllt werden, als der Meister spricht. (…) Und das ist etwas, das uns zu denken gibt: Jede authentische Begegnung mit Jesus bleibt im Gedächtnis lebendig, sie bleibt unvergesslich. Man vergisst viele Begegnungen, aber die wahre Begegnung mit Jesus bleibt immer.«

Und seine Conclusio: »Am Anfang steht eine Begegnung, oder besser gesagt die Begegnung mit Jesus (…). Und dann wächst auch in uns spontan der Wunsch, es den Menschen mitzuteilen, die wir lieben: ›Ich bin der Liebe begegnet‹, ›Ich bin dem Messias begegnet‹, ›Ich bin Gott begegnet‹, ›Jesus begegnet‹, ›Ich habe den Sinn meines Lebens gefunden‹. Mit einem Wort: ›Ich habe Gott gefunden‹.« Auf den Punkt gebracht: »Gehen wir zurück zu diesem Augenblick, damit die Erinnerung an jenen Augenblick uns stets in der Begegnung mit Jesus erneuere.«[64]

Dieser Vorschlag hat es in sich! Er kommt nicht moralisierend daher, er setzt nicht unter Druck – er wirbt für etwas, was nur ich in dieser oder jener Weise erfahren und erinnernd in meine Lebensgegenwart (zurück-)holen kann.

6

Der endgültige Name Gottes: Jesus

»Sollten Sie einen Jesus treffen, so spricht dieser mit großer Wahrscheinlichkeit spanisch oder portugiesisch«: Dieser Bemerkung begegnet, wer sich über »Jesus« schlaumacht. Über den Vornamen Jesus. In Spanien, Portugal und in Lateinamerika ist »Jesús« fast ein Allerweltsname. Die Namensforscherin Gabriele Rodríguez, die eine Personennamen-Beratungsstelle an der Universität Leipzig aufgebaut hat, macht sogar eine »inflationäre Verbreitung im spanischen Sprachraum«[65] aus. Man geht mit dem Namen nicht sorglos um, aber unbefangen. Anders als bei uns.

Ein Name – nur ein Name?

Hierzulande ist das (fast) undenkbar. Außer bei Adeligen. Johannes von Thurn und Taxis († 1990), der elfte Fürst seiner Dynastie, hieß mit vollem Namen Johannes Baptista de Jesus Maria Louis Miguel Friedrich Bonifazius Lamoral von Thurn und Taxis. In Deutschland war der Vorname Jesus über sehr lange Zeit hinweg als Name nicht anerkannt. Bis 1998 das Oberlandesgericht Frankfurt am Main in einem Verfahren befand, man könne dagegen keine Einwände geltend machen, die Namensgebung verletze keine religiösen Gefühle[66] – anders als das Erkenntnis des Landgerichts

Mönchengladbach, das noch 1985 den Vornamen Jesus genau mit dieser Begründung abgelehnt hatte. Seit 1998 durfte folglich ein Junge die Vornamen »Victor Amadeus Jesus Maria« tragen. Trotzdem ist »Jesus« nach wie vor nicht sehr geläufig. Obwohl also die Namensgebung seit einiger Zeit rechtlich möglich ist, bleibt der Vorname Jesus weitgehend »ein Tabuname«: »Mit der Begründung, es sei für das Kind eine zu starke Bürde, wenn es den Namen Jesus tragen müsse. (...) Im spanischen Sprachraum haben wir hingegen ganz andere Verhältnisse: dort ist Jesús ein üblicher und beliebter Vorname für Jungs, María Jesús für Mädchen und Jesús María für Jungen sind nicht selten.«[67] Eine Rolle spielt dabei offenbar auch, dass »Jesus als Jungen- und Männername aus Ehrfurcht vor Jesus Christus ungebräuchlich«[68] war.

In dem Zusammenhang muss daran erinnert werden, dass der Ordensname der spanischen Karmelitin, Ordensgründerin und Mystikerin Teresa von Ávila, eine große Reformerin im 16. Jahrhundert, »Teresa de Jesús« lautete – was natürlich einen theologischen Hintergrund hat. Auch Teresa de los Andes, eine 1920 verstorbene, heiliggesprochene chilenische Karmelitin, trug diesen Ordensnamen.

Der Hobby-Namensforscher Knud Bielefeld, der seit einigen Jahren ein Jahrbuch über die beliebtesten Vornamen der Deutschen herausgibt, konnte immerhin drei Jungen aufspüren, die »Jesus« als zweiten Vornamen tragen: Enrique Jesus, Rafael Jesus und Lionel Jesus. Der Grund für die Namensgebung erklärt sich schnell: gemischte Ehen und Immigration. Aber auch wenn nach Rodríguez heute »wegen der fortschreitenden Vermischung der Kulturen keine Hänseleien für den Namensträger zu befürchten«[69] sind, ein Hit ist »Jesus« trotzdem nicht geworden – obwohl junge Eltern bei der Namenswahl durchaus gern auf »Idole« schauen. Das brasilianische Model Jesus Luz (* 1987), der als DJ und sogenannter Toyboy der Popsängerin Madonna bekannt wurde, oder der spanische Fußballer Jesús Navas (* 1985) tragen den Namen Jesus. Apropos: Toni Polster, einer der populärsten österreichischen Fußballspieler und mit 44 Toren Rekordhalter der Nationalmannschaft, hat als gläubiger Katholik seine beiden Kinder auf die Namen Anton Jesus und Lisa Maria taufen lassen.

In unseren Breitengraden ist hingegen »Christian« (abgeleitet von »christianus sum«, also: »Ich bin ein Christ«) geläufig. Dieser Bekennername war lange unter den Spitzenreitern in der Namenshitparade zu finden.

Wem gehörst du?

Ein Name kann also auch ein Bekenntnis sein. Er kann eine Zugehörigkeit markieren oder eine Referenz bedeuten, weil ein Kind nach engen Verwandten benannt oder auf den Namen eines speziellen Freundes getauft wird, der einem viel bedeutet und der mit dem Erst- oder dem Zweitnamen in Erinnerung behalten, also geehrt werden soll.

Liebende sagen oft: »Wir gehören zueinander.« Oder auch: »Wir gehören einander.« Wenn ein gemeinsamer Lebensweg auseinanderbricht, wenn sich zwei Menschen getrennt haben, kann man sagen hören: »Die haben einmal zusammengehört.« Wer sich aus einer Abhängigkeit befreien oder von einer Sucht lösen konnte, sagt vielleicht: »Ich gehöre mir selbst.«

Als Kind war ich im Sommer öfter im Bregenzerwald (Vorarlberg), wo meine Großeltern jahrelang ein wunderschönes Bauernhaus gemietet hatten. Im Sommer wurden wir wochenweise zur Sommerfrische eingeladen. Wenn wir »Stadtkinder« durchs Gelände streiften und unterwegs von Leuten aus dem Dorf angesprochen wurden, habe ich oft kein Wort verstanden. In Bregenz wurde damals weitgehend Hochdeutsch gesprochen, im Bregenzerwald redete man ausschließlich im Dialekt miteinander – und oft von Dorf zu Dorf verschieden. Weil meine Urgroßeltern nach dem Zweiten Weltkrieg aus Wien vertrieben wurden und im Bregenzerwald Zuflucht fanden, kannten manche Einheimische meine Mutter und ihre drei Schwestern von klein auf. Und jetzt wollten sie wissen, von welcher der vier Töchter ich stamme: »Weam g'höarscht du (Wem gehörst du)?«

Die Frage war mir völlig fremd. Es gibt in der Stadt ja auch keine »Hofnamen«. Wenn mein Großvater bei Wanderungen meinte, es sei unhöflich, nicht zu antworten und mich bat, doch meinen Namen zu nennen, sagte ich artig: Ich heiße Andreas Batlogg und komme aus Bregenz. Damit gaben sich die meisten zufrieden – und konnten mich auch der ältesten der vier Töchter zuordnen. Niemals hätte ich spontan sagen können: »Ich gehöre der Helga und dem Günther.« Heute weiß ich natürlich, was mit der Frage gemeint war. Zwar habe ich als Kind die Bücher von Karl May verschlungen. Dort kann man, zum Beispiel in »Durchs wilde Kurdistan«, von einem »Hadschi Halef Omar Ben Hadschi Abul Abbas Ibn Hadschi Dawuhd al Gossarah« lesen: Hadschi Halef Omar ist der Sohn (»Ben«) des Haschi Abul Abbas ... Und im Bregenzerwald sagte man eben oft nicht seinen Namen, sondern wessen Sohn oder wessen Tochter man ist, wem man »gehört«. Mit der Auskunft, wem man gehört, wessen Sohn oder wessen Tochter eine/r ist, ist für den Fragenden die Identität geklärt. Nicht umsonst spricht man von »Namenszugehörigkeit«.

Christus gehören – Christus anziehen

Im Sakrament der Taufe werden Menschen hineingenommen in die Gemeinschaft mit Gott. Das bedeutet Zugehörigkeit: Getaufte »gehören« zu Jesus dem Christus – und nennen sich nach ihm

Christen. Sie ziehen Christus gleichsam als zweite Natur an – was sinnbildlich im Taufkleid Ausdruck findet, das dem Täufling angezogen oder übergelegt wird.

Paulus schreibt den Galatern: »Denn ihr alle, die ihr auf Christus getauft seid, habt Christus angezogen. Es gibt nicht mehr Juden und Griechen, nicht Sklaven und Freie, nicht männlich und weiblich; denn ihr alle seid einer in Christus. Wenn ihr aber Christus gehört, seid ihr Abrahams Nachkommen, Erben gemäß der Verheißung.« (Gal 3, 28-29) Kurz darauf heißt es: »Die zu Christus Jesus gehören, haben das Fleisch und damit ihre Leidenschaften und Begierden gekreuzigt« (Gal 5,24). Im sechsten Kapitel an die Gemeinde in Rom ist die Ermöglichung eines neuen Lebens durch die Taufe beschrieben. Paulus erinnert daran, dass Getaufte »auf seinen Tod getauft« (Röm 6,3), ja »mit ihm begraben durch die Taufe auf den Tod« wurden. Und wozu? Sie sind getauft auf den Tod Jesu Christi, »damit auch wir, so wie Christus durch die Herrlichkeit des Vaters von den Toten auferweckt wurde, in der Wirklichkeit des neuen Lebens wandeln« (Röm 6,4). Es finden sich ähnliche Bemerkungen: »ihm gehören wir« (Röm 7,4); »Ihr aber gehört Christus, und Christus gehört Gott« (1 Kor 3,23); »Erster ist Christus; dann folgen, wenn Christus kommt, alle, die zu ihm gehören« (1 Kor 15,23); »Wenn jemand überzeugt ist, zu Christus zu gehören, dann soll er doch auch bedenken, dass nicht nur er, sondern auch wir Christus gehören« (2 Kor 7,10).

Auch Jesus verwendet den Ausdruck. Im Markusevangelium unterweist er seine Jünger: »Wer euch auch nur einen Becher Wasser zu trinken gibt, weil ihr zu Christus gehört – Amen, ich sage euch: Er wird gewiss nicht um seinen Lohn kommen.« (Mk 9,41)

Auf die Frage, wem ich »gehöre«, hätte ich als Kind relativ unbefangen auch antworten können: »Ich gehöre zu Christus.« Antwortet man so? Bedeutet es etwas? Als Ordensmann und Priester – auch ohne Talar oder Habit – erst recht, sollte man meinen. Aber wer will schon als religiöser Spinner dastehen oder als Fundamentalist verdächtigt werden? Angenommen, kirchenkritische oder kirchenferne Menschen, »religiös Unmusikalische« (Jürgen Habermas), würden fragen: »Was heißt es für dich, dass du zu Christus gehörst?« Was wäre so jemandem zu antworten? Ob Christen wirklich (und wirksam) wissen und realisieren, was das in der Taufliturgie bedeutet: zu Jesus dem Christus zu gehören, neu geboren werden, ein neuer Mensch sein bzw. werden, Christus anziehen?

Der Name Jesus

Jesus ist die lateinische Form des hebräischen bzw. aramäischen Namens Jehoschua mit den beiden Kurzformen Jeschua und Jeschu, die im 1. Jahrhundert unter Juden weit verbreitet waren und bei Josephus Flavius oft erwähnt sind. »Jesus« heißt übersetzt »Gott rettet«. Eine weitere latinisierte Form lautet Josua oder Joshua, die unter Juden wie Christen quer durch die Jahrhunderte üblich waren. Die arabische Form Issa ist in mehreren orientalischen Sprachen verbreitet und mittlerweile auch in Deutschland eingetragen.

Acht Tage nach Weihnachten, am Oktavtag, wird der Name Jesu expressis verbis im Evangelium erwähnt. Das Evangelium (Lk 2, 16-21) schließt an das Weihnachtsevangelium an und schließt ab mit der Bemerkung: »Als acht Tage vorüber waren und das Kind beschnitten werden sollte, gab man ihm den Namen Jesus, den der Engel genannt hatte, bevor das Kind im Mutterleib empfangen war.« (Lk 2,21)

Seit dem 13. Jahrhundert bildeten sich liturgische Andachten heraus, für die der Abt, Mystiker und Kirchenlehrer Bernhard von Clairvaux († 1153 n. Chr.), einer der prominentesten Zisterzienser überhaupt, und seine Schule eine Grundlage geschaffen hatten. Die Namen-Jesu-Litanei geht auf ihn zurück. 1530 wurde dann das Namen-Jesu-Fest als Eigenfest des Franziskanerordens eingeführt und auf den 14. Januar festgelegt. 1721 wurde es auf die universale Kirche ausgedehnt und 1903 von Papst Pius X. auf den Sonntag zwischen dem 1. und 6. Januar bzw. auf den 2. Januar verschoben. Allerdings hat das Fest die Liturgiereform nach dem Zweiten Vatikanischen Konzil (1962–1965) nicht überlebt. Es hat auf ein eigenständiges Namen-Jesu-Fest verzichtet und dem 1. Januar zugeschlagen: dem Hochfest der Gottesmutter Maria (an dem gleichzeitig Neujahr und der Weltfriedenstag begangen werden). Das Evangelium kommt auch auf die Namensgebung Jesu zu sprechen, die in der römisch-katholischen Liturgie, anders als im Judentum, einen wichtigeren Stellenwert einnahm als die Beschneidung Jesu, auch wenn heute aus guten Gründen (vor allem von Beteiligten und Interessierten des christlich-jüdischen Dialogs) für eine Wiedereinführung des Festes der Beschneidung Jesu plädiert wird. Unter den verschiedenen Geheimnissen des Lebens Jesu (»mysteria Christi«) gibt es im römischen Messbuch von 1970 auch eine Votivmesse »Vom heiligen Namen Jesu«[70]. Die franziskanischen Orden feiern das Fest weiterhin nach ihrem Eigenkalender am 3. Januar, ebenso wie die Gesellschaft Jesu, für welche es auch das Titular- und ein Hochfest (Namensgebung Jesu) ist.

Karl Rahner hat am 29. Dezember 1949 in der Tiroler Wochenzeitung »Der Volksbote« eine Meditation bzw. Predigt veröffentlicht: »Im Namen Jesu«. Bei der Erstpublikation stand die Information »Zum Fest der Beschneidung des Herrn«, die etwas irreführt. In dem 1966 erstmals erschienenen, mehrmals neu aufgelegten Taschenbuch »Glaube, der die Erde liebt« scheint sie nur mit dem Titel »Im Namen Jesu« und der Referenzstelle »Lk 2,21« als Untertitel auf. Rahner macht darin sozusagen eine Punktlandung: »In und an Jesus wissen wir, was wir an Gott haben. Anders nicht. Er ist das Wort des Vaters, in dem als dem Wort des Erbarmens Gott sich selbst sagt. Und wenn wir darum sagen wollten, wer unser Gott ist, müssen wir ›Jesus‹ sagen. Wenn wir dieses Wort vergäßen, würde Gott für uns in die finstere Unnahbarkeit verschwinden. Wir Christen aber wissen den endgültigen Namen Gottes: Jesus. Denn das ist der Name, den das Kind erhielt, das Gott ist«[71]. Knapper, dichter, präziser kann man es kaum formulieren: Wer sagen will, wer Gott ist, muss Jesus sagen, das ist der definitive Name Gottes!

Interessanterweise ist auch eine Predigt eines Schülers und Freundes von Karl Rahner, nämlich von Alfred Delp, erhalten geblieben, dem am 2. Februar 1945 in Berlin-Plötzensee hingerichteten Jesuiten aus dem »Kreisauer Kreis«. Sie ist undatiert, stammt aber vermutlich von 1944 oder 1943. Delp thematisiert darin besonders das »Bekenntnis zu Jesus«. Es heißt darin: »Das letzte – und doch nicht das letzte – ist, dass wir uns im Namen Jesu bekennen zur Existenz Gottes in der Welt selbst, zur Gottesunmittelbarkeit des Menschen in diesem Menschen Jesus Christus und durch ihn in uns. Und dass der Mensch von daher wirklich absolute Sicherheiten in sich trägt und von daher innerlich gefügt ist und innerlich all dem andern überlegen ist.«[72] An Selbstbewusstsein hat es Delp zu dieser Zeit nicht gemangelt. Seine Predigt schließt mit den Worten: »Man kann diesen Jesus Christus nur anrühren und nur innerlich erschließen als liebender Mensch, als Mensch, der ihn liebt und von daher glaubt.«[73]

Präludiert war der Grundgedanke dieser Predigt bereits in der Neujahrspredigt 1943, in der Delp fragte: »Was heißt das denn, es ward ihm der Name Jesus gegeben – oder: eine Welt, eine Zeit und ein Geschlecht soll diesen Namen tragen?«[74] Die Antwort fällt kurz und bündig aus: »den Namen des Heiles tragen«[75].

Bei beiden – Delp wie Rahner – ist nicht zu übersehen, wie stark sie die Namen-Jesu-Thematik prägt, die eng mit der Spiritualität und der Theologie des Jesuitenordens zu tun hat.

Und nach diesem Namen erfolgt unsere westliche Zeitrechnung bis heute. Das Christentum hat nach Hans Maier »die Zeit ›gezeichnet‹«[76]. Aber es dauerte jahrhundertelang, bis sich die Zeitrechnung »vor« und »nach Christi Geburt« etablierte. Erst ab dem 12. Jahrhundert kam es zu einer flächendeckenden Verbreitung. Allmählich setzte sich »das Prinzip der Inkarnationsära«[77] endgültig durch. Dass der (datierbare) Beginn der Welt immer fragwürdiger und das Ende der Welt zum Lieblingsthema von Schwärmern und Millennaristen wurde, spielte dabei eine Rolle: die Geburt Christi als »verlässliches und berechenbares Datum; in ihr, so schien es, konnte der Zeitlauf seine natürliche Mitte, seinen Anker finden.«[78] Auf den angelsächsischen Benediktiner Beda Venerabilis († 735), der die Idee der retrospektiven Inkarnationsära aufgriff, geht »die erste Rückwärtsdatierung der Weltgeschichte«[79] zurück: die Landung Caesars in Britannien.

Ob die christliche Zeitrechnung »als ein allgemein verwendetes Zeit-Esperanto« und »verbindliche Welt-Chronologie«[80] für immer, also bis ans Ende der Geschichte, bleiben wird, steht buchstäblich in den Sternen. Andere Zeitrechnungen sind, mindestens als Zweitzählung, in Geltung: bei Buddhisten, Muslimen, Hindus und Juden. Weit über vier Milliarden Menschen betrifft dies.

Ein historisches Beispiel, das sich als relativ kurzlebig erwies: Die im Fahrwasser der Französischen Revolution (1789) einsetzende Dechristianisierung führte 1793 in Frankreich zu einem Revolutionskalender, der nach dem Willen des Nationalkonvents »die christliche Zeitrechnung vollständig ablösen«[81] sollte. »Die christlich-kirchliche Grundierung von Welt und Zeit«, so der Münsteraner Kirchengeschichtler Hubert Wolf, »musste verschwinden, wenn im revolutionären Frankreich dem verhassten Katholizismus endlich der Garaus gemacht werden sollte – davon waren die

Macher der Revolution zutiefst überzeugt. ›Die Ära der Franzosen‹ sollte, wie es im ersten Artikel des einschlägigen Dekrets des Nationalkonvents heißt, an die Stelle der endgültig abgelaufenen Ära Jesu Christi treten«[82]. Da am 21. September 1892 die Monarchie abgeschafft und die Republik ausgerufen worden war, begann die neue Zeitrechnung »mit dem 22. September, der herbstlichen Tagundnachtgleiche«[83]. Traditionen sollten radikal gekappt werden – eine *damnatio memoriae*, in dem Fall die Tilgung des Namens Jesus. Aber Napoleon Bonaparte gab zum 1. Januar 1806 den Revolutionskalender auf und führte wieder die christliche Zeitrechnung ein[84].

Hans Maier erinnert an eine Sonderbriefmarke der deutschen Post, die im Jahr 2000 eine Marke mit dem der Osterliturgie entnommenen Text »Christus gestern, heute, immer« herausbrachte[85]. Sie erinnert ihm zufolge »nicht einfach nur an ein Jubiläum, das, kaum gefeiert, wieder vergeht – sie weist auf etwas hin, was gemeinsamer Besitz vieler Menschen ist und ihnen Halt und Orientierung geben kann in einer rasch verfließenden Zeit.«[86]

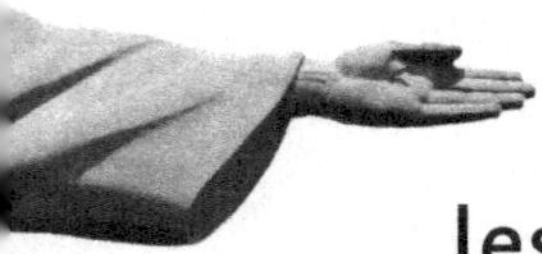

7

Jesus begegnen – ignatianisch

Gibt es eine spezielle Form der Begegnung mit Jesus, die das Prädikat »ignatianisch« verdient? Die Antwort lautet: Ja! Jesuiten haben natürlich keinen exklusiven Zugang zu Jesus. Aber die Geistlichen Übungen (»Exerzitien«) von Ignatius von Loyola gehören gleichsam zur DNA der »Gesellschaft Jesu«. In ihnen spielt Jesus eine zentrale Rolle: Die »Betrachtungen der Geheimnisse des Lebens Jesu« nehmen sogar den Löwenanteil in dem von Ignatius über mehr als zwei Jahrzehnte hinweg entwickelten Exerzitienbuch (EB) ein (EB Nr. 261–312).

In einer neueren Studie wurde festgestellt, dass es sich bei der von Ignatius getroffenen Auswahl »nicht (nur) um eine frühe Perikopenliste für den Begleiter der Exerzitien handelt, die heute einfach durch die Evangelien oder eigene Listen mit Schriftstellen ersetzt werden kann, sondern zugleich um ein memorierbares und meditierbares Leben Jesu, das der Exerzitant sich in Gedächtnis und Herz einprägen soll, um sein Leben daran anzugleichen«[87].

Geistliche Übungen (Exerzitien) als Identitätsmarker

Von den Exerzitien und den dabei gemachten, in einem zweiten Schritt reflektierten, sehr unterschiedlichen Erfahrungen ist ein Jesuit geprägt. Er absolviert zwei Mal während seiner mehrjährigen

Ausbildung – ganz am Anfang im »Noviziat« (bei mir im Mai 1986) und am Ende nach einigen Jahren Berufserfahung im »Terziat« (bei mir im Oktober 2004) – die dreißigtägigen Exerzitien und macht jährlich acht- bis zehntägige Exerzitien. Das hinterlässt Spuren. Und hat Auswirkungen auf die Art und Weise, wie jemand, der der »Gesellschaft Jesu« angehört, von Jesus spricht, über ihn nachdenkt. Die von diesem Orden ausgehende Jesusfrömmigkeit und -spiritualität ist kein Exklusivrecht seiner Mitglieder. Die Hinwendung zu Jesus, die in Exerzitien eingeübt wird, die Freundschaft mit Jesus, die Liebe zu ihm ist ein Angebot für alle, die sich auf Jesus einlassen. Ignatianische Exerzitien sind *ein* Angebot unter vielen Wegen und Möglichkeiten. Jesuiten propagieren diesen Weg und – das ist wörtlich zu nehmen – diese Methode.

Ignatianische Exerzitien sind nicht vom Himmel gefallen. Sie sind gewachsen, über eine lange Zeit hinweg: von der Zeit auf dem Montserrat, wo Ignatius eine Lebensbeichte ablegte, und in Manresa (1522/23), das er seine »Urkirche« nannte, bis zu seiner römischen Zeit. Am 31. Juli 1548 schließlich wurde das Exerzitienbuch von Papst Paul III. mit der Bulle »Pastoralis officii« approbiert – gegen so manchen Widerstand. »Es ist in der Tat ein sehr ungewöhnliches Vorgehen«, so der spanische Historiker und Ignatius-Biograf Ignacio Tellechea, »dieses Buch zu approbieren, das zum geistlichen Fundament der Gesellschaft Jesu wurde, während die definitiven *Konstitutionen* des Ordens immer noch nicht vorlagen.«[88]

Davor lagen die Pilgerfahrt nach Jerusalem (1523), sowie Studien in Barcelona, Alcalá de Henares, Salamanca und Paris (1524–1537). Dort legte Ignatius am 15. August 1534 zusammen mit sechs Freunden in einer Kapelle von Montmartre Privatgelübde ab: die Keimzelle der »Compañia di Jesús«, wie sich die Gefährten – Ignatius wurde 1537 in Venedig zum Priester geweiht und war in Oberitalien seelsorglich tätig – ab 1539 nannten. Vorangegangen war eine Zeit gemeinschaftlicher Beratungen im Frangipanihof in Rom (»Deliberatio primorum patrum«) – mit dem Ergebnis, einen Orden zu gründen, nachdem sich Pläne, noch einmal (und für immer) ins Heilige Land zu ziehen (1537/38), wegen der politischen Lage als unrealisierbar erwiesen hatten. Damit trat die »Papstklausel des Montmartre-Gelübdes« in Kraft: »Rom ist euer Jerusalem«[89].

Da von Bischöfen und Königen laufend Anfragen an den Papst und an Ignatius herangetragen wurden, wäre der »Freundeskreis« zerfallen, hätte er sich nicht eine juridische Form gegeben. Am 27. September 1540 wurde die Gesellschaft Jesu von Paul III. mit der Bulle »Regimini militantis ecclesiae« päpstlich bestätigt. Daran geknüpft war (zunächst) die Bedingung, dass ihre Mitgliederzahl 60 nicht überschreiten durfte. Diese Beschränkung fiel 1546, woraufhin es in Spanien zu einer regelrechten Eintrittswelle kam. Beim Tod des Ignatius (31. Juli 1556) hatte der neue Orden bereits 1000 Mitglieder. Als die »Formula Instituti«, sozusagen das Leitbild des Ordens, am 21. Juli 1550 von Julius III. bestätigt wurde, klang der Titel der Bulle schon weniger militant: »Exposcit debitum«.

Allerdings schlugen sich auch Erfahrungen eines Jahrzehnts darin nieder: Aus »Verbreitung des Glaubens« (1540) wurde »Verteidigung und Verbreitung des Glaubens« (1550). Diese Nuance spiegelt die Bedrohung der katholischen Welt durch die Reformation wieder, auf welche auch das seit 1545 tagende, bis 1563 andauernde Konzil von Trient, auf dem Jesuiten (Claude Jay, Diego Laínez, Alfonso Salmerón, Petrus Canisius) zeitweise oder ständig als Berater im Einsatz waren, reagierte. Mit Jesuiten wurden damals noch die für italienische Ohren verdächtig klingenden Bezeichnungen »Preti Riformati«[90], »Preti Riformati del Gesù«[91] (oder auch, weniger gefährlich klingend »Preti Pellegrini«) verbunden.

Ignatianisches Alleinstellungsmerkmal: Konzentration auf das Leben Jesu in den Exerzitien

Nach seiner Verwundung am Pfingstmontag 1521 begann für den baskischen Offizier Iñigo López de Oñaz y Loyola eine Rekonvaleszenz. Es war eine erzwungene Auszeit. Monatelang war er zum Nichtstun verurteilt. Die Hausbibliothek, die vor allem mit Ritterromanen gefüllt war, war bald ausgelesen. Nachhaltigen Eindruck machten auf ihn zwei Bücher: eine spanische Ausgabe des »Flos Sanctorum« (»Buch vom Leben der Heiligen«), einer Übersetzung der »Legenda aurea« des Dominikaners Jacobus de Voragine; und ein Klassiker des Kartäusers (und vormaligen Dominikaners) Ludolf von Sachsen († 1378), die »Vita Jesu Christi« von 1368, aus dem er (mit blauer und roter Tinte, wie später in seiner Autobiografie »Bericht des Pilgers« festgehalten ist: BP 11) angeregt exzerpierte[92].

Von unzähligen Vorgängermodellen – etwa Bernhard von Clairvaux, Aelred von Rievaulx, García Jiménez de Cisneros (»Exercitatorio de la vida espiritual«, 1509) und der mittelalterlichen Frömmigkeitsbewegung der »Devotio moderna« – unterscheiden sich die Exerzitienanleitungen des Ignatius gerade dadurch grundlegend, dass sie »die konsequente Ausrichtung der Meditation auf das Leben Jesu mit der Bereitschaft zu existentiellen Konsequenzen aus der Begegnung mit dem erhöhten Herrn in den Ereignissen seines Erdendaseins«[93] nahelegen. Darin ist eine spezifisch ignatianische Eigenart zu sehen.

Auffälligerweise schlägt sich dieses Charakteristikum auch terminologisch im Wechsel von »Besinnung« (*consideración*) und »Erwägung« (*meditación*) für die Übungen der Ersten Woche auf »Betrachtung« (*contemplación*) für die Übungen der Zweiten bis Vierten Woche nieder: »Die eigentlichen Exerzitien, die ›contemplaciónes‹ beginnen mit dem Blick auf Jesus (…). Diese Ausrichtung auf das

Leben Jesu erhält ihre besondere innere Form durch die Bereitschaft, der Person Jesu bestimmenden Einfluss auf das eigene Leben zu gewähren«[94]. Es geht dabei (methodisch) mehr um ein kontemplatives Verinnerlichen als um ein diskursives Überlegen. Der mystagogische Charakter von ignatianischen Exerzitien ist auch an den exakten Anleitungen ablesbar, die die Übenden mehr und mehr zur Gestalt Jesu hindrängen. Der die Exerzitien gibt, »soll die Geschichte dieser Betrachtung oder Besinnung getreu erzählen (*debe narrar fielmente la historia de la tal contemplación o meditación*)« (EB 2). Mit »historia« sind die Evangelien gemeint, insofern sie das Leben Jesu präsentieren: von der Empfängnis durch Maria über das öffentliche Auftreten Jesu, sein Sterben und die Auferstehung bis hin zur Aufnahme in den Himmel (Pfingsten fehlt). Die Aufmerksamkeit ist also auf konkretes Geschehen (»historia«) gerichtet. Natürlich ist Ignatius bei Ludolf von Sachsen dem Leben Jesu »in einer Evangelienharmonie«[95] begegnet. So wie auch das Repertoire von Schriftstellen, die er im Exerzitienbuch zusammengestellt hat, kein vollständiges, lückenloses Leben Jesu und schon gar nicht eine umfassende Biografie nach heutigen Kriterien ergibt. Darauf kommt es nicht an.

Das vierte Kapitel im »Bericht des Pilgers« handelt von der Wallfahrt ins Heilige Land, zu der Ignatius im Februar 1523 aufbrach. Über Gaeta, Rom, Venedig, Beirut und Las Salinas traf er dort Ende August 1523 ein. In Jaffa betrat er erstmals den Boden des Heiligen Landes. Obwohl zu dieser Zeit »mühsam und teuer« und obendrein natürlich gefährlich, war eine solche Pilgerreise damals »nichts Absonderliches«: »Dennoch war sie etwas, wozu ein von der Liebe zu Christus faszinierter Mensch sich hinreißen ließ, und alles lief nach einem festen Muster an, angefangen beim Breve des Papstes, das man persönlich in Rom abholen musste, bis zu den von den Franziskanern bei allem Elend und Chaos mit fester Hand durchorganisierten Prozessionen zu den heiligen Stätten.«[96]

Karl Rahner ließ seinen Ordensvater in seiner fiktiven »Rede des Ignatius von Loyola an einen Jesuiten von heute« (1978) sagen: »Mein Verlangen nach dem Heiligen Land war die Sehnsucht nach Jesus, dem konkreten, der keine abstrakte Idee ist.«[97] Deswegen sei die Wallfahrt nach Palästina »die Reise in die Wegelosigkeit Gottes« gewesen – »und ihr, nicht ich, seid einfältig und oberflächlich, wenn ihr meint, meine Sehnsucht nach dem Heiligen Land fast fünfzehn Jahre lang sei bloß die Schrulle eines mittelalterlichen Menschen gewesen oder so etwas, wie wenn heute ein Muslim sich nach Mekka sehnt.«[98] Es ging Rahner damals, es geht im 21. Jahrhundert (anders als bei Ignatius) also nicht um einen »mittelalterlichen Jesuanismus«.

Es ist wichtig zu sehen, dass es von daher »nicht angemessen« erscheint, »die Leben-Jesu-Frömmigkeit der Exerzitien einfach durch eine Evangelienfrömmigkeit zu ersetzen, denn es geht unbeschadet des textlichen Mediums, das zur Vermittlung dient, um die lebendige Begegnung mit dem Kyrios«[99].

Gleichzeitigkeit: »Wie wenn ich mich gegenwärtig fände«

Übende werden aufgefordert, »die Personen (zu) sehen«, von denen jeweils die Rede ist (z. B. EB 106, 114): »wie wenn ich mich gegenwärtig fände (*como si presente me hallase*)« (EB 114). Sie sollen sich den »Schauplatz« des Geschehens in allen Einzelheiten ausmalen und reichhaltiges Lokalkolorit einbringen: ob etwa ein Weg bergauf führt, ob er schmal ist oder breit, ob Gräser, Farne oder Blumen am Wegesrand blühen oder nicht. Eine historisch-genaue Rekonstruktion von Ort und Geschehen ist nicht beabsichtigt. Vielmehr sollen Übende »von innen her« aufsteigen lassen, wie sich eine Szene ihrer Fantasie darstellt.

Die für Ignatius typische Detailversessenheit bei der *compositio loci* (»Zurichtung des Schauplatzes«), die Übende zu Regisseuren macht, zielt auf eine Art des »Dabeiseins« ab, das weit über bloßes Erinnern hinausgeht. Es geht um Begegnung. Intendiert ist ein Gegenwärtigmachen eines geschichtlichen Vorgangs im Sinne von Gleichzeitigkeit. Angezielt ist, dass jemand Jesus wirklich (und wirksam) begegnet und sich das nicht nur vorstellt, also in der Fantasie ausdenkt und ausmalt. Christsein bedeutet deswegen nicht die Mitgliedschaft in einem »Leben-Jesu-Gedächtnisverein«, sondern es umfasst die Gemeinschaft derer, die daran glauben, dass Jesus von Nazareth auch heute lebt, da ist und quer durch Raum und Zeit in der Kirche wirkt.

»Sich üben«: Die Begegnung mit Jesus, die Entscheidung für ihn im Exerzitiengeschehen ist ein Prozess. Er geht über die Exerzitien(-zeit) hinaus und dauert nach ihnen an. Denn diese Begegnung muss gepflegt, die Entscheidung in Entschiedenheit im (Alltags-)Leben eingeholt werden. Exerzitien sind »Alltag in Zeitlupe«, Auszeiten, in denen dies wiederholt, in verdichteter Weise neu durchgespielt werden kann.

»Inkarnatorische« Spiritualität: Nähe zu Jesus »secundum carnem«

Ignatius als Philosemit: ein delikates, in der Ordensgeschichte auch belastetes Thema! Seine merkwürdig erscheinende Sehnsucht führte zu einem »seltsamen Spruch«[100], der so überliefert ist: »Eines Tages aßen wir mit vielen, und als er von sich selber sprach, sagte er, dass es ihm eine besondere Gnade von unserem Herrn wäre, jüdischer Abstammung zu sein. Und er fügte den Grund hinzu: Wieso? Den Verwandten von Christus unserem Herrn *secundum carnem* und von unserer Lieben Frau der glorreichen Jungfrau

Maria zu werden! Er sagte diese Worte mit einem solchen Gesicht und mit viel Gefühl, dass er in Tränen ausbrach. Dies wurde deutlich wahrgenommen.«[101]

Zur damaligen Zeit war das eine gewagte Aussage! Denn nach einem Goldenen Zeitalter des Judentums im christlichen Spanien des 13. Jahrhunderts war es zu einem »Massenbekehrungsfieber gegenüber den Juden«[102] gekommen. Das spanische Experiment eines als »modellhaft« bezeichneten multikulturellen »Zusammenleben(s) von Juden, Muslimen und Christen unter christlicher oder islamischer Herrschaft«[103] gehörte bereits der Vergangenheit an. Inquisitionsprozesse gegen »Conversos«, wie die (teils zwangs-)bekehrten Juden genannt wurden, nahmen zu. »Moriscos« wurden christianisierte Mauren (»moros«) genannt. Emigration und Vertreibung waren die Folge.

Nachdem sich der 80-jährige Oberrabbiner von Kastilien, Abraham Senior, nach dem Vertreibungsedikt vom 31. März 1492 auf Bitten der Katholischen Könige, deren Vertrauter er war, in einer Prunkzeremonie öffentlich hatte taufen lassen (das Königspaar fungierte dabei als Paten) und daraufhin Tausende Juden denselben Schritt vollzogen, entschieden sich viele andere anders: »So ziehen ca. 150.000 Juden der Apostasie das Exil vor. Eine beachtliche Zahl, wenn man bedenkt, dass Spanien damals ca. sieben Millionen Einwohner hatte, wovon etwa 200.000 Conversos und eine Million Moriscos waren.«[104] »Apartheidsgesetze«[105], die ins ganz praktische Zusammenleben (»convivencia«) massiv eingriffen, und andere diskriminierende Maßnahmen wurden erlassen. Viele Conversos – der Großvater von Teresa von Ávila war einer – »sind zwar echt bekehrt, ja zu ultraorthodoxen Christen und Judenfeinden geworden, aber andere entwickeln eine für Conversos typische Bewusstseinsspaltung: Sie leben zwischen zwei Welten«[106].

Aufgrund wachsender Spannungen zwischen Juden und Christen wurde die Forderung nach einer »limpieza de sangre«, einem

Nachweis der Blutreinheit, in Kirche und Staat erhoben – und durchgesetzt: »Demnach sollten die Nachfahren von Conversos – und Ketzern – bis in die vierte Generation von kirchlichen und staatlichen Ämtern ausgeschlossen werden.«[107] Die Parole von der »Reinheit des Blutes« hatte eine Verschiebung vom religiösen zum ethnischen Problem zur Folge gehabt: »Ihr ›schlechtes Blut‹ (*mala sangre*), so dachten viele, machte alle Juden, ob getauft oder nicht, minderwertig und abartig«[108].

Pate für diese Ansicht standen die Katholischen Könige: Ferdinand von Aragon und Isabella von Kastilien stellten seit 1492 die Juden Spaniens vor die Alternative »Taufe oder Emigration«. Von etwa 165.000 Betroffenen ließen sich gut 50.000 taufen. Die *Nuevos Cristianos* oder *Conversos* waren somit Bürger zweiter Klasse. Die aufkommende Abneigung gegen Juden griff mit der Zeit auch auf Konvertiten über.

Was das von Pedro de Ribadeneira († 1611) überlieferte Ignatius-Diktum, wäre es öffentlich geäußert und damit bekannt geworden, außerhalb wie innerhalb des Ordens bewirkt und zu welchen Schwierigkeiten es geführt hätte, lässt sich im Nachhinein nicht sagen. Aber immerhin berichtet er von der in Gegenwart des Ignatius erfolgten Reaktion von Pedro de Zárate, des Großmeisters des Ritters des Heiligen Grabes und Mitgliedes der kaiserlichen Botschaft in Rom, der mit Ignatius eng befreundet war, die eine Ahnung vermittelt: »Als Pedro von Ignatius hörte, er wäre stolz darauf gewesen, wenn er als Jude geboren worden wäre, bekreuzigte er sich und rief: ›Was, ein Jude!‹ Bei diesem Wort spuckte er auf den Boden«[109].

Das Klima für solche (typischen) Reaktionen war durch das Vorgehen von allerhöchster Stelle begünstigt (und gedeckt): Papst Paul IV. hatte mit der Bulle »Cum nimis absurdum« (1555) scharfe Maßnahmen erlassen, die zum Bau des Ghettos von Rom führten. Die Bulle, die die Theologie des 16. Jahrhunderts widerspiegelt, kann erst mit der Erklärung des Zweiten Vatikanischen Konzils über das Verhältnis zu den nicht christlichen Religionen »Nostra Aetate« (1965) als aufgehoben gelten.

Betender Umgang mit dem Leben Jesu: frühe Gebetsformen in der Gesellschaft Jesu

Wie wichtig das Leben Jesu ist, wie tiefgreifend sich die Leben-Jesu-Frömmigkeit in einer für Jesuiten typischen inkarnatorischen Spiritualität niederschlägt, lässt sich auch an Gebetsformen ablesen, die in der frühen Gesellschaft Jesu geläufig waren und auf die in jüngster Zeit wieder aufmerksam gemacht wurde[110]. Sie gehen auf den Savoyarden Peter Faber und auf den Spanier Jerónimo Nadal zurück, beide enge Vertraute von Ignatius. Faber war der erste Jesuit auf deutschem Boden und hatte, seitdem er ihm Exerzitien gegeben hatte, enge Beziehungen zum Prior der Mainzer Kartause, Georg Kalckbrenner, was sich wiederum bei der Gründung der ersten Niederlassung der Gesellschaft Jesu in Köln als hilfreich erweisen sollte.

In seinem geistlichen Tagebuch, dem sogenannten »Memoriale«, berichtet Faber von einer Gebetspraxis, die er in Instruktionen und Briefen auch weitergab. Unter dem Datum vom 3. September 1542 notiert er: »Am ersten Sonntag im September verrichtete ich meine Gebete, namentlich auf dem Weg durch die Geheimnisse des Lebens, des Sterbens und der Auferstehung Christi«[111]. Am 5. November desselben Jahres hält er fest: »Am fünften Tag in der gleichen Oktav, morgens nach meinem Gebet und *meiner gewohnten täglichen Betrachtung, die das Leben Christi durchgeht,* verspürte ich große Andacht«[112].

Was er selbst praktiziert, empfahl Faber weiter. Denn zu seinem Apostolat gehörte nicht nur das »Geben« von Exerzitien. In Briefen und Unterweisungen entwickelte er Denkschriften über das geistliche Leben. Zweck dieser Instruktionen war es, das in den Exerzitien Eingeübte in den Alltag hinein zu übersetzen, und zwar nicht nur mittels allgemein gefasster Maximen, sondern anhand eines Programms nach der Art einer Christenlehre. Ein im Frühjahr 1541 in Regensburg verfasster Brief enthält »Zehn Kapitel über das Geistliche Leben«. Faber lehrt darin drei Gebetswege oder -weisen (»discursus«), die täglich mündlich und betrachtend zu beten sind. Im fünften Kapitel empfiehlt er: »Lege Dir auch zwei andere Gebetswege durch die Grundtatsachen des Christentums zurecht, die Dir viele Anregungen zu geistlicher Andacht geben können. Der eine ist ein kurzer und gut geordneter Überblick über das Leben Christi«[113].

Faber nimmt damit eine seit dem 12. Jahrhundert (in einer Reihe als lectio – meditatio – oratio – contemplatio gestufte) monastische Tradition auf. Der von ihm entwickelte, eine Kurzform der Exerzitienthematik darstellende »discursus mysteriorum vitae Christi« ist seine eigenständige Komposition. Der praktische Nutzen liegt auf der Hand: Das dem Rosenkranz ähnliche Durchschreiten der einzelnen Heilsgeheimnisse des Lebens Jesu und damit verbundene Litaneien »ließen sich wohl auch unterwegs beten (die Reisen waren ja damals durchwegs Fußmärsche) und beliebig ausdehnen – oder wohl auch verkürzen«[114].

Der »Diskurs« war de facto eine Verlängerung der Exerzitien in das alltägliche Leben hinein, den jeweiligen Umständen angepasst, flexibel gestaltet und individuell eingerichtet. Die in der Abgeschiedenheit von Exerzitien systematisch durchexerzierten Übungen gingen so über eine Gebetsmethode in eine Lebensform über. Durch Wiederholung werden Meditationsübungen zur Routine, die zwar auch belastend werden kann, aber doch, einmal erworben, von dem Druck befreit, ständig kreativ sein zu müssen. Ohne das lernpsychologische Prinzip des Übens durch die Wiederholung sind wirksame und längerfristige Veränderungen eines Glaubenslebens kaum zu erwarten. Das zumindest war die pastorale Absicht sowohl von Ignatius wie von Faber: eine »Reform von innen« einzuleiten. Diskursive Gebetsmethoden unterstützen diese Intention aufgrund ihres mnemotechnischen Effekts.

Nadal wiederum gehörte nicht zum Kreis der sechs ersten Gefährten um Ignatius, sondern schloss sich dem neuen Orden erst 1545 an. In seinem von 1545 bis 1575, also jahrzehntelang geschriebenen geistlichen Notizbuch, den sogenannten »Orationis observationes« – in deutscher Übersetzung als »Der geistliche Weg«[115] vorliegend –, kommt er ebenfalls auf Jesus zu sprechen, auch wenn dabei die im Exerzitienbuch zusammengefassten Geheimisse des Lebens Jesu keine große Rolle spielen, anders als bei Faber[116]. Die Methode, die Nadal entwickelte und die individuell, nicht gemeinschaftlich praktiziert wurde, das sogenannte »Rosarium vitae Christi«, weist jedoch »eine starke Verwandtschaft mit Fabers Gebetsformen«[117] auf: Mittels eines aus 41 Perlen und einem Kreuz bestehenden Rosenkranz wird das ganze Leben Jesu innerlich abgeschritten[118]. Anrufungen aus der Allerheiligenlitanei, dem Vaterunser und dem Ave Maria kommen dazu – »eine ignatianische Kurzform der Geheimnisse des Lebens Jesu«[119] also. Bei der die Anrufungen eine ganz bestimmte Funktion haben: »Sie sorgen für eine – minimale – Erfahrung von ›Echtzeit‹ bei der Meditation des Lebens Jesu.«[120]

Nadal hat überdies eine Art Bildband aus Kupferstichen mit Szenen aus dem Leben Jesu und Anregungen zur Meditation zusammengestellt, der aber erst 1593, also posthum, in Antwerpen veröffentlicht wurde: »Evangelicae historiae imagines«. Sie gehen nicht auf die 51 im Exerzitienbuch gesammelten Evangelienperikopen ein, sondern bieten »eine sehr viel umfassendere Zusammenstellung der Ereignisse des Lebens Jesu in 153 detailreichen Bildern«[121] – »eine geradezu ideale Hilfe«, so der Befund, »um auch nach den Exerzitien, die ja nur einmal im Leben absolviert wurden, Jesu Leben ›besser und vollständiger zu betrachten‹«[122]. Ergänzend dazu hat

Nadal ein Werk mit dem Titel »Adnotationes et Meditationes in Evangelia« verfasst, das wie die »Imagines« bereits 1580 fertig war, aber ebenfalls posthum (1595) veröffentlicht wurde. Beide Werke waren mit einem erheblichen Aufwand verbunden. Er zeigt auch die Bedeutung an, die dieser Konzentration auf das Leben Jesu im frühen Orden beigemessen wurde. »Es wurde nicht die Heilige Schrift meditiert, sondern das Leben Jesu. Und dieses Leben Jesu wurde nicht nur Geheimnis für Geheimnis, sondern auch im Ganzen meditiert. (...) Der hermeneutische Schlüssel für die biblische Theologie der Exerzitien ist also das Leben Jesu«[123].

In den Exerzitien bildet die Theologie des Lebens Jesu »das formende Element«[124]: »aus der gerührten Betrachtung des Lebens Jesu werden die ›Mysterien des Lebens Jesu‹«[125]. Von Anbeginn an also war es Jesuiten ein Anliegen, Menschen mit dem in Verbindung zu bringen, nach dem sie sich selber benannt wissen wollten: Jesus. Ihm zu begegnen, sich von dieser Begegnung prägen zu lassen – dafür bietet ignatianische Spiritualität mit den Exerzitien, und nicht nur über sie, eine bis heute gültige Hilfe an.

8

Papst Franziskus – Jesuit

Obwohl es Jesuiten als Bischöfe und Kardinäle – nach dem Willen des Ordensgründers Ignatius von Loyola – gar nicht geben dürfte: Vor neun Jahren, am 13. März 2013, wurde erstmals in der Kirchengeschichte ein Jesuit zum Papst gewählt. Nicht nur das war ein absolutes Novum. Neu war auch, dass ein Papst erstmals den Namen Franziskus wählte. Und dass der neue Bischof von Rom aus Lateinamerika kommt, wenn auch mit italienischem Migrationshintergrund[126].

Etwa zehn Prozent der Päpste waren bislang Ordensmänner, auf deren Spiritualität und theologisches Wissen, auf deren Leitungs- und Lebenserfahrung die Papstwähler im Konklave setzten.

Ob nun OSB, OFM, OP, SDS oder SJ hinter einem Namen steht: Das macht durchaus einen Unterschied! Gleichgültig und gleichbedeutend ist es gerade nicht, aus welchem Orden ein Bischof von Rom stammt. Spiritualität und Theologie eines Ordens wirken sich indirekt oder direkt auf die Art und Weise aus, wie ein Papst sein Amt wahrnimmt und ausübt, welche Akzente er setzt, welche Methoden er anwendet – selbst wenn seine Ordensexistenz hinter dem Amt verschwindet. Ein Papst kann ja seine spirituelle und theologische Sozialisation nicht einfach abschütteln, sobald er die weiße Soutane angelegt hat. Ob ein Papst darüber erkennbar wird und als Benediktiner, als Franziskaner oder eben jetzt, erstmals in der Papstgeschichte, als Jesuit »gelesen« werden kann – das beschäftigt zu Recht. Manchmal sogar als Verdacht oder als Vorwurf.

Man erinnere sich nur an einen Kurienkardinal, dessen Amtszeit als Chef der Glaubenskongregation nach Ablauf der ersten fünfjährigen Periode Papst Franziskus 2017 nicht verlängerte, obwohl er damals erst knapp unter siebzig Jahre alt war (»Diesen Stil kann ich nicht akzeptieren«). In einem »SPIEGEL«-Interview (2019) meinte Gerhard Ludwig Müller, der vormalige Bischof von Regensburg: »Es kann auch nicht sein, dass die Gesamtkirche nach den Regeln des Jesuitenordens geführt wird. Der Papst, in diesem Fall Franziskus, ist im Verhältnis zur Kirche nicht das, was ein Jesuitengeneral im Verhältnis zu Provinzialoberen oder einzelnen Patres ist.«[127] Insinuiert ist damit mindestens, dass Franziskus die universale Kirche führe wie seinerzeit als Provinzial der argentinischen Jesuiten in den Jahren 1973 bis 1979: autoritär und beratungsresistent.

Dass Franziskus von Anfang an – auch das ein Novum seiner »Regierungskunst« – ein Konsultationsgremium einsetzte, einen Kardinalsrat, der nicht in die Mechanismen der Römischen Kurie eingebunden ist, zeigt, dass er ernst nimmt, was er bereits im Interview mit dem italienischen Jesuiten Antonio Spadaro (August 2013) betonte: »Und ich will, dass es echte, keine formellen Beratungen geben wird.«[128]

Ganz unjesuitisch: Synodalität

Im Jesuitenorden werden Obere ausnahmslos ernannt, nicht gewählt. Nur der Generalobere, der – wie der Papst – »ad vitam«, auf Lebenszeit, bestellt wird, kommt durch Wahl zustande.

Obwohl der Orden sehr straff organisiert ist, gibt es auch die »Unterscheidung in Gemeinschaft«, eine im Lauf der Ordensgeschichte sehr lange verlorengegangene Entscheidungs- und Leitungsform, die in ihrer Grundform auf das Jahr 1539 zurückgeht. Damals zogen sich Ignatius und seine Gefährten von März bis Juni in den Frangipanihof beim Kapitol in Rom zurück, um herauszufinden, ob sie zusammenbleiben und einen Orden gründen sollten oder weiterhin – mit der Gefahr, in alle Winde zerstreut zu werden –, Aufträge vom Papst und von Bischöfen annehmen sollten. Dem Papst hatten sie sich im November 1538 formell zur Verfügung gestellt, und der griff gern auf die hoch motivierte Gruppe zurück. Gemeinschaftlich kamen sie zu einer geistlichen Entscheidung – durch Gebet und Debatte, in der Indifferenz und vorurteilsfreie Unterscheidung angestrebt war.

Wer diesem Papst ein »Jesuitenregiment« nachsagt, verkennt, dass es – trotz der eben angezeigten Methode der gemeinschaftlichen geistlichen Entscheidungsfindung – de facto ziemlich »unjesuitisch« ist, was er favorisiert, und zwar von Tag eins seiner Amtsführung an: Franziskus setzt unverkennbar auf Synodalität, in welcher er ein Erbe des Zweiten Vatikanischen Konzils sieht.

Er erweist sich damit auch als Hörender: Denn er gibt nicht nur einfach vor und ordnet »top-down« an, sondern er will auf der Grundlage von breiten Konsultationsprozessen zu Vereinbarungen gelangen, also auch »bottom-up«-Prozesse in Gang setzen, auch wenn das weitaus zeitaufwendiger ist[129].

Leben und denken, fühlen und gestalten aus dem Geist der Exerzitien

Interessanter als der »Regierungsstil« dieses Papstes ist jedoch, wie sich die Tatsache, dass ein Jesuit Papst geworden ist, spirituell und theologisch auswirkt. »Er ist ein Jesuit«: Diese ebenso selbstverständliche wie bekannte und deswegen manchmal nicht weiter ernst genommene Tatsache musste Kurienkardinal Walter Kasper in einem Interview in Erinnerung rufen. Und gab dabei den Hinweis: »Papst Franziskus kann man nur von der ignatianischen Spiritualität her verstehen.«[130]

Fühlen und denken als Jesuit: Das hat mit den Exerzitien, den Geistlichen Übungen zu tun, in denen mit nichts anderem als anhand der Meditation einzelner Lebensereignisse Jesu versucht wird, Ordnung in sein Leben zu bekommen, mittels einer »Unterscheidung der Geister« (*discretio spiritum*) in den Geistlichen Übungen bzw. Exerzitien (vgl. EB 32): Was bewegt mich? Wohin zieht es mich? Es ist ein Übungsweg, der in eine Lebensform münden kann. Von Antonio Spadaro fünf Monate nach seiner Wahl befragt, was genau ihm von der ignatianischen Spiritualität am besten helfe, sein neues Amt auszuüben, antwortete Franziskus: »Die Unterscheidung ist eines der Anliegen, die den heiligen Ignatius innerlich am meisten beschäftigt haben.«[131] Entscheidungen im Gebet zu erwägen, in der Meditation vor Gott tragen, abwägen, Pro und Contra bedenken – das gehört zum geistlichen Weg, den ein Jesuit vom Noviziat an einübt.

Das prägt den Jesuiten. Papst Franziskus, der am 11. März 1958 ins Noviziat der argentinischen Jesuitenprovinz eintrat, seit mittlerweile über 63 Jahren.

Jesus im Mittelpunkt: Christozentrik

Wichtiger als »Jesuitenregiment« oder »Jesuitentheologie« ist für einen, der seine Lebenswahl als Jesuit getroffen hat: das Ausgerichtetsein auf den Gekreuzigten. Radikale Christozentrik ist typisch für einen Jesuiten, beruhend auf einer in Exerzitien eingeübten Jesusfrömmigkeit. Sie gehört zum »Stallgeruch« jedes Jesuiten. Genauso wie die Hinwendung zur Welt, ohne sich ihr damit auszuliefern oder um jeden Preis anzupassen: »Gott suchen und finden in allen Dingen« ist nicht nur eine fromme Phrase. Ein Jesuit ist kein Mönch, der sich in ein Kloster zurückzieht, weil er von der Welt Abschied genommen hat. Der Jesuit ist apostolisch tätig, er ist ein »activus in contemplatione«.

In seinen Predigten und Ansprachen kommt die jesuanische Verwurzelung des Papstes immer wieder deutlich, ja unverkennbar zum Vorschein. Am 31. Juli 2013, dem Festtag des heiligen Ignatius, predigte er in Il Gesù, der Mutterkirche des Ordens – einfach, ohne großen protokollarischen Pomp. In seiner kurzen Homilie erwies er sich als Interpret des Ordensgründers und des Ordenscharismas. »Das Wappen von uns Jesuiten ist ein Monogramm, das Akronym für ›Iesus Hominum Salvator‹ (IHS)«, begann er seine Überlegungen. »Jeder von euch könnte mir sagen: das wissen wir sehr gut! Aber dieses Wappen erinnert uns beständig an eine Realität, die wir niemals vergessen dürfen: die Zentralität Christi für jeden von uns und für die ganze Gesellschaft, die der hl. Ignatius eben deshalb ›Gesellschaft Jesu‹ nennen wollte, um auf ihren Bezugspunkt hinzuweisen.« Er ging auf die Exerzitien und ihre Christozentrik ein, indem er auf zentrale Stellen verwies und erinnerte namentlich an Pedro Arrupe. »Die Frage«, so Franziskus in der für ihn typischen, katechetisch geprägten Weise, »ist für uns, für uns alle nicht selbstverständlich: Ist Christus der Mittelpunkt meines Lebens? Stelle ich wirklich Christus in den Mittelpunkt meines Lebens? Denn es besteht immer die Versuchung zu denken, dass wir der Mittelpunkt sind. Und wenn ein Jesuit sich selbst in den Mittelpunkt stellt und nicht Christus, dann irrt er.«[132]

Ein starkes Signal an den Orden war auch sein Besuch auf der Generalkongregation der Jesuiten am 24. Oktober 2016, auf der der neue Generalobere Alberto Sosa, ein Venezolaner, gewählt wurde. Er nahm am Morgengebet teil, stand für Fragen zur Verfügung und hielt eine klassische »Jesuitenpredigt«, bei der es unter anderem um ignatianisches Urgestein, den Trost (*consolación*), ging; um das innere Berührtsein vom gekreuzigten Jesus; und um das so essentielle »Fühlen mit der Kirche«[133].

Dass er nicht nur vor Jesuiten so spricht, zeigt eine frühere Passage in einer Ansprache auf dem Petersplatz, bei einer Gebetsvigil am Vorabend der Eröffnung der Familiensynode am 4. Oktober 2014: »Das Geheimnis liegt in einem Blick: Und das ist die dritte Gabe, um die wir mit unserem Gebet bitten wollen. Denn wenn wir wirklich unsere Schritte auf dem Terrain der zeitgenössischen Herausforderungen verifizieren wollen, dann besteht die entscheidende Bedingung darin, den Blick fest auf Jesus Christus gerichtet zu halten, in der Kontemplation und Anbetung seines Antlitzes zu verweilen. Wenn wir seine Art zu denken, zu leben und in Beziehung zu treten annehmen, dann wird es uns nicht schwerfallen, die Synodenarbeiten in Weisungen und Wege für die Pastoral des Einzelnen und der Familie umzusetzen.«[134]

Die Beispiele lassen sich vervielfachen. Die Jesuiten Hans Waldenfels und Michael Sievernich[135] haben früh, wie etwa auch Nikolaus Wandinger[136], immer wieder darauf hingewiesen, dass sich die Theologie von Papst Franziskus nicht getrennt von seiner Spiritualität erkennen und bewerten lässt. In seiner Franziskus-Biografie hat der Moralphilosoph Massimo Borghesi ebenfalls stark auf diese Verbindung hingewiesen[137]. Über allem und hinter allem steht für Papst Franziskus – Jesus!

9

Warum ausgerechnet Jesus?

»Über Jesus ist längst schon alles gesagt worden, was gesagt werden kann. Und sogar mehr noch als alles, nämlich wild wuchernder Unsinn jenseits jeglicher Überlieferung und Vernunft. Dennoch ist es mir unmöglich, den Mund zu halten und weise zu schweigen«[138]: Im Abschnitt »Jesus« des Bändchens »Gott im Diesseits« findet sich diese Bemerkung, geschrieben von einem, der im Januar 2021 genau 100 Jahre alt geworden wäre – der Schweizer Pfarrer und Poet Kurt Marti († 2017). Die Notiz fährt fort: »Wohl keine geschichtliche Gestalt hat so wie Jesus derart viele, bald einander ergänzende, dann wieder einander total widersprechende Deutungen erfahren, um nicht zu sagen: erlitten. Insofern erging und ergeht es ihm ähnlich wie Gott selber. Beide sind sie wehrlos den Ausschweifungen menschlicher Phantasien und Erregungen ausgesetzt. Oder soll man es positiv ausdrücken? So etwa: Beide sind sie unversiegliche Quellen menschlicher Denk- und Glaubensenergien?«[139]

Wortlaut – oder Wortsinn?

Wie kann man eine Gestalt der Geschichte für sich entdecken? Diese Frage ist leichter zu beantworten als die nächste: Wie um alles in der Welt kann man einer Gestalt der Geschichte begegnen? Und in dieser Begegnung etwas kennenlernen, das zu einem Bekenntnis führt? Karl Rahner hat auch darüber Zeit seines Lebens nachgedacht: Als Professor für Systematische Theologie hat er die Dogmen der Kirche erklären müssen, und er hat es auf eine Art und Weise getan, die viele zu seiner Zeit begeisterten, denn er tat es anders als andere. Er fragte. Er fragte, wie Definitionen und Formeln, die vor langer Zeit gefunden wurden, oft nach hartem Ringen, heute zu verstehen seien. Und er fragte auch, wie man sie heute anders, vielleicht sogar besser, ausdrücken kann. Wie hängen der stur repetierte Wortlaut und der Wortsinn zusammen?

Es geht bei einem Bekenntnis nicht allein um den Wortlaut. Es geht auch darum, ob ich das wirklich glauben kann (und will). Rahner schreibt in seinem Artikel »Über den Versuch eines Aufrisses einer Dogmatik«: »Wenn aber der Blick geschult ist durch die Dogmengeschichte (oder hier genauer: Theologiegeschichte) und man daran erkennt, dass sie sich nicht nur zu immer besseren und klareren Lösungen hinbewegt, sondern auch immer gleichzeitig die Geschichte der falschen Beruhigungen auf einer ›mittleren‹ (d. h. oft mittelmäßigen) Linie und aus ›Erschöpfung‹, der oft nur verbalen Lösungen, des vergessenden Fallenlassens von Fragen ist, die zugunsten einer handlichen Klarheit und Übersichtlichkeit ›ad usum delphini‹ übersehen werden, wer ferner aus dem Geist seiner Zeit und eines lebendigen religiösen Lebens und einer wirklichen Verkündigung an die eigene Zeit Theologie zu treiben sucht, dem werden genug neue Fragen sich aufdrängen, und zwar solche, die durchaus zunächst einmal Klärung und Beantwortung in nüchterner theologischer Wissenschaftlichkeit verlangen.«[140]

Ein typischer Rahner-Schachtelsatz! Aber wer langsam liest, bemerkt vielleicht, dass diese Beobachtung nicht nur für Theologietreibende an einer Universität gilt, ob sie nun Lehrende oder Lernende sind. In diesem Rahmen gehören Begriffe wie »Idiomenkommunikation«, »unio hypostatica«, »Zwei-Naturen-Lehre«, um nur einige zu nennen, zum selbstverständlichen Vokabular.

Ihre Disziplinen nennt man Christologie oder Soteriologie. »Logos-Christologie« erwärmt das Herz des »normalsterblichen« Christen aber gewiss weniger als das von wissenschaftlichen Theologinnen und Theologen. Christologische Dispute gingen natürlich oft auch auf persönliche Rivalitäten zurück und waren manchmal das Resultat von kirchen- und reichspolitischen Interessenskonflikten. Dogmen fallen nie vom Himmel, sondern sind das Ergebnis langen Ringens, das allerdings dann auch andere Verständnismöglichkeiten zurückweist, für missverständlich erklärt oder gar als Irrlehren bezeichnet: Doketismus, Dualismus, Adoptianismus, Arianismus, Apollinarismus, Nestorianismus, Monophysitismus ... Die Grenze zwischen Wahrheit und Irrtum ist oft fließend und nicht leicht zu ziehen, weil sich dogmatische Sprachregelungen oft erst als Folge von Suchbewegungen ausgebildet haben.

Letztlich geht es immer um die Frage, wie es zu verstehen ist (und wie sich das formulieren lässt): Jesus als »Sohn Gottes«, fachtheologisch gesprochen: als fleischgewordener Logos; wie »wahrer Gott« und »wahrer Mensch« anders aufzufassen wäre denn als Zwitterwesen der griechischen Mythologie; was zwei »Naturen« bedeuten; was das Wort »Person« in diesem Zusammenhang aussagt. Auch der Respekt vor den Denkanstrengungen früherer Generationen gebietet, solche Fragen nicht als obsolet abzutun. Ganz abgesehen davon, dass sich aktuelle, zeitgenössische Anfragen manchmal als Neuauflage von in längst vergangenen Jahrhunderten bearbeiteter Auseinandersetzungen erweisen: christologische Revivals sozusagen.

Der Brückenschlag zu einem fernen Menschen

Rahner geht, wenn er sich verständlich machen will, oft von anschaulichen Bildern aus und zieht Vergleiche, um das Denken der Tradition und damalige Verständnishorizonte mit modernem Denken in Einklang zu bringen. Die quälende Frage Lessings, wie der »garstig breite Graben« zu überwinden sei, artikuliert er in dem Bild des Brückenschlags: Wer Jesus entdecken will, muss darauf achten, sich nicht »eine abstrakte Christusidee« zurechtzulegen – weil man so letztlich nur »vergafft in unsere eigene Idee«[141] wäre. Es geht um einen konkreten Menschen, nicht um einen fiktiven. Nur absolutes Vertrauen und bedingungslose Liebe lassen die Brücke zu dem fernen Menschen Jesus schlagen. Und dieser Brückenschlag muss tragfähig sein, darf also nicht »Jesus als Idee« oder einem wie auch immer gearteten Christus als »Chiffre für die absolute Zuwendung Gottes zur Welt«[142] gelten, denn das ergäbe allenfalls »Begeisterung über eine Christusidee oder über ein von uns selbst ausgedachtes Ideal eines selbstlosen Menschen«[143].

Außerdem muss ich mich fragen: Warum ausgerechnet Jesus? Warum soll ich mich einem Galiläer zuwenden, der als die größte Projektionsfläche der Weltgeschichte gilt? »Unwahrscheinlicher als Jesus Christus ist nichts. Einen tieferen Glauben als den christlichen kann auch heute kein Mensch erlangen«[144]: Findet diese Tagebuchnotiz des Schriftstellers Botho Strauß Zustimmung? Oder sagt sie nur etwas aus über dessen mystische Faszination? »Wenn man erlebt hat«, so Rahner weiter, »wie sonst – etwa bei Mao – Glanz und Verehrung eines Menschen, dem einmal fast die Anbetung von unzähligen Millionen galt, wieder ganz schnell verblassen und erlöschen, dann ist die Lebendigkeit des Glaubens an Jesus seit zwei Jahrtausenden doch in sich schon eine Motivation für den Glauben heute, die zu denken gibt.«[145] Ja, dem würde ich zustimmen. Aber der Gedanke motiviert eben nur partiell.

Mit einer anekdotenhaften Erinnerung hat Rahner auf ein Problem hingewiesen, das zunächst unbedeutend erscheint, aber ein Theologenproblem benennt und für ihn außerdem »nicht ganz ohne symptomatische Bedeutung für die katholische Theologie von heute« war, auch wenn sie »mit einem leisen Unterton von Zweifel und Selbstkritik vorgetragen wurde«: Er sei auf Kollegen gestoßen, die sich »ihr« Christentum auch ohne Jesus vorstellen konnten: »In den USA traf ich vor wenigen Jahren einmal einen katholischen Professor für Dogmatik aus Europa. Im Laufe eines theologischen Gesprächs erklärte er mir, er zweifle natürlich nicht an der Existenz Jesu von Nazareth, aber selbst wenn das auch keine geschichtliche Tatsache wäre, würde dies für das Christentum, so wie er es verstehe, nichts ausmachen.«[146]

Für den Jesuiten Karl Rahner lag hier ein Problem: Ohne Jesus von Nazareth kein Christentum! Die Wirkungsgeschichte – und man kann ergänzen: die Christologie – so großartig sie phasenweise gewesen sein mag, ersetzt nicht die konkrete Person, die unverwechselbar und unaustauschbar ist. Die Einladung lautet: einer Person zu glauben, einer Person zu trauen, auf eine Person zu setzen – nicht auf ein System von Lehrsätzen, und seien sie intellektuell noch so brillant formuliert. Das gilt nicht nur für die katholische Theologie und die Dogmatik: Der Glaube selbst bleibt »unablösbar gebunden nicht nur an die historische Existenz Jesu von Nazareth, sondern auch an geschichtliche Ereignisse dieser Existenz von bestimmter Art«[147] – so geschichtlich und damit kontingent diese auch seien. Die »Sache Jesu« oder das »Jesusereignis« ersetzen nicht die konkrete Hinwendung zur Person Jesu. Die Beschäftigung mit der »Persönlichkeit« Jesu setzt eine Person, einen konkreten Menschen voraus. Es erschüttert mich, von einem Freund, der selber jahrelang in Jerusalem gelebt hat, zu hören, was er in einer Vorlesung bei dem Neutestamentler Otto Kuss († 1991) in München gehört hat, der über Heilig-Land-Fahrer spottete, eine Wanderung am Starnberger See am Ostermontag sei ausreichend, um sich Jesusszenen am See von Tiberias oder eine Wanderung nach Emmaus vorzustellen.

Die Frage im Hintergrund lautet: Vom Dogma zu Jesus oder von Jesus zum Dogma? Nicht nur Rahner setzt, im Wissen um die in der Geschichte von Kirche und Theologie erfolgten theologisch-dogmatischen Klärungen, bei Jesus und beim Glauben von heute an. Dass er selber nie im Heiligen Land war, dass es ihm nie ein Anliegen war, die Orte Jesu mit eigenen Augen zu sehen, verwundert mich deswegen bis heute.

Jesusvergessenheit

Auf die Folgen, wenn Jesus zum Unbekannten wird, nämlich wenn er vergessen wird, macht seit geraumer Zeit der ehemalige langjährige Leiter der deutschsprachigen Abteilung von »Radio Vatikan«, Eberhard von Gemmingen, aufmerksam: »Ich fürchte, die Fragen, die um Glauben und Kirche in Mitteleuropa diskutiert werden, sind oft nebensächlich. Es wäre wichtiger, den Menschen von heute Jesus Christus als höchst aufregenden, herausfordernden, provozierenden Mann vorzustellen und in Erinnerung zu halten, als über die Frage zu debattieren, ob wir Feiertage für Muslime und Juden einführen sollen, ob wir Kopftücher tragen und Kruzifixe aufhängen. Meine Grundthese: Wenn wir den Mann am Kreuz vergessen oder das Kreuz abhängen, dann verliert Europa seine Identität, seine Schönheit, seine Stärke. Weder Goethe noch Bach, weder Michelangelo noch Dürer sind ohne den Mann am Kreuz zu verstehen. Die Dramatik heute ist das Vergessen des Mannes am Kreuz!«[148]

Vielleicht ist das heutige eines der größten Probleme: Dass das Christentum, das sich ja auf eine Person zurückführt und nach dieser benennt, ihren Ursprung, Jesus von Nazareth, oft vergisst. Er ist vielen fremd geworden oder, noch schlimmer, überhaupt ein Unbekannter. Der »ideale«, der »perfekte« Mensch jedoch, als der er oft gezeichnet bzw. verzeichnet wird, ist ein Konstrukt, eine Chimäre – unwirklich, künstlich, abgehoben und losgelöst von der Realität. Gottfried Bachl, seines Zeichens Dogmatikprofessor in Salzburg, fragte ebenso frech wie befremdlich anmutend, ob Jesus nicht »die Totalmontage Mensch« sein müsse, »wenigstens eine Summe aus Mozart, Hildegard von Bingen, Caesar, Drewermann, Maria Theresia, Goethe, Franz, Picasso, Johannes XXIII., Einstein?«[149] Jesus ist nicht die Summe vorbildlicher oder genialer geschichtlicher Gestalten. Er ist echt, er lebte real an bestimmten Orten zu einer ganz bestimmten Zeit – Begegnung mit ihm ist aber auch heute möglich.

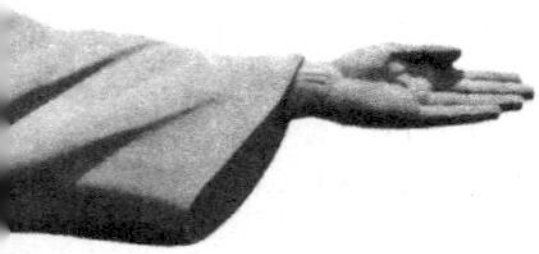

10
Bilder von Jesus

Viele Bilder, aber kein Weltbild: eine kultur- und zivilisationspessimistische Diagnose. Lässt sie sich auf Jesus übertragen? Wir haben viele Bilder von ihm im Kopf, Vorstellungen und Ideen. Aber Bilder sind kein Ersatz für die Begegnung mit Jesus. Allenfalls ein provisorischer.

Immer besteht latent die Gefahr, ein Bild von Jesus – in der Kirche, in der Theologie, in der Liturgie, in Exerzitien, in der Kunst – mit der Wirklichkeit zu verwechseln. Die liegt, was die irdische Lebenszeit des Rabbi aus Nazareth angeht, über zweitausend Jahre zurück. Fotografien gibt es von Jesus ebenso wenig wie Filmaufnahmen oder Tondokumente. Er hat auch keine eigenen Schriften hinterlassen. Selbst die vier kanonischen Evangelien (Matthäus, Markus, Lukas, Johannes) bieten keine umfassende Biografie. Sie erzählen, auf bestimmte Gemeindesituationen bezogen, teils aus gemeinsamen Quellen schöpfend, aus dem Leben Jesu in Form eines Zeugnisses. Die einzelnen Evangelien ergänzen einander, sie überschneiden sich streckenweise, sie richten sich an unterschiedliche Zielgruppen.

Fixiert auf ein Bild von Jesus?

Während einer Exerzitienwoche fragte mich einmal der »Exerzitienmeister«: Geht es dir um Jesus oder um dein Bild von ihm? Die Frage war ernst gemeint: Will ich wirklich Jesus begegnen oder kultiviere ich lediglich ein Bild von ihm? Eine Vorstellung, die ich seit Langem von ihm habe und mehr oder weniger mühelos »abrufen« kann? Die mir vertraut und lieb geworden ist, die sich deswegen wiederholen lässt (wörtlich genommen: wieder holen), wenn ich bestimmte Bibelstellen meditiere? Ich kenne das – als Versuchung, und ich habe ihr schon oft nachgegeben, wenn ich beim Meditieren nicht weiterkam und trockene Zeiten erlebte. Ich wusste: Wenn ich diese oder jene Stelle meditiere, stellen sich mit Sicherheit »gute Gefühle« ein. Wie programmiert.

Um nur zwei prominente Beispiele auszuwählen: Die Berufung der ersten Jünger bei Johannes (vgl. Joh 1, 35-42) oder das österliche Emmausevangelium (vgl. Lk 24, 13-35) garantieren »Begegnungen« mit Jesus. Beim ersten Mal ist es die von manchen Bibelwissenschaftlern »galiläischer Frühling« genannte Atmosphäre: Jesus stößt am See Genezareth auf Aufmerksamkeit, Menschen hören ihm zu, lassen sich von ihm ansprechen, er heilt und wirkt Wunder. Manche Menschen gehen mit ihm. Eine Zeit lang oder sie schließen sich ihm für immer an. Darauf baut Nachfolge auf, seit damals. Darauf baut letztlich mein Leben als Jesuit und Priester auf – nicht ohne leidvolle Um- oder Irrwege. Die Frische des »galiläischen Frühlings« zu meditieren ist einfach schön, und den Geist dieser Frische wieder und wieder aufzusuchen, zu bewahren, führt an den Ursprung eines Rufes und einer Berufung zurück, die nicht verlorengehen dürfen.

Dann die beiden Jünger, die Jerusalem fluchtartig verlassen, geradezu panikhaft, zutiefst frustriert, ja traumatisiert, desillusioniert und durch seinen gewaltsamen Tod um ihr Idol gebracht – und sie sind auf ihrem Weg so sehr in ihre Geschichten des Leids und der Enttäuschung verstrickt, dass sie in dem vermeintlich Fremden, der sich dazugesellt, Jesus gar nicht erkennen (können). Obwohl der unterwegs auf die Schrift verweist, nachfragt, erinnert, appelliert, aus ihnen geradezu herauszukitzeln versucht, was sie doch wissen oder mindestens erahnen könnten. Aber sie sind im wahrsten Sinne des Wortes Blindgänger – bis ihnen, bei einem Zeichen, nämlich beim Brotbrechen beim abendlichen Mahl, die Augen aufgehen. Und plötzlich fällt es ihnen wie Schuppen von den Augen – und schon ist der zuvor so Fremde wieder weg. Seitdem ich auf dem Fußmarsch nach El Qubeibeh-Emmaus (*Al Qubeiba*) im Mai 1984 diese Stelle auswendig lernen musste, kann ich sie Wort für Wort aus dem Stegreif repetieren.

Die Fixierung auf ein »Bild« kann wahre, echte Begegnung verhindern. Oft ist das gar nicht bewusst. Ein prominentes Beispiel aus dem Leben Jesu: Selbst einer Frau, die Jesus sehr nahe stand, gelang es im Augenblick größter Trauer nicht, Jesus (wieder) zu erkennen (vgl. Joh 20, 11-18). Im zu ihrem Entsetzen leeren Grab, wo ihr zwei Engel in weißen Gewändern begegnen, hält Maria von Magdala, als sie sich umdreht und Jesus sieht, diesen für einen Gärtner. So fixiert ist sie auf ein ganz bestimmtes Bild von Jesus, das sie hatte! Erst als sie von ihm angesprochen wird, erkennt sie ihn – und hält es dann nicht mehr aus, kehrt zurück und berichtet den Jüngern: »Ich habe den Herrn gesehen.«

Macht und Ohnmacht der Bilder

Wir sind natürlich auch visuelle Wesen. Heute vielleicht mehr denn je. Menschen leben von und mit Bildern – werden aber auch von Bildern überflutet, das Internet kann diesbezüglich Tsunami-Wirkung haben. Trotzdem: Bilder verinnerlichen (sich). Ein Medaillon mit dem Konterfei eines geliebten Menschen um den Hals, ein Familien- oder ein Porträtfoto auf dem Schreibtisch erinnert. Die Erinnerung hält spezielle Momente fest und bewahrt sie.

Viele Menschen haben ein Lieblingsbild oder eine Lieblingsikone von Jesus, die ihnen so lieb und teuer geworden ist, dass sie zu Lebensbegleitern werden, manchmal sogar seit der Kindheit. Mein Kommunionkreuz aus Kupfer, wohl aus dem Jahr 1971, habe ich immer noch. Es zeigt den Gekreuzigten und stammt von dem Goldschmied, Bildhauer und Maler Egino Weinert († 2012), der 1934 als Klosterschüler nach Münsterschwarzach kam, nach Kriegsende dort eintrat, 1949 vor Ablegung der Letzten Gelübde aber entlassen wurde, unter anderem, weil sein in den Kölner Werkschulen erworbener Kunststil bei Mitbrüdern auf Ablehnung und Unverständnis stieß.

Die im Kreuzgang der Benediktinerabtei Kornelimünster hängende Darstellung »Unterwegs nach Emmaus« begleitet mich seit über fünfundzwanzig Jahren, obwohl ich das Original bisher nie besichtigen konnte. Die Anfang der 1970er-Jahre nach Deutschland gekommene Künstlerin Janet Brooks-Gerloff hatte den Mönchen ein Bild versprochen. Sie wünschten sich ein Bild, vor dem sie sich für den Gottesdienst sammeln könnten und erbaten ein Emmausthema. Brooks-Gerloff malte es im Sommer 1992, Ende August wurde es an der Stirnwand eines langen, hellen Klosterganges, der Teil des Kreuzganges ist, aufgehängt: »Blickfang der Sammlung, – Hinüberführen der Gedanken von den Brennpunkten des Alltags in den Brennpunkt des anbetenden Gotteslobs«, wie Abt Albert Altenähr es beschreibt[150]. Viele Neupriester haben das Motiv für ihr Primizbildchen gewählt.

Man sieht von hinten drei Gestalten auf dem Weg: die beiden Emmausjünger und schemenhaft eine dritte Gestalt. Keine Gesichter also, nur die Rücken. Das Bild lädt zum Mitgehen ein: sich auf das Gespräch mit dem vermeintlich Unbekannten einzulassen und sich vielleicht selber einzubringen. Die dritte Gestalt ist nur in ihren Konturen zu erkennen, mit Bleistift skizziert. Der Unbekannte wird sich als der auferstandene Meister erweisen. »Festgenagelt am Kreuz«, schreibt der Abt, »lässt er sich doch nicht festnageln – weder durch seine Widersacher, noch durch die Sehnsuchtsvorstellungen der Jüngerschar. Wie ein Lockruf, alte Wege zu verlassen, um neue zu entdecken, und die Stationen auf dem Weg nicht mit dem Ziel zu verwechseln, geht er mit ihnen ... und uns. Die beiden Jünger schreiten in der linken Bildhälfte voran, ihr Meister begleitet sie etwa in der Bildmitte. So wird er zum ›Angel- und Drehpunkt‹ des Bildes, des Gesprächs und des Weges. Der Jünger, der außen geht, wendet sich an seinem Gefährten vorbei dem Fremden zu. Der Eindruck: der Blick hat schon eine neue Richtung gefunden, – die Schritte müssen sie noch suchen. Die drei gehen durch eine weglose hügelige Landschaft auf einen weiten Horizont zu. Erdfarben deutet sich die Kargheit einer Wüste an. In der Ferne des Horizonts am rechten oberen Bildrand spielen Licht und Regendunkel miteinander. Es bleibt offen, was die Jünger am Ende ihres Weges erwartet. Es scheint sie nicht zu sorgen. Wichtig ist ihnen das Unterwegssein mit dem Unerkannten, der ihnen das Herz brennen macht.«

Dieses Bild übt auf mich eine ungemeine Faszination aus, obwohl Jesus gar nicht direkt erkennbar ist. Vielleicht auch deswegen, weil mich diese Darstellung davor bewahrt, wie eine Warnung, mich nicht auf ein ganz bestimmtes »Bild« von Jesus festzulegen. Bilder gewinnen Macht über Vorstellungen – und erweisen damit auch ihre Ohnmacht.

Seitdem ich mit 17 Jahren, also 1979 (und bisher das einzige Mal), mit einer Jugendgruppe einmal für drei Tage in Taizé war, steht mir auch die berühmte koptische Ikone lebhaft vor Augen: die »Ikone der Freundschaft (*Amitie*)« (57 mal 57 Zentimeter). Das aus dem 6./7. Jahrhundert stammende Original hängt im Pariser Louvre.

Rechts sieht man den am Kreuz-Heiligenschein erkennbaren Jesus, den Retter (»Soter«). In der Linken hält er ein Evangeliar. Die rechte Hand liegt liebevoll über der linken Gestalt: Es ist der heilige Abt Menas. Der war zunächst Soldat. Später erlitt er als Abt des ägyptischen Klosters Bawit im Jahr 296 den Märtyrertod. Menas scheint mit seiner Rechten auf Jesus hinzuweisen: Schaut her, er begleitet mich, er gibt mir »Rückendeckung«! Helle, wache Augen schauen einem aus beiden Gesichtern entgegen. Jesus Christus, der Freund, der mich auf dem Lebensweg begleitet: ein starkes, ein tröstliches Motiv!

Austauschbar sind solche Ikonen, austauschbar sind Bilder nicht so leicht. Sie prägen sich ein. Formen eine innere Gestalt. Und helfen bei der Meditation, die freilich immer offen sein muss für den ganz anderen, je größeren Jesus.

Zeitgenosse Jesu war ich nicht. Nie habe ich ihn »leibhaftig« gesehen, mit ihm gesprochen – dieses Privileg hatte nur eine verhältnismäßig kleine Zahl von Menschen, und das vor über 2000 Jahren. Aber Christentum gibt es, weil seit damals Menschen von diesem Jesus reden und dazu einladen, sein Leben weiterzuschreiben, seinen Weg weiterzugehen. Und »Begegnung«, Bekanntschaft mit ihm, Freundschaft ist auf andere Weise möglich. Ich kann auf eine andere Weise Augenzeuge werden!

(K)ein Bild von Jesus?

Turin und Manoppello: Die viertgrößte italienische Stadt im Piemont und das idyllisch in den Abruzzen gelegene 4000-Seelen-Bergstädtchen beherbergen zwei Gegenstände, die eng mit Jesus von Nazareth in Verbindung gebracht werden – sein Grabtuch und das Schweißtuch der Veronika. Man kann sie verehren. Hinpilgern. Anschauen. Bestaunen. Berühren wollen.

Aber ein Ersatz für die Begegnung mit Jesus sind sie, wie Bilder oder Ikonen, nicht. So wie aber Bilder und Ikonen Brückenfunktion haben, weil sie helfen können, sich hinzutasten zu dem »Bild«, das mir zum Lebensbegleiter werden kann, ist es auch mit diesen beiden Stoffstücken. Interessant ist: Unabhängig von ihrer Historizität und der Frage der Echtheit, mit der sich Forscher seit Jahrhunderten beschäftigen, üben sie eine eigentümliche Faszination aus, die weit über private Frömmigkeit hinausreicht. Das hängt wohl auch mit der Sehnsucht zusammen, doch an so etwas wie ein »Bild« von Jesus zu kommen.

Bei der *Sacra Sindone*, dem 4,36 Meter langen und 1,10 Meter breiten Leinentuch, das in der sogenannten Grabtuchkapelle des Turiner Doms aufbewahrt wird, ist es ähnlich. Erstmals im 14. Jahrhundert erwähnt, nahm die Verehrung sprunghaft zu, als es der Jurist Secondo Pia im Jahr 1898 fotografierte. Dabei kam das Bildnis im Negativ viel detailreicher und aussagekräftiger zur Wirkung als im Original: Im Negativ wurde das Positivbild eines bärtigen Mannes sichtbar!

Das Foto löste eine eigene Wissenschaft aus, Sindonologie genannt, an der neben Theologen und Historikern auch Biologen, Anatomen oder Textilforscher beteiligt waren. Als im April 1988 der Erzbischof von Turin, Kardinal Anastasio Ballestrero, eine Untersuchung mittels Radiokarbon- bzw. Radiokohlenstoffmethode (C 14) in Auftrag gab und drei voneinander unabhängige Forschungslaboratorien in Zürich, Oxford und Tucson/Arizona zwecks Datierung Gewebeproben erhielten und im Herbst desselben Jahres bekannt wurde, dass die Untersuchungen ergeben hätten, dass das Tuch höchstwahrscheinlich aus dem 14. Jahrhundert stammte, tat das der weiteren Verehrung keinen Abbruch. Der Frankfurter Fundamentaltheologe Werner Bulst († 1995) widmete fast sein ganzes Forscherleben dem Turiner Grabtuch und fasste jahrzehntelang internationale Forschungsergebnisse zusammen[151].

Das Turiner Grabtuch wird unbeschadet seiner Datierung als jenes Tuch verehrt, in dem Jesus nach seinem Tod am Kreuz auf Golgatha begraben worden sein soll. Es hat unzählige Christusdarstellungen inspiriert. Vertreter und Befürworter der Echtheit der *Sacra Sindone* sagen: Es ist ein »nicht von Menschenhänden geschaffenes Bild«, ein *Acheiropoieton* – ein Begriff, der sich bereits beim Evangelisten Markus (vgl. Mk 14,58) und bei Paulus (vgl. 2 Kor 3,7) findet[152].

Ob echt oder nicht, ob aus dem ersten oder aus dem 14. Jahrhundert stammend: Reliquien verweisen auf etwas. Greifbare und sichtbare Elemente spielen auf dem Weg der Begegnung mit Jesus eine Rolle und werden immer eine spielen. Das Tuch kann jedenfalls zu einem Mittel der Begegnung mit Jesus werden. Wird es aber so betrachtet, als sei es die Begegnung selber, wäre es besser, es zu vergessen. Denn auch hier gilt, was der Auferstandene Maria von Magdala zugerufen hat: »Halte mich nicht fest.« (Joh 20,17) Wenn und wo Verehrung echt ist, spielt die Echtheit eines Stücks Stoffes – und wäre es eine direkte Spur zu Jesus – nur eine untergeordnete Rolle.

Im Jahr 2010 habe ich mich mit einem Freund selber nach Turin aufgemacht: des Grabtuchs wegen und um eine Ausstellung über den im Mai 1990 von Papst Johannes Paul II. selig gesprochenen Pier Giorgio Frassati (1901–1925) zu besuchen.

Einmal im Leben vor dem Grabtuch Jesu! Ich gestehe: Wer vor dem gut geschützten Grabtuch in einer Seitenkapelle des Turiner Doms steht, vor dem sich lange Warteschlangen bilden, und einige Momente davor verweilt, kann sich der Faszination so oder so nicht entziehen – und dabei erzielen auch die Gesichter der Betrachterinnen und Betrachter einen gewissen Effekt. Selbst Wanderausstellungen originalgetreuer Kopien des Grabtuchs ziehen in aller Welt Tausende Besucherinnen und Besucher an, längst nicht nur Fromme. Wer nicht bis Turin reisen will, findet seit einigen Jahren im Wiener Stephansdom im sogenannten Frauenschiff beim Wiener Neustädter Altar eine Kopie des Turiner Grabtuchs.

Eng mit dem Turiner Grabtuch verbunden ist der in einem Wallfahrtsheiligtum des Kapuzinerklosters von Manoppello aufbewahrte Schleier. Das Antlitz auf dem Grabtuch von Turin und das auf dem Tuch von Manoppello erweist sich nämlich als fast völlig deckungsgleich. Auch die Genese dieses Tuches ist umstritten, sein abenteuerlicher Weg gleicht einer Odyssee. Vermutlich erst 700 Jahre nach dem Tod Jesu kam es nach Rom und wurde als »Schweißtuch der Veronika« zu einer der bedeutendsten Reliquien der Christenheit. Im Baustellenchaos des Neubaus des Petersdomes soll es verschwunden und später in Manoppello wieder aufgetaucht sein.

Werner Bulst und Heinrich Pfeiffer[153] oder der deutsche Vatikanexperte Paul Badde haben umfangreiche Recherchen dazu angestellt. Sie geben sich davon überzeugt, dass das Bildnis in Manoppello das Stück Stoff ist, das seinerzeit im Grab Jesu zusammengebunden neben den Leinenbinden vorgefunden wurde und im Johannesevangelium erwähnt wird: »(Simon Petrus) sah die Leinenbinden liegen und das Schweißtuch (σουδάριον), das auf dem Haupt Jesu gelegen hatte; es lag aber nicht bei den Leinenbinden, sondern zusammengebunden daneben an einer besonderen Stelle.« (Joh 20, 6-7)

Als Papst Benedikt XVI. ankündigte, er werde am 1. September 2006 nach Manoppello reisen, um vor dem hauchdünnen Stück Stoff zu beten, das den Kopf eines gemarterten Mannes zeigt, löste das – ironischerweise auch im Vatikan – Irritationen und Kopfschütteln aus. Es sei eine »private« Pilgerfahrt, aus der man keine päpstliche Anerkennung der Echtheit herauslesen dürfe. Aber was ist bei einem Papst schon privat? Anlass war das Jubiläum, auf das ein Schild am Ortseingang hinwies: »Volto santo 1506–2006«. Das »heilige Bild«, das seit einem halben Jahrtausend Menschen in seinen Bann zieht, wollte auch er sehen und damit die Sehnsucht vieler Menschen nach dem wahren Antlitz Jesu teilen[154].

Wie auch immer man zu beiden Tüchern steht, die Bemerkungen von Werner Bulst und Heinrich Pfeiffer in ihrem Nachwort überzeugen mich: »Bei beiden Bildreliquien muss der Ehrlichkeit halber dazugesagt werden, dass wir uns ihre Entstehung, kausal und naturwissenschaftlich nachprüfbar, nicht erklären können, im Gegensatz zu anderen Bildern, die zwar reliquienähnlich verehrt werden, aber trotzdem nicht als Reliquie der auf ihnen dargestellten Personen angesprochen werden können.«[155] Und weiter: »Eine Aussage aber muss als gewiss hingestellt werden, und zwar nicht nur als geschichtliche, sondern auch als theologische Gewissheit: Beide Tuchreliquien sind echte Bilder Christi. Diese Feststellung mag als mein persönliches Glaubensbekenntnis gewertet werden. Dafür mich dem Spott und der Lächerlichkeit auszusetzen, davor habe ich keine Furcht, sondern nur einzig die, die Dinge Gottes schlecht zu verhandeln.«[156]

Bilder und Bilderverbot

Die Ambivalenz von Bildern (und damit auch von Jesusbildern), die Skepsis ihnen gegenüber, gar ihre Ablehnung hat zu tun mit dem Bilderverbot aus dem Alten Testament. Das radikale Bilderverbot im Dekalog (Ex 20,4 f.), das damit die absolute Transzendenz Gottes gewahrt wissen wollte, die Warnung der Psalmen (vgl. vor allem Ps 115) vor dem Götzendienst der Bilderverehrung wirkte lange nach[157].

Trotzdem wurde es, quasi »von unten her«, überwunden. Menschen wollten Bilder – und brauchten sie. Das oft zitierte Argument Papst Gregors des Großen lautete: »Denn was für den Gebildeten die Schrift bedeutete, das stellt für den Ungebildeten das

Bild vor, weil in ihm auch die Unwissenden sehen, was sie befolgen sollen, was die des Lesens Unkundigen darin lesen.«[158] Außerdem kam man an Paulus nicht vorbei: Er nennt in seinem Brief an die Kolosser Jesus »das Bild (εἰκών) des unsichtbaren Gottes« (Kol 1,15). Jesus Christus – die Ikone, das (Ab-)Bild des göttlichen Vaters!

Der Byzantinische Bilderstreit im 7./8. Jahrhundert führte zu einer Intervention von Kaiserin Irene, die der Partei der »Ikonodulen« (Bilderverehrer) angehörte. Sie drängte die Bilderstürmerei zurück und berief das zweite Konzil von Nizäa (Nikaia) ein – »das einzige« Konzil übrigens, »dem eine Frau präsidiert hat«[159]. In seiner 7. Sitzung am 13. Oktober 787 entschied es, dass Ikonen verehrt, aber nicht angebetet werden dürfen. Je häufiger Jesus, Maria und die Heiligen in Ikonen betrachtet würden, desto mehr würden ihre Betrachter »zur Erinnerung an die Urbilder und zur Sehnsucht nach ihnen« geführt. Mit Berufung auf Basilius den Großen kam es zu der Feststellung: »wer das Bild verehrt, verehrt in ihm die Person des darin Abgebildeten«[160]. Zehn Tage später, in der 8. Sitzung vom 23. Oktober, belegte das Konzil alle, die Bilder ablehnten, mit dem Bann (Anathema)[161]. Der Wiener Erzbischof, Kardinal Christoph Schönborn, hat sich in seiner Doktorarbeit (1983) ausführlich mit der Christusikone im Bilderstreit beschäftigt – ich lese immer wieder darin[162]. Das Konzil von Trient (1545–1563) hat sich später »ausdrücklich darauf bezogen, als es die Praxis der Bilderverehrung gegen die reformatorischen Attacken verteidigte«[163]. »Die Differenz zwischen Urbild und Abbild führt«, nach Günter Rombold, »zu der bekannten Unterscheidung zwischen der ›Anbetung‹ (προσκύνησις λατρευτική), die nur Gott gebührt, und ›Verehrung‹ (προσκύνησις τιμητική), die sich auf die Bilder bezieht.«[164]

Die Geschichte des Christentums ist jedenfalls durchzogen von der Bilderfrage. Lange, bis ins 3. Jahrhundert hinein, getrauten sich Christen bekanntlich nicht einmal, Jesus am Kreuz darzustellen. Das vertraute, aus dem ersten Drittel des 3. Jahrhunderts stammende römische Spottkruzifix, auf dem der Gekreuzigte mit Eselskopf dargestellt ist, spricht Bände. »Alexamenos betet seinen Gott an«: Diese griechischen Worte werden dem neben dem Gekreuzigten stehenden Jüngling in den Mund gelegt, der damit offensichtlich einen christlichen Kameraden verspottet. Ein gekreuzigter Gott ist kein Siegeszeichen. Wer so jemanden anbetet, muss selber ein Esel sein – das ist die Botschaft des im 19. Jahrhundert von Archäologen auf dem Palatin in Rom freigelegten Graffitos. Sklaven und Staatsfeinde wurden von den Römern ans Kreuz geschlagen. Das Gekritzel wirkt wie ein Kommentar zu dem, was Paulus nach Korinth schreibt: »Wir dagegen verkündigen Christus als den Gekreuzigten: für Juden ein Ärgernis, für Heiden eine Torheit« (1 Kor 1,23). Kein Wunder, dass die frühchristliche Kunst in den Katakomben Jesus nur als den Guten Hirten oder als Lehrer und Wunderheiler darstellt.

Die theologische Frage, ob Kunst, ob Bilder ein »locus theologicus« sein können, beschäftigt bis heute – deswegen ist der Hinweis wichtig: »Nicht der Kunst, sondern den Bildwerken inhärenten religiösen Energien gelten Bilderverbote, Bilderkämpfe, Bilderapologien.«[165]

Für die orthodoxe Christenheit sind Ikonen als heilige Zeichen bzw. Bilder deswegen ebenso zentral wie unverzichtbar. Im Sommer nach meiner Promotion spendierte mir ein Freund eine zweiwöchige Reise auf die Insel Patmos, wo wir in einer Gruppe von Priestern die Geheime Offenbarung des Johannes (Apokalypse) studierten. Damals haben Ikonen für mich eine ganz neue Bedeutung erhalten. Wiederholt saß ich sehr lange vor Ikonen im Johannes-Kloster in Chora, dem Hauptort der Insel. Seither meditiere ich meistens vor einer Christusikone. Aus meinem Sabbatical in Jerusalem habe ich eine kleine Christusikone mitgebracht, die mir hilft, mich beim Meditieren auszurichten.

Egon Kapellari, langjähriger Grazer Bischof und in der Österreichischen Bischofskonferenz unter anderem für Kunst und Liturgie zuständig, schreibt: »Ein Ikonenmaler sah im Traum, dass die von ihm dargestellten Heiligen selbst in die Ikonen einzogen und so dem Abgebildeten Realität verliehen. In dieser Sicht ist das Bild nicht nur ein Verweis auf das Abgebildete, sondern hat auch Anteil an diesem Abgebildeten. Das Abbild des Heiligen kann so zum Gnadenbild werden.«[166]

Jesus – das »Bild« und die Exegese Gottes

Christlich über Gott sprechen lässt sich nicht, ohne auf Jesus von Nazareth einzugehen, den der Prolog des Johannesevangeliums die »Exegese«, also die »Auslegung« Gottes nennt: »Niemand hat Gott je gesehen; der Einzige, der Gott ist und am Herzen des Vaters ruht, er hat Kunde gebracht (ἐξηγήσατο)« (Joh 1,18). In Jesus hat Gott gleichsam ein Gesicht erhalten: »Niemand hat den Vater gesehen außer dem, der von Gott ist; nur er hat den Vater gesehen« (Joh 6,46). Seine Jünger klärt er darüber auf: »Wer mich sieht, sieht den, der mich gesandt hat« (Joh 12,45). Im Kolosserbrief wird Jesus gar, wie schon erwähnt, »Bild«, »Abbild« oder »Ebenbild« des unsichtbaren Gottes genannt (Kol 1,5). Die Begründung dafür liefert zugleich eine theologische Spitzenaussage: »Denn Gott wollte mit seiner ganzen Fülle in ihm wohnen« (Kol 1,19).

Kapellari bringt es auf den Punkt: »Weil Gott, der Vater, in Jesus Christus hörbar, sichtbar, greifbar, also betastbar geworden ist, darum zuletzt gibt es im Christentum das religiöse Bild, und das christliche Bild schlechthin ist das Bild Christi, der im vierten Evangelium zu Philippus sagt: ›Wer mich gesehen hat, hat den Vater gesehen.‹«[167] Verehrt wird im Bild das Urbild, also Jesus selbst, den Christen als den Christus verehren und bekennen. Bilder von Jesus beflügeln die (fromme) Fantasie, geben theologischen Prädikaten ein Gesicht. Bilder verführen und verleiten aber auch, sich ein festes »Bild« zu machen: So und nur so muss und darf Jesus sein – und schon ist mein »Bild« festgelegt, felsenfest, bis in die Physiognomie hinein, und alles, was dieses »Bild« stört, wird bekämpft. Ob wir manchmal nicht um »Bilder« dieser Art streiten?

Eine Ausstellung im Grazer Kulturzentrum bei den Minoriten zeigte vor vielen Jahren in fotografischer Reproduktion an die zweihundert Christusbilder, die exemplarisch die Zeit zwischen der Alten Kirche und der Gegenwart repräsentierten. Für Kapellari ergaben sie »so etwas wie eine Jesuslitanei vom Hirten über den Lehrer, Logos, Schlangen- und Löwenzertreter, Schmerzensmann, Reiter auf dem weißen Ross bis zum Auferstandenen, der in die Gestalt eines Gärtners verhüllt ist, und hin zum eschatologischen Pantokrator.«[168] In dem dazugehörigen Ausstellungskatalog kommen zwei Theologen in der Einführung zu Wort: der Jesuit Josef Sudbrack († 2010) und Hans Küng († 2021)[169]. Küng stellt sich der Frage, welches »das wahre Christusbild« sei. Sein Beitrag ist dem Buch »Christ sein« entnommen, wo es vollständig (der Herausgeber hat, ohne dies eigens anzumerken, gekürzt und ausgelassen) heißt: »Ist es der bartlose, jugendlich menschenfreundliche Hirte der altchristlichen Katakombenkunst *oder* ist es der bärtige, sieghafte Imperator und Kosmokrator in den Bildformaten des spätantiken Kaiserkultes, in höfisch-steifer Unantastbarkeit und drohender Majestät vor Goldgrund der Ewigkeit? Ist es der Beau-Dieu *oder* der deutsche Misericordien-Heiland? Ist es der am Kreuz thronende Christkönig und Weltenrichter der romanischen Portale und Apsiden *oder* der grauenvoll realistische Schmerzensmann in Dürers ›Christus im Elend‹ und in der letzten noch erhaltenen Kreuzigung des Grünewald? Ist es der leidlos Schöne der Disputa Raffaels *oder* der menschlich Sterbende des Michelangelo? Ist es der erhaben-Leidende des Velásquez *oder* der gequält Zuckende des Greco? Sind es die glatt aufklärerischen Salon-Porträts der Rosalba Carriera und eines Fritsch vom eleganten Populär-Philosophen Jesus *oder* die sentimentalen Herz-Jesu-Bilder des katholischen Spätbarock? Ist es im 18. Jahrhundert der Gärtner oder Apotheker, der Tugend-Pulver verabreicht, *oder* dann der klassizistische Heiland des Thorvaldsen, der seinem dänischen Mitbürger Kierkegaard wegen der Eliminierung des Kreuzes-Skandalons ein Ärgernis war? Ist es der kraftlos-sanfte menschliche Jesus der deutschen und französischen Nazarener und der englischen Prä-Raffaeliten *oder* der in ganz andere Dimensionen weisende Christus der Künstler des 20. Jahrhunderts, der Beckmann, Corinth, Nolde, Masereel, Rouault, Picasso, Barlach, Matisse, Chagall?«[170]

Mir haben diese Fragen Hans Küngs erneut bewusst gemacht, wie leicht und wie schnell ich meinem »Bild« von Jesus erliegen kann. Seit Jahren begleiten mich zwei Ausstellungskataloge, die in meinem Büro aufliegen, zum Blättern, und ich tue es auch selbst immer wieder. Weil die Vielfalt schön ist und weil mich diese Vielfalt indirekt und diskret davor warnt, dieser Versuchung zu erliegen: der Katalog »Corpus Christi. Christusdarstellungen in der Fotografie«, der auf eine Ausstellung in den Deichtorhallen Hamburg zur Jahreswende 2003/04 zurückgeht; und der Katalog »Ansichten Christi. Christusbilder von der Antike bis zum 20. Jahrhundert«, der eine zum Weltjugendtag 2005 organisierte Ausstellung im Kölner Wallraf-Richartz-Museum begleitete. Viele weltbekannte, aber auch weniger bekannte inspirierende Jesusbilder – alle enthalten vielleicht einen Zug des echten Antlitzes Jesu. Aber kein einziges kann beanspruchen, ihn eins zu eins wiederzugeben, kann und darf es nicht.

So habe ich also viele Bilder von Jesus im Kopf, Vorstellungen und Ideen. Aber sie sind kein Ersatz für die Begegnung mit ihm. Eine Todesanzeige brachte einmal eine Aussage von Heinrich Fries, dem mit Karl Rahner verbundenen Münchener Fundamentaltheologen: »Jetzt bin ich nur noch neugierig.« Wie Jesus wirklich ausschaut, wie er ist, nicht wie sein Bild ist – darauf bin ich sehr gespannt, einmal, wenn er mich mit offenen Armen empfängt.

11
Jesusbücher

Jerusalem, Benediktinerabtei Hagia Sophia, besser bekannt unter der Kurzbezeichnung »Dormitio«, Ende Mai 2019: Bevor ich nach meiner dreimonatigen Sabbatzeit nach München zurückkehrte, durfte ich mich für drei Tage zu den deutschen Benediktinern auf dem Zionsberg zurückziehen. Ich hatte dort immer wieder einzelne Patres besucht, kam gelegentlich in den Sonntagsgottesdienst, wenn ich nicht im Deutschen Hospiz im Stadtteil German Colony (*haMoshava haGermanit*) eingesetzt war, und durfte auch einmal einen Vortrag über Papst Franziskus halten. Der Abt, der zuvor als Einsiedler in der Wüste gelebt hatte und ein begabter Ikonenmaler ist, hatte mir zugesagt, für einige geistliche Gespräche zur Verfügung zu stehen. Die taten mir gut.

Jesusbücher als Meterware

In der gut in Schuss gehaltenen Klosterbibliothek der »Dormitio«, in der auch aktuelle theologische Zeitschriften ausliegen, hatte ich öfter recherchiert. Damals bereits beschäftigte mich »mein« Jesusbuch. Deshalb war ich neugierig, welche Jesusbücher und welche Christologien ich in der Bibliothek vorfände. Zahlreiche klingende Namen sind mir begegnet: von Karl Adam bis Albert Schweitzer! Katholische, evangelische und jüdische Autoren stehen in den Regalen. Moderne, zeitgenössische Verfasser und ältere Autoren, darunter etliche, die das oft schnell vergebene Prädikat »Klassiker« wirklich verdienen. Aber natürlich auch populäre Jesusdarstellungen in mehreren Sprachen – sowie eine Unmenge exegetischer, bibeltheologischer und dogmatischer Studien (wie etwa die monumentalen Werke des Frankfurter Jesuiten Alois Grillmeier zur Geschichte der christologischen Konzilien), ergänzt durch archäologische Fachliteratur.

Der Anblick löste einen kleinen Schock in mir aus – jener stille Moment, in dem sich einer fragt: Warten diese »Regalmeter Jesus« wirklich auf ein weiteres Jesusbuch? Ähnlich ergeht es mir, wenn ich in der Turmbibliothek der Jesuitenkommunität von St. Michael stehe: In drei verschiedenen Abteilungen – Dogmatik, Bibel und Spiritualität – finden sich dort Bücher zum Thema »Jesus Christus«.

Es ist aber auch ein heilsamer Schock, der mich fragen lässt: Was will ich und was habe ich zu sagen? Was ist meine spezielle Perspektive? Dieses, »mein« Jesusbuch sagt mehr darüber aus, wer Jesus der Christus für mich (geworden) ist als darüber, was er im Laufe der Kirchengeschichte für kirchliche Praxis und Theologie geworden ist. Aber als Jesuit und Priester bin ich Teil der Kirche, verkündige, rede und schreibe in ihrem Namen, betreibe also nicht meine »Privattheologie«. Über meine theologische Doktorarbeit lernte ich die Spiritualität meines Ordens besser kennen. Seither sind mir die Exerzitien doppelt so teuer, weil sie zu einer Begegnung mit Jesus anleiten, ja geradezu dazu verführen wollen, um einen »Ruf«, der mir und nur mir gilt, möglicherweise zu hören. Durch nichts anderes als durch das Betrachten einzelner Mysterien des Lebens Jesu soll der oder die, welcher oder welche Geistliche Übungen macht, zu einer »Wahl« gelangen. Igantius legt gerade keine theologischen Daten vor, keinen Katechismus, keine Formeln, sondern Stationen aus dem Leben Jesu. Es kommt ihm dabei nicht darauf an, dass dies ein historisch exaktes Leben Jesu wäre. Mit den Mitteln der Wissenschaft, so die bittere Erkenntnis Albert Schweitzers, lässt sich ohnehin keine Begegnung mit Jesus erzwingen.

Ein Vorarlberger »Leben Jesu«

Wiederholt habe ich im Frühjahr 2019 im Café des Österreichischen Hospizes[171], der ältesten nationalen Pilgerherberge an der Via Dolorosa (bei der dritten Kreuzwegstation) in der Jerusalemer Altstadt gesessen. Von der Dachterrasse aus hat man einen herrlichen, inzwischen leider kostenpflichtigen Rundblick auf die Altstadt; wenn man Glück hat, kann man am Horizont manchmal sogar die jordanischen Berge erkennen.

Das erfüllt einen Alemannen mit Stolz: Auf dem Weg zum Dach begegnete ich auf der zweiten Etage einer Art »Ahnengalerie« mit Fotos prominenter Besucher des Hauses im Laufe seiner Geschichte. Ich entdeckte dort das Konterfei eines Vorarlbergers samt Lebensdaten auf Deutsch und Englisch: Franz Michel Willam. Unter dem gerahmten Foto ist Willams Eintrag ins Gästebuch herauskopiert, die eine präzise Datierung für seinen Aufenthalt zulässt: »20.8. Dr. Fr. Mich. Willam / Hittisau, Vorarlb. Austria«, darunter im Druck: 20.8.1929. Welche Überraschung – noch dazu eine doppelte! Willam war von 1934 bis zu seinem Tod im Januar 1981, also sagenhafte 46 Jahre lang, »Kaplan« in Andelsbuch im Bregenzerwald gewesen.

Er hat Anfang 1933 ein populäres, ja für die damalige Zeit »modernes« Buch vorgelegt, das ein Best- und Longseller wurde: »Das Leben Jesu im Lande und Volke Israel«. Es enthält zahlreiche Abbildungen, erlebte viele Auflagen und wurde in zehn europäische Sprachen übersetzt, außerdem ins Japanische, Koreanische und Chinesische.

Weil ein Studienfreund von mir Pfarrer in Andelsbuch im Bregenzerwald war, habe ich über mehr als zehn Jahre lang unzählige Wochenenden und Sommerwochen in dem Wälderdorf verbracht. Persönlich begegnet bin ich dem Andelsbucher Langzeitkaplan nie. Ich habe aber mit etlichen Zeitzeugen gesprochen, als ich mich mit ihm als Leben-Jesu-Forscher beschäftigte[172]. Willam war längst eine Lokalgröße als Verfasser von Erzählungen, Gedichten und religiösen Romanen, als der Verlag Herder Anfang der 1920er-Jahre auf ihn zuging, um ihn als Autor für ein populäres »Leben Jesu« zu gewinnen. Unter abenteuerlichen Umständen gelangte er im Juli 1929 nach Palästina, erkrankte, wurde in Kairo hospitalisiert, war totgesagt[173], und machte sich nach seiner Rückkehr Anfang 1930 ans Schreiben.

Das Buch wurde ein Riesenerfolg – für Verlag und Autor: Es machte Willam gleichsam über Nacht international berühmt. Dass es, wie viele Darstellungen aus dieser Zeit, antijudaistische Tendenzen transportierte, fiel erst Jahrzehnte später auf, nach dem Zweiten Vatikanischen Konzil, das in der Theologie eine neue Sensibilität für »Gottes erste Liebe« (Friedrich Heer) und den »niemals gekündigten Bund« mit den Juden einleitete.

Ein zweiter, 1961 erschienener Band unter dem unmerklich veränderten Titel »Das Leben Jesu im Land und Volke Israel« erlebte nur mehr zwei Auflagen und floppte. Zwei Jahre später kam eine Fassung als religiöses Kinderbuch heraus: »Damals als Jesus lebte« (1963). Die Interessen hatten sich inzwischen verschoben, das von Willam bemühte Genus litterarum »zog« nicht mehr – anders noch als bei dem Band »Das Leben Marias« von 1936.

Warum so viel Lokalpatriotismus? Am Beispiel vom Willam lässt sich zeigen, wie groß in der ersten Hälfte des 20. Jahrhunderts in breiten Bevölkerungsschichten das Interesse an Jesus und seinem Leben war – und zwar an populären Darstellungen, neben wissenschaftlichen Werken, die zwar laufend Forschungserkenntnisse einarbeiteten, aber eben nur für die theologische Wissenschaft und den Klerus bestimmt und verständlich waren.

Willam korrespondierte übrigens über Jahre hinweg mit dem Theologieprofessor Joseph Ratzinger. Von daher kann es nicht überraschen, dass sich sein Name auch im Vorwort des ersten Bandes von dessen Jesustrilogie findet: »In meiner Jugendzeit – in den 30er- und 40er-Jahren – hatte es eine Reihe begeisternder Jesus-Bücher gegeben: von Karl Adam, Romano Guardini, Franz Michel Willam, Giovanni Papini, Daniel-Rops – um nur einige Namen zu nennen. In all diesen Büchern war von den Evangelien her das Bild Jesu Christi gezeichnet worden, wie er als Mensch auf Erden lebte, aber – ganz Mensch – doch zugleich Gott zu den Menschen trug, mit dem er als Sohn eins war. So wurde durch den Menschen Jesus Gott und von Gott her das Bild des rechten Menschen sichtbar.«[174]

Diese Erinnerung zeigt, »in welcher Liga« Willam spielte. Er muss den Vergleich mit Größen wie Guardini nicht scheuen. Dessen Buch »Der Herr« (1937) begleitete jahrzehntelang ganze Priestergenerationen und gebildete Laien. Guardinis Betrachtungen »sind keine wissenschaftlichen Darlegungen, weder Historie noch Theologie, sondern geistliche Ansprachen, durch vier Jahre hindurch beim sonntäglichen Gottesdienst gehalten«[175]. Zwischen zwei Buchdeckel gespannt, ergaben diese Berliner Predigten indes eine plastische Vorstellung des Lebens Jesu. Anders als man landläufig meint: »Populäre« Jesus-Darstellungen waren sehr wohl wissenschaftlich fundiert. Willam hat nicht nur Unmengen an archäologisch-topografischen Erkenntnissen und viel Fotomaterial von seiner Forschungsreise verwendet. Er arbeitete auch den wissenschaftlichen Forschungsstand seiner Zeit ein.

An einem Autor wie dem Literaturnobelpreisträger des Jahres 1952, dem Romancier und Publizisten François Mauriac, lässt sich ablesen, dass literarische Leben-Jesu-Darstellungen keineswegs »ungefährlich« waren. Mauriacs »La Vie de Jésus« von 1936 galt zunächst als indexverdächtig, erst später wurde es, nach den damals weit verbreiteten, »üblichen Verdächtigungen« von Kurienkardinal Donato Sbarretti, dem Sekretär des Heiligen Offiziums (der Vorgängerinstitution der heutigen Glaubenskongregation), empfohlen.

Die Literatur aus dem Glauben heraus zu erneuern, war die Devise des »Renouveau catholique« – neben Mauriac durch so glanzvolle Namen wie Léon Bloy, Charles Péguy, Paul Claudel, Georges Bernanos oder Julien Green vertreten, auf wissenschaftlicher Ebene fortgesetzt durch die theologische Avantgarde der Dominikaner und Jesuiten. Breite Bildungsschichten wollten Jesus nicht nur kennenlernen und begegnen »in der Verdünnung neuscholastischer Theologie oder von Katechismen, sondern unmittelbar in der Heiligen Schrift«, wie der Münsteraner Kirchengeschichtler Erwin Iserloh in einem Überblick schreibt[176]. Die verschiedenen »Leben Jesu« kamen auch der von der Jugendbewegung ausgegebenen Parole »Lebensgestaltung in Christus« entgegen.

In diesem Umfeld jedenfalls sind Willams Jesusbücher anzusiedeln. Anders jedoch als bei popularisierenden Jesusbüchern legte er kein stilisiertes Leben Jesu vor, sondern stellte den Rabbi aus Nazareth anhand der vier Evangelien zusammenhängend und chronologisch dar, verankert in seinem Volk und in seinem Land – wofür der akribische Sammler und Beobachter (er hatte auf einem Auge sechzehn Dioptrien) Tausende von Details und Belegen zusammengetragen hatte, lange bevor von »kontextueller Theologie« die Rede war.

Auf den Spuren Jesu: ein Bildband als Kompensation

Wer ein Jesusbuch schreibt, wird neben einem gewissen Forscherehrgeiz auch von Leidenschaft und Sehnsucht getrieben: zu berichten, zu erzählen, darzustellen, wie Jesus begegnet, wie er gefunden werden kann. Eine Wallfahrt oder eine Reise ins Heilige Land kann dabei hilfreich sein. Manchmal ist eine solche Reise aus finanziellen oder aus politischen Gründen nicht möglich.

Deshalb verweise ich hier noch auf eine andere Veröffentlichung: das Erfolgsbuch »Auf den Spuren Jesu« des Leipziger Jesuiten Gerhard Kroll († 1997). Es erschien erstmals 1964 und erlebte 2012 seine zwölfte Auflage[177]. Mit über 500 historischen und aktuellen Fotos und Zeichnungen bietet es seit 1964 – als Papst Paul VI. mit seiner dreitägigen Pilgerfahrt ins Heilige Land ein neues weltweites Interesse an den Orten auslöste, an denen Jesus lebte – einen detailreichen Blick auf das Palästina vor 2000 Jahren. Auch dieses Buch war kein theologisches, verarbeitete aber laufend neueste Forschungserkenntnisse. Und seine Entstehung verdient Respekt! Denn hält man sich vor Augen, dass Kroll in der DDR lebte und erst 1980 – die achte Auflage war 1979 erschienen – die Möglichkeit hatte, den Spuren Jesu selber physisch nachzugehen und die langersehnte, fünfzehn Jahre lang immer wieder beantragte und immer wieder abgelehnte Israelreise anzutreten, die nur durch eine politische Intervention des damaligen österreichischen Bundeskanzlers Bruno Kreisky im Umfeld eines Leipziger Messebesuchs möglich geworden war, erstaunt die Zuverlässigkeit seiner Veröffentlichung, die auf akkurater Arbeit am Schreibtisch und in Archiven beruht, umso mehr.

Dem Atheismus als Staatsdoktrin setzte der Perfektionist Kroll ein Buch entgegen, in dem er »die Steine reden« ließ! Es informiert, indem es reichlich Daten und Fakten bietet, an die Orte des historischen Jesus führt und Kontexte erschließt. Auf diese Weise tut sich ein Horizont auf: im Leben Jesu mehr zu sehen als eine (austauschbare) Lebensgeschichte, sich mit dem Gedanken zu beschäftigen, ob darin nicht das Mysterium Gottes aufleuchtet. Die wissenschaftliche Exegese hat den Bildband natürlich stets mit Reserve behandelt. Das darin gesichtete religionswissenschaftliche und archäologische Material wurde und wird jedoch von Theologen, Religionslehrern und sogar von Israel-Fremdenführern gerne konsultiert. In erster Auflage als schmaler Band erschienen, wuchs dieser über die Jahre hinweg beständig an. Der wissenschaftlichen Exegese galt Kroll meist als »suspekt«[178], auch wenn das von ihm zusammengetragene religionswissenschaftliche und archäologische Material Anerkennung fand.

Die politische Bedeutung des Bildbandes ist in einem ordensinternen Nachruf festgehalten: »›Auf den Spuren Jesu‹ wurde für mehrere Generationen von Katholiken, Protestanten und interessierten Glaubenslosen zum geschätzten Lehr- und Lernbuch und zum einzigartigen Ersatz für die verwehrten Pilgerreisen ins Hl. Land.« »Der Kroll« wurde damit für viele potenzielle Pilger aus der DDR zu einem Synonym: Wenn schon eine Reise physisch nicht möglich war, konnte damit eine virtuelle Reise angetreten werden – Literatur als Kompensation!

Die Sackgasse der Leben-Jesu-Forschung

Als Willam sein »Leben Jesu« veröffentlichte, war das neuzeitliche Unternehmen einer kritischen Leben-Jesu-Forschung längst Geschichte. Aus zweierlei Gründen galt das Projekt als gescheitert: historisch, weil die neutestamentlichen Quellen weder ihrer Absicht noch ihrer Durchführung nach den Stoff für eine Biografie Jesu hergeben; theologisch, weil man der Historie das Unmögliche abverlangt hatte, heutigen Glauben zu begründen.

Das Motiv für die Suche nach dem sogenannten historischen Jesus war in der ersten Phase der Leben-Jesu-Forschung (18./19. Jh.) eine überzogene Erwartung gewesen: Man versprach sich von ihm »Hilfe im Befreiungskampf vom kirchlichen Dogma (...). Weg vom dogmatischen Christus und hin zum Jesus von Nazaret! Das war die Parole der sogenannten liberalen Theologie.«[179] Gerd Theißen und Annette Merz haben die spannende Geschichte in ihrem mehrfach aufgelegten Standardwerk »Der historische Jesus« zusammengefasst und fünf Phasen ausgemacht[180]. Der 31-jährige Straßburger Neutestamentler Albert Schweitzer, der später als »Urwalddoktor von Lambarene« in Afrika von sich reden machte, stellte schon 1906 lapidar fest: »Es gibt nichts Negativeres als das Ergebnis der Leben-Jesu-Forschung.«[181]

Schweitzers berühmt gewordene, oft zitierte Schlussfolgerung lautete: »Es ist der Leben-Jesu-Forschung merkwürdig ergangen. Sie zog aus, um den historischen Jesus zu finden, und meinte, sie könne ihn dann, wie er ist, als Lehrer und Heiland in unsere Zeit hineinstellen. Sie löste die Bande, mit denen er seit Jahrhunderten an den Felsen der Kirchenlehre gefesselt war, und freute sich, als wieder Leben und Bewegung in die Gestalt kam und sie den historischen Menschen Jesus auf sich zukommen sah. Aber er blieb nicht stehen, sondern ging an unserer Zeit vorüber und kehrte in die seinige zurück. Das eben befremdete und erschreckte die Theologie der letzten Jahrzehnte, dass sie ihn mit allem Deuteln und aller Gewalttat in unserer Zeit nicht festhalten konnte, sondern ihn ziehen lassen musste. Er kehrte in die seine zurück mit derselben Notwendigkeit, mit der das befreite Pendel sich in seine ursprüngliche Lage zurückbewegt.«[182]

In der zweiten Phase der Leben-Jesu-Forschung schlug das Pendel nach der anderen Seite aus. Die Parole drehte sich genau in ihr Gegenteil: Weg vom Jesus der Geschichte, hin zum Christus des Glaubens! Und das nicht, weil aufgrund der Quellenlage so wenig vom historischen Jesus gewusst werden kann, sondern weil von ihm gar nichts gewusst werden soll. Einzig das sogenannte »Kerygma« ist wichtig: der gepredigte Christus, nicht der predigende Jesus.

Jesus von Nazareth – geplatzter Lebenstraum eines Papstes?

Es war schon eine Sensation: Im April 2007 erschien der erste Teil einer Jesustrilogie. Sein Verfasser: ein amtierender Papst! Hatte Joseph Ratzinger damit gerechnet, dass er nach dem Konklave vom neuen Papst nach mehr als 24 Jahren als Präfekt der Glaubenskongregation in den wohlverdienten Ruhestand entlassen werden würde, war er am 19. April 2005 plötzlich selbst Papst. Nach vier Wahlgängen verließ er die Sixtina als Benedikt XVI. Drei Tage zuvor hatte er sein 78. Lebensjahr vollendet. Damit schien das Weiterarbeiten an seinem im Sommer 2003 begonnenen Jesusbuch in weite Ferne gerückt, wenn nicht gar begraben. Ein Lebenstraum – ausgeträumt. Mit eiserner Disziplin schrieb er, ohne das Projekt an die große Glocke zu hängen, an audienzfreien Tagen und während der Wochen in seiner Sommerresidenz Castel Gandolfo weiter[183], eigenem Bekunden zufolge »sozusagen das ständige Wasserholen aus den Tiefen der Quellen«[184]. Das Vorwort des ersten Bandes ist mit 30. September 2006 datiert – ein Symboldatum: Gedenktag des Kirchenvaters Hieronymus († 420 n. Chr.), auf den die »Vulgata«, die im Mittelalter verbreitete lateinische Fassung der Bibel, zurückgeht.

Fristgerecht zu seinem 80. Geburtstag erschien die deutsche Ausgabe mit 150.000 Exemplaren – »der höchsten Startauflage eines religiösen Buches überhaupt«[185], sechs Wochen später erreichte das Werk international eine Auflage von 1,5 Millionen, insgesamt konnten von dem Bestseller »mehr als 3 Millionen Bücher in etwa 30 Sprachen abgesetzt werden«[186]. Wenige Tage vor Ratzingers Geburtstag, am 13. April 2007, stellte es der Wiener Kardinal Christoph Schönborn auf einer Pressekonferenz in der Synodenaula des Vatikans vor.

Zehn Jahre später erfuhr man – höchst aufschlussreich –, wie er sein Herzensprojekt neben dem Tagesgeschäft als Papst weiter voranbringen konnte: »Das frage ich mich auch. Also, da hat mir der liebe Gott irgendwie geholfen. Es lag mir aber auch ganz besonders am Herzen, dass ich das noch bewerkstelligen wollte. Denn wie einerseits die Liturgie als das Selbsterleben der Kirche zentral ist und nichts mehr geht, wenn die Liturgie nicht mehr sie selber ist, so ist ach, wenn wir Jesus nicht mehr kennen, die Kirche am Ende. Und die Gefahr, dass er uns durch bestimmte Typen von Exegese einfach zerstört und zerredet wird, ist übermächtig. Insofern musste ich mich da ein bisschen in den Dschungelkampf der Details einlassen. Es reicht hier nicht aus, spirituell das Dogma auszulegen. Man muss in diesen Streit eintreten, und zwar ohne sich in exegetischen Details zu verlieren, aber doch so weit, dass man sieht, die historische Methode verbietet uns den Glauben nicht.«[187]

Der Neutestamentler Thomas Söding sah im Erscheinen »ein Ereignis«[188], Benedikts Biograf Peter Seewald nannte das Buch »die Quintessenz eines Mannes, der als Schüler und Student, als Priester, Theologe, Bischof, Kardinal und als Oberhaupt der katholischen Kirche der Gestalt und der Botschaft Christi nicht nur wissenschaftlich, sondern auch spirituell nachgegangen ist, ihn im eigenen Leben gewissermaßen ›ausprobiert‹ hat, um ihm so nahe zu kommen, wie das einem Menschen überhaupt möglich ist.«[189] Benedikt selber bekennt im allerersten Satz des Vorworts: »Zu dem Jesusbuch, dessen ersten Teil ich hiermit der Öffentlichkeit vorlege, bin ich lange innerlich unterwegs gewesen.«[190] Um daraufhin, wie bereits erwähnt, Jesusbücher seiner Jugend zu nennen. Dieses Vorwort ist nicht nur biografisch, sondern theologisch aufschlussreich, was die Grundüberzeugungen Ratzingers und in weiterer Folge seine Methodik angeht, die er ausführlich offenlegt. Denn betont ist nicht nur, dass biblischer Glaube »sich auf wirklich historisches Geschehen bezieht«, sondern auch, was das bedeutet: »Er erzählt nicht Geschichten als Symbole über geschichtliche Wahrheiten, sondern er gründet auf Geschichte, die sich auf dem Boden dieser Erde zugetragen hat. Das Factum historicum ist für ihn nicht eine auswechselbare symbolische Chiffre, sondern konstitutiver Grund: *Et incarnatus est* – mit diesem Wort bekennen wir uns zu dem tatsächlichen Hereintreten Gottes in die reale Geschichte.«[191]

So ungewöhnlich, ja sensationell diese Neuerscheinung auch war, versäumte es Ratzinger nicht, am Ende des Vorwortes eine Klarstellung anzubringen: »Gewiss brauche ich nicht eigens zu sagen, dass dieses Buch in keiner Weise ein lehramtlicher Akt ist, sondern einzig Ausdruck meines persönlichen Suchens ›nach dem Angesicht des Herrn‹ (vgl. Ps 27,8). Es steht daher jedermann frei, mir zu widersprechen. Ich bitte die Leserinnen und Leser nur um jenen Vorschuss an Sympathie, ohne den es kein Verstehen gibt.«[192]

Diese Klärung war wichtig – und sie wurde wörtlich genommen. Etliche Kommentatoren fragten damals zwar ironisch, wer es denn wagen könnte, dem Papst zu widersprechen. Sie übersahen dabei jedoch, dass Rückfragen an den Autor Ratzinger, gegebenenfalls Widerspruch, durchaus möglich (und erwünscht) waren, auch wenn manche Kritik nur Polemik war, die eine andere Agenda bediente. Der Band löste jedenfalls eine wahre Flut an Veröffentlichungen und Kommentaren aus[193].

Und diese setzte sich fort, als 2011 der zweite Teil und 2012 ein dritter, den Benedikt XVI. im August 2012 abgeschlossen hatte[194], erschienen[195]: »Es ist nicht ein dritter Band, sondern eine Art kleiner Eingangshalle zu den beiden Bänden über Gestalt und Botschaft Jesu von Nazareth, die vorangegangen sind.«[196] 448, 367 und 176 Seiten Jesus! Unterm Strich machen diese drei Bände, die weltweit von »normalsterblichen« Christen vielleicht mehr gelesen und gewürdigt wurden als von der Theologenzunft, deutlich: Jesus ist und bleibt ein Thema! Ein Onkel von mir, Mechaniker ohne Abitur, hat mit über 65 Jahren alle drei Bände vollständig gelesen und war davon angetan, weil vieles, was ihm seit seiner über fünfzig Jahre zurückliegenden Schulzeit unklar war und in Predigten im Gottesdienst unbeantwortet blieb, darin verständlich beschrieben war. Diese Bücher wurden für ihn, den Nicht-Akademiker, zur geistlichen Lektüre. Und damit war bei ihm eingetreten, was Joseph Ratzinger alias Benedikt XVI. im Vorwort des Prologs, der die Kindheitsgeschichten Jesu thematisiert, als Erwartung formuliert hatte: »Ich hoffe, dass das kleine Buch trotz seiner Grenzen vielen Menschen auf ihrem Weg zu Jesus und mit Jesus helfen kann.«[197]

Ob Franz Michel Willam, Gerhard Kroll oder Joseph Ratzinger – Benedikt XVI.: Ein jeder versucht mit seinem Jesusbuch, Menschen auf ihrem Weg mit und zu Jesus zu begleiten – auf je eigene Art, mit unterschiedlichen Mitteln und Akzenten und je eigener Autorität und Expertise. Deswegen habe ich sie beispielhaft herausgehoben.

Ihre Jesusbücher erzählen auch etwas von ihrem eigenen Weg zu Jesus und mit Jesus – und wurden damit für viele Menschen (weltweit) zu einer Einladung, sich selber auf die Suche zu machen, ihrer Erfahrung mit Jesus nachzuspüren, ihre Sehnsucht nach Jesus wahrnehmen zu lernen.

Wem gehört Jesus?

Jesus »gehört« weder exklusiv den Frommen noch den Theologinnen und Theologen. Oder Archäologen. Oder Literaten. Sie alle suchen. Seit Jahrhunderten fragen Menschen: Was wissen wir von Jesus? Mit dem Zeitalter der Aufklärung setzten kritische Rückfragen ein: Stimmt, was wir über ihn lesen? Was ist historisch gesichert, was nicht? Was bleibt unklar und vielleicht für immer ungelöst? Historisch gesichertes Wissen allein stiftet jedoch nicht automatisch Begegnung und führt schon gar nicht automatisch zu einem Bekenntnis. Was Quellen zutagegefördert haben, was andere über Jesus sagen, behaupten, bekennen nimmt mir meine eigene Stellungnahme nicht ab. Auch nicht, wenn ich ein Glaubensbekenntnis spreche oder um Aussagen weiß, die auf Konzilien und Synoden errungen und definiert wurden.

Begründete Kritik setzt ein Basiswissen über Daten, Verlauf, Umstände eines Lebens voraus, das als fragwürdig bezeichnet wird. Solches Wissen vermitteln wollten seit jeher Bücher, die gleichsam »literarische Pilgerreisen« antreten lassen, wie eben bei Willam oder Kroll.

Die Faszination, die von dem Mann aus Nazareth ausgeht, hält nach zwei Jahrtausenden ungebrochen an. Bei seinen Verehrern ebenso wie bei seinen Verächtern. Selbst wer bestreitet, dass Jesus überhaupt gelebt hat, beschäftigt sich mit ihm! Andererseits ist die Sehnsucht, ihm zu begegnen, groß – und sie reicht weit tiefer, als die etablierten Kirchen sie abdecken können, die kein Monopol auf Jesus (mehr) haben. Edward Schillebeeckx meinte einmal – und ich denke, das lässt sich auch auf den kirchlichen Umgang in der Liturgie ebenso wie in der Theologie übertragen: »Jesus ist sozusagen ausschließlich Kultobjekt geworden, oft eine Art Ikone, aus der die Züge des Propheten durch Glättung entfernt sind. Das Kritische und Provozierende des prophetischen Befreiungsklangs scheint im Nebel des Weihrauchs unserer Anbetung zu verschwinden.«[198]

Wird Jesus exegetisch seziert, nur historisch(-kritisch), nur psychologisch oder nur psychotherapeutisch, nur mit Unähnlichkeitskriterien oder mittels religionswissenschaftlicher Vergleiche betrachtet, dann landet man beim jeweiligen Jesus seines Ansatzes: Man stößt dann auf einen »amerikanischen Jesus«, man landet beim »Kieler Jesus«[199]. Oder man lässt sich zum Beispiel – ungemein faszinierend – auf Wege afrikanischer Christologie ein und entdeckt dabei den »schwarzen Christus«[200]. Oder Jesus ist »der erste neue Mann«, wie der bekannte TV-Moderator Franz Alt sein vielgelesenes Jesusbuch nannte.

Wer sich mit Jesus wissenschaftlich beschäftigt, muss längst noch nicht glauben, was da in tatsächlicher oder vermeintlicher

Objektivität betrieben wird. Anderseits stößt man auf die Erfahrung, dass Jesus sozusagen mundgerecht für alle domestiziert und zurechtgestutzt wird.

Kann man Begegnung wagen und Stellung beziehen – theologisch Bekenntnis genannt –, ohne zu meinen, Objektivität schlösse persönliches Engagement aus? Theologinnen und Theologen im Wissenschaftsbetrieb scheinen sich mit diesem Engagement nicht selten schwerzutun, vielleicht mehr als einfache, »normalsterbliche« Christen, wie etwa das Beispiel des Göttinger Neutestamentlers Gerd Lüdemann († 2021) zeigt, der am Ende eines 890-Seiten-Wälzers über Jesus ein irritierendes Resümee zog über das, »was er wirklich sagte und tat«: »Als ganze Person bleibt Jesus daher ein Problem, und von einem Problem können wir nicht Antwort auf die uns bedrängenden Fragen erwarten. Ich lege ihn deshalb mit diesem Buch zu den Akten.«[201] Kann man eine Person zu den Akten legen? Jemanden, zu dem man (neben gewiss unverzichtbarer wissenschaftlicher Forschung) eine innere Beziehung entwickelt hat?

Anders gelagert, aber ähnlich ist die Problematik zum Beispiel bei Rudolf Augstein († 2002), dem Gründer des Nachrichtenmagazins »DER SPIEGEL«, auszumachen. Viele wissen nicht mehr oder können sich heutzutage überhaupt nicht vorstellen, dass er 1972 ein in der Folge heiß diskutiertes[202] Jesusbuch vorlegte, das 1999 neu aufgelegt wurde: »Jesus Menschensohn«. Die Neuauflage[203] ist für ihn »fast ein neues Buch«[204] geworden. »Kritiker meines alten Buches«, befand er über 25 Jahre nach der ersten Veröffentlichung, »haben mir vorgeworfen, ich hätte mich nicht eindeutig entschieden, ob Jesus nun existiert oder nicht.«[205] Aber er blieb dabei: »Entscheidend ist nach wie vor, der Mensch Jesus, wenn es ihn gab, hat mit der Kunstfigur des Christus nichts zu tun.«[206] Ein bemerkenswertes Fazit, das natürlich gepfefferte Kirchenkritik enthält. Solche populären Bücher waren und sind jedoch weit verbreitet und stoßen auf Resonanz! Ihr möchte ich Romano Guardini entgegenhalten: »Die Person Jesu hatte für eineinhalb Jahrtausende der abendländischen Geschichte kanonische Bedeutung schlechthin, und hat sie für einen großen Teil der Menschheit noch heute.«[207]

Natürlich begegnet Jesus nicht nur in Theologie und Kirche(n). Viel gelernt habe ich immer auch von Schriftstellern oder von Filmen, die sich an Jesus gewagt haben. Karl-Josef Kuschel ist seit seiner von Hans Küng und Walter Jens betreuten Dissertation über »Jesus in der deutschsprachigen Gegenwartsliteratur« (1978) nie vom Thema losgekommen und hat großartige, materialreiche Nachfolgewerke vorgelegt, etwa »Der andere Jesus – ein Lesebuch moderner literarischer Texte« (1983), »Im Spiegel der Dichter – Mensch, Gott und Jesus in der Literatur des 20. Jahrhunderts« (1997) oder »Jesus im Spiegel der Weltliteratur – Eine Bilanz in Texten und Einführungen« (1999). Der US-amerikanische Schriftsteller Norman Mailer, Harvard-Absolvent und mehrmaliger Pulitzer-Preisträger, veröffentlichte 1997 das Buch »The Gospel According to the Son«, das auf Deutsch unter dem Titel »Das Jesus-Evangelium« (1998) erschien. Der deutsch-amerikansche Schriftsteller Patrick Roth ist stark von der Bibel inspiriert: »Riverside« (1991), »Johnny Shines oder die Wiedererweckung der Toten« (1993) und »Corpus Christi« (1996) ergaben ungeplant eine Trilogie, die 1998 unter dem Titel »Die Christus-Trilogie« erstmals zusammengefasst publiziert wurden und 2017 als kommentierte Neuausgabe erschienen.

Jean-Luc Godards Film »Maria und Joseph« (*Je vous salue, Marie*) von 1985, der die Jungfrauengeburt paraphrasiert, war für Seminaristen in Innsbruck tabu – die bischöfliche Warnung lockte mich erst recht ins Kino. Das Oscar-nominierte Filmdrama »Jesus von Montreal« (*Jésus de Montréal*) von Denys Arcand aus dem Jahr 1989 ist eine spannende zeitgenössische Verfremdung, die nachdenklich macht. Proteste von amtlicher Kirchenseite oder Gläubigen, die ihre Gefühle verletzt sehen, zeigen, dass es eine (unbewusste?)

Vereinnahmung Jesu gibt, der eben nicht exklusiv christlichen Kirchen gehört[208].

Wer das Lehrbuch »Der historische Jesus« von Gerd Theißen und Annette Merz mit über 500 Seiten scheut, beginnt vielleicht zuerst mit Theißens Buch »Der Schatten des Galiläers – Historische Jesusforschung in erzählender Form« (⁹1990), das in vier Jahren neun Auflagen erlebte: ein Indiz dafür, dass Theologie spannend sein kann! Und findet dann Geschmack am wissenschaftlichen Werk. Wenn ein »Jesusklassiker« wie Bultmanns »Jesus« von 1926 neu aufgelegt wird[209], wer Guardinis »Der Herr« schon allein aus Respekt vor dem Autor nicht abschreibt, stößt unweigerlich auf die Frage: »Braucht die pluralistische Gesellschaft ein neues Jesusbild?«[210] Es gibt »Jesus-Mythen«[211], Sensationen und Legenden aufgreifende Sammlungen, genauso wie es »Falsches Zeugnis wider Jesus«[212] gibt: auf den Prüfstand gestellte »Jesusfälscher«. Ein Buchtitel wie »Killing Jesus«, das mit der »wahren Geschichte« Jesu aufwartet, irritiert zumindest[213].

Auch solche Bücher, Filme oder Theaterstücke sind indirekt und direkt das, was die Theologie Mystagogie nennt: Hinführung, manchmal Einführung. Sie können, mit dem Bonner Theologen Josef Wohlmuth gesprochen, zeigen, dass »Jesu Weg – Unser Weg«[214] sein (oder werden) kann.

Jesus lässt einen nicht los …

Alle Jesusbücher, die ich gelesen habe oder die ich gerne lesen wollte, sind kein Ersatz für die persönliche Begegnung – und möglicherweise mein Bekenntnis. Aber Anregungen können sie bieten, sie können locken, werben, verführen, auf den Geschmack bringen – und darum geht es doch letztlich, so unterschiedliche Konsequenzen dann daraus gezogen werden! In seinen spannenden Essays »nicht verleugnen. Die befremdende Ohnmacht Jesu« schreibt der Salzburger Theologe Hans-Joachim Sander: »Wer mit ihm vertraut werden will, stößt auf eine befremdliche Menschwerdung, die sich quer zu den bekannten Lebensprojekten legt, weil sie deren Verhältnisse von Macht und Ohnmacht überschreitet. Dieses Störpotential macht den Glauben an Jesus geradezu aus und treibt die Rede von Christus an.«[215] Jesusbücher, Jesusfilme, Jesusromane lassen einen nicht los.

Ob ich hören kann und hören will, ob ich diesen Ruf in meinem Leben wahrnehme, ob ich einen einmal gehörten Ruf ernst nehme, daraus vielleicht sogar mein Leben bestimmen lasse – dem kann und will ich als Jesuit, dessen Orden sich »Gesellschaft Jesu« nennt, nicht ausweichen. Aber an ein Ende komme ich mit diesen Fragen bis zum letzten Atemzug nicht. Ich fürchte mich eher vor denen, die stets und schnell Antworten parat haben als vor denen, die (ver-)zweifeln, die suchen – und unterwegs bleiben. Ob ich glaubwürdig von Jesus rede, predige, schreibe? Am Ende ist alle Rede von Jesus nur Annäherung.

12

Jesuslitaneien

Poesie, Lyrik, Dichtung – sind oft viel reichhaltiger und gehaltvoller als Theologie. Theologie arbeitet mit Begriffen. Poesie verwendet Bilder, Metaphern, Vergleiche.

Begriffe und Begrifflichkeiten braucht es. Wir müssen wissen, wovon wir reden, wie wir uns über Jesus von Nazareth austauschen, ihn vorstellen und anderen gegenüber ausweisen. Aber es muss Fleisch an den Knochen des Begriffs. Das Suchen nach Jesus, das Begegnen, eine Beziehung zu ihm, vielleicht sogar Freundschaft und Gefährtenschaft ist weniger eine Sache des Verstandes als des Herzens. Meine Beziehung zu Jesus muss eine Herzensangelegenheit sein! Obwohl ich Christologie, ihre Geschichte und ihre Ergebnisse in spannenden Formeln hoch interessant finde: Die Sprache von Gebeten, Litaneien oder Hymnen ist eine andere. Da wird mit Jesus gesprochen, nicht über ihn. Da wird er angerufen, angebetet, gepriesen – und nicht begrifflich seziert.

Viele Namen für den einen Namen

Der Jesuit Willi Lambert, ein ausgewiesener Experte für ignatianische Spiritualität, schreibt: »Ein Name kann ein bloßes Kennzeichen für das Einwohnermeldeamt sein oder eine Unterdatei im

Computer oder ein Name unter tausend anderen Namen. (...) Was sind die Namen, die Jesus gegeben werden? Für ein biblisches Quiz wäre dies eine gute Frage, und die Wahrscheinlichkeit, dass zu niedrig geraten würde, ist sehr groß: Weit über hundert Namen, Vergleiche und Bilder finden sich auf den doch relativ wenigen Seiten des Neuen Testaments. Eine ganze Fülle. Und jeder Name drückt etwas anderes, eine andere Beziehung, eine andere Farbe, eine andere Nuance aus.«[216]

Vielfalt bedeutet auch, dass etwas nie nur mit einem einzigen Namen oder mit einem einzigen Begriff ausgesagt und bezeichnet werden kann (und braucht). Auf Jesus bezogen und die vielen Namen, die ihm gegeben wurden und werden: »Hinter all diesen Namen stehen konkrete Begegnungen mit Jesus, Beziehungen auf Glaubensebene, Erfahrungen aus Meditationen und Gebet. (...) Hinter jedem dieser Namen, Titel und Bilder könnte man einen Zug im Antlitz Jesu erkennen bzw. eine geistliche Erfahrung.«[217]

Obwohl ich einigermaßen bibelfest bin, staunte ich, wie viele Selbstbezeichnungen, Namen und Titel Lambert allein im Neuen Testament ausgemacht hat. In dieser Fülle waren sie mir nicht bewusst. Die von ihm zusammengestellte Liste ist wahrlich beeindruckend:

»*Im Evangelium nach Matthäus:* Jesus Christus 1,1; Sohn Davids 1,1; Christus 1,6; Jesus 1,16.21; Kind 1,20; Immanuel 1,23; Fürst 2,6; Hirt Israels 2,6; Nazoräer 2,23; Herr 3,3; der kommen soll 3,11; Sohn des Vaters 3,17; Meister 8,19; Sohn Gottes 4,3; Arzt 9,12; Bräutigam 9,15; Anführer der Dämonen 9,34; Menschensohn 10,23; Beelzebul 12,24; Fresser 11,19; Säufer 11,19; Kumpan der Zöllner 11,19; Kumpan der Sünder 11,19; Tempel 12,6; Knecht 12,18; Geliebter 12,18; mehr als Jona 12,41; mehr als Salomo 12,42; Bruder 12,28; Sämann 13,3; Sohn des Zimmermanns 13,55; Prophet 13,57; Gespenst 14,26; Johannes der Täufer 16,14; Elija 16,14; Prophet 16,14; König 21,5; Stein 21,42; Eckstein 21,42; Geringster 25,25; Jesus aus Nazareth 26,71.

Bei Markus: Gottes Sohn 1,1; dieser Mensch 2,7.

Bei Lukas: Erstgeborener Sohn 2,7; Retter 2,11; Heil 2,30; Licht der Heiden 2,32; Herrlichkeit Israels 2,32; der Heilige Gottes 4,34; Du? 7,20; dieser Mann 9,9; Richter-Schlichter 12,14; Verbrecher 22,34; Galiläer 23,6; er selbst 24,36.

Johannes: Logos/Wort 1,1,M; Gott 1,1; Licht der Menschen 1,4; Fleisch 1,14; der Einzige 1,18; Lamm Gottes 1,29; Erwählter Gottes 1,34; Sohn Josefs 1,45; Sohn Gottes, König v. Israel 1,49; Jude 4,9; Ich-bin-es 6,20; Brot des Lebens 6,35; Brot vom Himmel 6,41; ein Mensch 7,46; Samariter 8,48; Sünder 9,25; Tür 10,7; guter Hirt 10,11; Besessener 10,21; Auferstehung 11,25; Leben 11,25; wahrer Weinstock 15,1; Gärtner 20,15; Herr und Gott 20,28.

Apostelgeschichte: Urheber des Lebens 3,16; der Gerechte 3,14; Knecht 4,27; Schaf 8,32; Herr aller 10,36.

Römerbrief: Erstgeborener von Brüdern 8,29; Stein des Anstoßes 9,32; Ende des Gesetzes 10,4; neues Gewand 13,14; Diener der Beschnittenen 15,8; Spross aus der Wurzel Isai 15,12.

Erster Korintherbrief: Der Gekreuzigte 1,23; Torheit 1,23; Anstoß 1,23; Gottes Kraft 1,24; Gottes Weisheit 1,24; Grund/Fundament 3,11; Paschalamm 5,7; Fels, der mitzieht 10,4; Haupt 11,3; Leib/Kirche 12,27; Erster der Entschlafenen 15,20; Erster in Erscheinung 15,23; letzter Adam 15,45; lebendig machender Geist 15,45.

Zweiter Korintherbrief: das Ja zu allem, was Gott verheißen hat 1,20; Geist 3,17; Spiegel 4,6; Sünde 5,21.

Philipperbrief: Sklave 2,7.

Kolosserbrief: Ebenbild 1,15; Erstgeborener der Toten 1,24; Kirche 1,24; Erstgeborener der Schöpfung 1,15; Hoffnung 1,27; Geheimnis 2,2; Grund/Fundament 2,7; Haupt aller Fürsten und Gewalten 2,10; die Wirklichkeit/der Leib 2,17; alles 3,11.

Erster Thessalonicherbrief: Sohn vom Himmel 1,10.

Erster Timotheusbrief: Lösegeld 2,6; Mittler 2,5; Zeugnis 2,6.

Zweiter Timotheusbrief: Richter 4,8.

Hebräerbrief: Erbe des Alls 1,2; Abglanz der Herrlichkeit 1,3; Bruder 2,11; Hohepriester 2,17; Gesandter 3,1; mehr als Mose 3,3; Priester auf ewig 5,6; Vorläufer ins Innere 6,19; wahrer Melchisedek 7,1; Bürge eines besseren Bundes 7,22; Diener des Heiligtums 8,2; Urheber des Glaubens 12,2; Vollender des Glaubens 12,2; derselbe gestern heute und in Ewigkeit 13,8.

Erster Petrusbrief: Hirt und Bischof eurer Seele 2,25.

Erster Johannesbrief: Fürsprecher 2,1; Sühne 2,2.

Offenbarung: der ist und der war und der kommt 1,4; Zeuge 1,5; Alpha und Omega 1,8; der Erste und der Letzte und der Lebendige 1,17; der Heilige, der Wahrhaftige 3,7; der den Schlüssel Davids hat 3,7; der ›Amen‹ heißt 3,14; der treue und zuverlässige Zeuge 3,14; Löwe aus Juda 5,5; Spross aus der Wurzel Davids 5,5; Wurzel und Stamm Davids 22,16; leuchtender Stern 22,16; Morgenstern 22,16.«[218]

Was für eine Liste! Welche Fülle und Vielfalt! Was bedeutet dieses *Name*- und *Titel*dropping? »Vielleicht«, resümiert Lambert, »ist es eine Hilfe für Besinnung und Gebete, einmal alle Namen Jesu mit der entsprechenden Fundstelle zu nennen. Wenn man mit den Namen spielen wollte, könnte man sie vielleicht auf 144 – als heilige Zahl – zurechtzählen und zusammenstellen. Mehr an Hilfe mag es sein, in den vielen Namen eine Jesus-Litanei zu finden. Vielleicht werden die Namen am hilfreichsten, wenn jeder als ein Zugang zu Jesus gesehen wird, den ein Mensch in seinem Begegnen, seinem Beten, seiner Betrachtung gefunden hat. – Wozu die Namen führen werden? Die Bibel sagt, dass der wahre Name Jesu nur ›vom Himmel her‹ und ›im Geist‹ gesagt und gefunden werden kann.«[219]

29 Namen …

Der mittlerweile hochbetagte Theologe, Liederschreiber und Poet Huub Oosterhuis, Niederländer des Jahrgangs 1933 – ein Ex-Jesuit, dessen literarische Produktion von Alex Stock mit den beiden Jesuiten Friedrich Spee im 16. und Gerard Manley Hopkins im 19. Jahrhundert verglichen wurde[220] – hat eine Litanei der eigenen Art zusammengestellt. Sie trägt den Titel »29 Namen für Jesus von Nazaret«: »*Nächster. Fremder. Jude. Same. / Baum an der Quelle. Bräutigam. Weg. // Erträumter Mensch. Tür offen. Eckstein. / Schlüssel. Löwe von Juda. Lamm. / Gerechter. // Hirte. Perle. Zweig. Fisch. Brot. / Wort, Weinranke, Sohn von Gott. / Knecht. // Ströme lebendigen Wassers. / Morgenstern. Anführer. // Einziger. Unsagbar Gesagter.*«[221] Das sind mehr als zwei Dutzend Anrufungen und Bezeichnungen, die ebenfalls in der Heiligen Schrift zu finden sind. Jede einzelne öffnet eine Tür, ist mit einer biblischen Geschichte oder einem Ereignis verbunden, das erzählt werden kann. Damit werden Ahnungen vermittelt, vielleicht sogar »Welten« geöffnet. Begriffe tun und können das weniger.

Alex Stock dechiffriert diese Litanei im ersten Band seiner Christologie (»Namen«), in dem er aus dem Fundus der Liturgie »eine Art Stilleben der Idee des Namens Jesu«[222] zusammengestellt hat: »Namen, einer neben dem andern, aufgereiht wie an einer Kette, die Punkte als Knoten dazwischen, ein Rosenkranz aus Namen. Die Namen klingen bekannt, aber nicht alle sind als Namen Jesu gebräuchlich. Sie entstammen dem Sprachraum der Schrift, aber nicht unbedingt aus den anerkannten Fördergebieten der Christologie. Mancher Fundstellen muss man sich erst vergewissern«[223]. Für ihn ist diese Oosterhuis-Litanei »eine Blütenlese von Namen, herausgelesen aus der Schrift. (…) Bisweilen sind es nur Ansätze, Knospen von Namen, die erst durch die Aufnahme in die Anthologie christologisch aufblühen. Es sind auch seltene, abgelegene Namen darunter, die aufgehoben und den bekannten, berühmten gleich- und an die Seite gestellt werden. Das Gedicht hält sich an keine christologische Bedeutungshierarchie und baut eine solche auch nicht auf. Die einzelnen Namen bringen aus ihren biblischen Kontexten Bedeutung mit. Aber sie lässt sich nicht als Begriff fassen. Es ist eher ein Ausklang von semantischen Konnotationen, der um so reichhaltiger wird, je mehr man in den Resonanzraum der Schrift eindringt.«[224]

Irritierend die Zahl: Warum gerade 29? Eine naheliegende Analogie nach Stock: die 99 Namen Allahs, wer sie kennt, kommt nach Mohammed ins Paradies. 99: also hundert minus eins, weil der hundertste Name als »unaussprechlich« gilt[225]. Stock vermutet, dass es Oosterhuis um »28 plus eins« geht: »Es gibt einen berühmten Text der christlichen Überlieferung, der achtundzwanzig Namen vorsieht. Das altchristliche ›Decretum Gelasianum de libris recipiendis et non recipiendis‹, das in seinem Hauptteil von kanongeschichtlicher Bedeutung ist, handelt in seinem ersten Abschnitt ›de spiritu septiformi, qui in Christo requiescit‹ und fährt im zweiten fort: ›Multiformis autem nominum Christi dispensatio‹. Die Multiformität gewinnt ihre definite Zahl durch die Multiplikation der Siebenzahl des auf Christus ruhenden Geistes mit der Vierzahl der Evangelien. Die 28 Namen sind so als die spirituelle Summe des Evangeliums zu begreifen.«[226] Folgerichtig muss Oosterhuis dann einen Namen draufsatteln: »Und er fügt einen 29. Namen hinzu: ›*Onzegbaar gezegde*‹. Es ist hier nicht das mystische Minus einer letzten Unsagbarkeit, sondern das Plus einer Reflexion auf das Nennen der Namen: Unsagbar und doch gesagt.«[227]

Jesus den Christus in Hymnen oder Antifonen besingen: Das heißt: bekennen und benennen.

Wie reden Freunde miteinander?

Manchmal frage ich bei geistlichen Gesprächen nach, wie jemand zu Jesus spricht: Wird er geduzt oder gesiezt? Mit freien Worten angesprochen oder lieber mit fertigen Gebeten angeredet? Das sagt etwas aus über eine Person und ihr Jesus- und Gottesbild! Ich bin einmal richtig erschrocken, als ein Mitbruder in einer Austauschrunde über Christusbilder meinte: Er könne Jesus nur als Herrn und Lehrer ansprechen, aber nie als Freund oder Kamerad. Das wäre ihm zu intim. Sein Vater sei Polizist gewesen, das habe ihn sehr geprägt. Wie weit weggerückt wird da Jesus?

»Freundschaft mit Jesus« lautet ein schmales, 1995 erschienenes Bändchen des Neutestamentlers Rudolf Schnackenburg († 2002) Er fragt darin: »Kann man auch Jesus zum Freund haben? Es erscheint schwierig, wenn man den Abstand über Jahrhunderte, das Fernsein von dem, der nicht mehr körperlich unter uns weilt, die Fremdheit seiner oft herben, ja harten Worte bedenkt. Menschliche Nähe setzt doch voraus, dass man die Menschen vor sich sieht, den vertrauten Klang ihrer Stimmen hört, ihre Gesichtszüge wahrnehmen kann, ihre Worte in sich eindringen lässt. Jesus ist uns unmittelbar als Mensch in leibhafter Gegenwart nicht mehr erreichbar, ist uns für unser Empfinden in die Ferne gerückt, fremd geworden.«[228]

Lohnt es denn nicht, nicht nur theologisch, akademisch, intellektuell Anschluss an ihn zu finden, sondern sein Freund oder seine Freundin zu werden, Gefährtenschaft zu erleben und Kameradschaft einzuüben – ganz abgesehen von seinem eigenen, großartigen Angebot in der zweiten Abschiedsrede des Johannesevangeliums: »Ich nenne euch nicht mehr Knechte (…). Vielmehr habe ich euch Freunde genannt« (Joh 15,15)?

Einseitig angebotene Freundschaft durch Jesus den Christus – ohne vorherige Gegenleistung! Freundschaft muss gepflegt, um Freundschaft muss manchmal auch gekämpft werden. Nähe und

Distanz (Freiraum) spielen dabei eine Rolle, Vertrautheit und Fremdheit. Freunde sind füreinander da, begleiten einander in wechselnden Lebensphasen, lassen sich gelten, wachsen aneinander, reifen miteinander. Auch das steckt im Angebot Jesu! Freunde schreiben sich Briefe (oder chatten miteinander), widmen einander Zeit, freuen sich aneinander, sie beschwören und besingen ihre Freundschaft. Lieder, Hymnen, Gedichte, Litaneien – sie entfalten dabei eine eigentümliche, ganz andere Kraft als Prosa.

In der Schule der Poesie Jesus wiederfinden

Alex Stock spricht von einer »Schule der Poesie« und zitiert in einem Artikel den französischen Lyriker und Autor Yves Bonnefoy († 2016): »Die Poesie: das Gestrüpp entfernen von dem oder jenem Wort, zu dem man, zufällig, einen Zugang gefunden hat: wie man das Wasser erklingen hört unter dem Schutt und den hohen Kräutern, man kehrt dann zurück dorthin, und legte eine Quelle frei.«[229] Das Gestrüpp entfernen – das gilt auch für einen in Begriffen gefassten Jesus. Christologie ist Theologie. Nicht die Sprache der Anrufung. Eine Jesus-, eine Namen-Jesu-Litanei bringt denselben Jesus zur Sprache, aber eben anders.

Wer ihn nicht nur als feurigen Kreuzzugsprediger gelten lassen will, weiß es zu schätzen, dass Bernhard von Clairvaux, dem die Menschwerdung Christi besonders teuer war, die Frömmigkeitsgeschichte nachhaltig geprägt hat. Patristische Listen, Abecedarien und Antifonen sind von ihm inspiriert[230]. Die Mysterien des Lebens Jesu dienen in der mittelalterlich zisterziensisch-franziskanischen Jesusfrömmigkeit oft als »Vermittlungsinstanz«[231]. Die Namen Jesu-Litanei geht in ihrem Kernbestand auf ihn zurück. Im neuen »Gotteslob« findet sich immerhin eine »Jesus-Litanei«, eine »Litanei von der Anbetung Jesu Christi« und eine »Litanei vom Leiden Jesu«, zusammen mit der traditionellen »Herz-Jesu-Litanei« (GL 561 bis 564).

Mehr als diese traditionellen Litaneien begleitet mich seit Jahren eine unter verschiedenen Titeln geläufige »Emmaus-Litanei« des bayerischen Pfarrers Paul Ringseisen, die Jesus als »Weggefährten« präsentiert und in verschiedenen Anrufungen thematisiert – zusammen mit dem wunderschönen Bild von Janet Brooks-Gerloff (Kornelimünster) eine ebenso ansprechende wie anregende Meditationsvorlage:

»Gefährte unserer Wege«: V[orbeter]: Jesus, du verborgener Weggefährte deiner Jünger, A[lle]: Geh mit uns! V: Du besorgter und verstehender Weggefährte, A: Geh mit uns! V: Du geduldiger und zielbewusster Weggefährte – Du brüderlicher und göttlicher Weggefährte – Wenn wir Gott nicht mehr verstehen und enttäuscht sind von seinen Wegen – Wenn unser Glaube erstirbt, wenn unsere Hoffnung erlischt, wenn unsere Liebe verstummt – Wenn alles ausweglos, hoffnungslos, sinnlos wird – Wenn unsere Augen nicht mehr weitersehen und unsere Füße nicht mehr weitergehen – Wenn unsere Herzen ausgebrannt und unsere Augen niedergeschlagen sind – Wenn wir aufgeben wollen, weil alles zum Davonlaufen ist ...

»Der alles mit uns teilt«: V: Du hast Platz und Zeit für unsere Not (A:) Bleibe bei uns! V: Du hörst uns an und gehst auf uns ein – Du fragst uns, was uns so traurig macht – Du hörst dir unser Enttäuschtsein an – Du hältst uns aus mit unserer Not – Du kommst herein ins Haus unseres Lebens und bleibst bei uns, wenn es Abend wird – Du teilst mit uns Ort und Zeit / Du teilst mit uns Tisch und Brot / Du teilst mit uns Schmerz und Freude – In deiner Nähe wird uns warm ums Herz – In deiner Nähe gehn uns die Augen auf – In deiner Nähe wird unsere Finsternis hell – In deiner Nähe fassen wir Mut und brechen wir auf ...

»Anführer unseres Glaubens«: V: Du Anführer, der ins Leben führt / Du Anführer deiner Kirche A: Geh uns voran! – Du Anführer un-

seres Glaubens, unserer Hoffnung und unserer Liebe – Auf dem Weg durch die Wüste(n) / Auf dem Weg in die Freiheit – Auf dem Weg durch die Enge / Auf dem Weg in die Weite – Auf dem Weg durch das Dunkel / Auf dem Weg in das Licht – Auf dem Weg durch das Leiden / Auf dem Weg in die Freude – Auf dem Weg durch das Scheitern / Auf dem Weg in die Herrlichkeit – Auf dem Weg durch unsere vielen Tode / Auf dem Weg in unsere Auferstehung – Auf dem Weg zu unseren Brüdern und Schwestern / Auf dem Weg zu deinem und unserem Vater A: Geh uns voran[232]!

Jesus: einer, der Lebenswege mitgeht, Lebenssituationen kennt und teilt; einer, der »auf Augenhöhe« begegnet, einer, der mitgeht, aber auch vorangeht: Nehmen solche Anrufungen irgendetwas von seiner Göttlichkeit, seiner herausragenden Menschlichkeit weg? Jesus wird zum Gefährten, zum Lebensmensch und Lebensfreund. Und all das, wie auch immer einzelne Anrufungen oder Zuschreibungen lauten mögen, ist nur glaubhaft und wirkt nur glaubhaft, weil dieser Jesus beides ist: wahrer Mensch und wahrer Gott. Litaneien mögen manchmal eintönig wirken, man kann abschweifen, sich in Gedanken verlieren – aber man kann die einzelnen Anrufungen, wie beim Rosenkranz, weiterspinnen, eigene Inhalte suchen und finden.

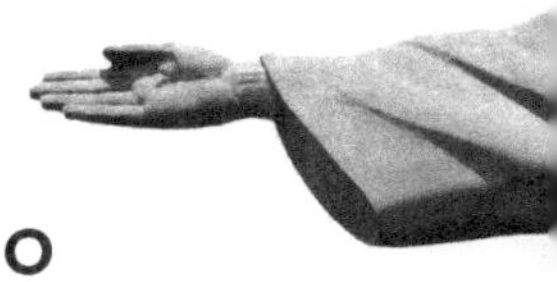

13

Ein blinder Fleck im Credo

Wer sich dafür interessiert, wofür eine Gruppe steht, was eine Institution ausmacht, erkundigt sich nach dem Leitbild oder, neudeutsch, nach dem »Mission Statement«. Die kürzeste Selbstauskunft von Christen ist das Glaubensbekenntnis. Sonntag für Sonntag wird das Glaubensbekenntnis – das kürzere, sogenannte Apostolische (vielleicht sogar auf die Apostel zurückgehende), oder das Große, sogenannte Nizäno-Konstantinopolitanische (auf den Konzilien von Nizäa im Jahr 325 und von Konstantinopel im Jahr 381 formulierte) Glaubensbekenntnis – im Gottesdienst gebetet. Gleichsam als Selbstvergewisserung: Ja, daran glaube ich, dazu stehe ich, das bekenne ich! Und wir tun es in Gemeinschaft und als Gemeinschaft: Wir glauben – ich glaube nie nur für mich allein.

Benennen und bekennen: Glaubensformeln

Der Vergleich hinkt natürlich: Aber wer die Satzungen seines Tennisclubs nicht akzeptiert, kann nicht Mitglied werden oder muss seine Mitgliedschaft überdenken. Niemand wird dazu gezwungen beizutreten, aber wer daran Interesse hat, muss Satzungen zustimmen und sich an getroffene Vereinbarungen halten. Wie ist das bei den Kirchen? Viele sind dabei und bleiben dabei, obwohl auf sie die Feststellung zutrifft, die einmal zu einer siebenteiligen Sendereihe unter dem Titel »Kleines Credo für Verunsicherte« führte, bei der unter anderem Hans Küng, Walter Kasper und Joseph Ratzinger Auslegungen der einzelnen Glaubensartikel vorlegten: »Die Sätze des Credo, des Glaubensbekenntnisses der Kirche, sind vielen Menschen nicht mehr verständlich. Sie sind erstarrte Formeln. In ihnen bündelt sich das, was Christen glauben sollen; doch diese Sätze müssen entschlüsselt, wieder neu interpretiert und auf den Menschen der Gegenwart, auf seine Fragen und Probleme angewendet werden.«[233]

Erstarrt und unzeitgemäß, wie aus der Zeit gefallen: Mit diesem Problem sind grundsätzlich alle altehrwürdigen Institutionen konfrontiert, die seit Jahrhunderten bestehen. Formulierungen tragen stets die Patina ihrer Entstehungszeit an sich. Wie sollte es anders sein? Andererseits kann nicht einfach unter den Tisch fallen, was frühere (Glaubens-)Generationen erarbeitet, manchmal sogar erkämpft haben, nur weil Verständnisvoraussetzungen und -horizonte andere geworden sind. Vor bald 30 Jahren hat Hans Küng sein Buch »Credo« veröffentlicht, Untertitel: »Das Apostolische Glaubensbekenntnis – Zeitgenossen erklärt«. Es beginnt mit dem Abschnitt »Credo – heute?« und dieser mit folgenden Bemerkungen: »Wie viele Menschen interessieren sich überhaupt noch für das traditionelle christliche Glaubensbekenntnis? Viele nennen sich religiös, doch nicht christlich, viele christlich, doch nicht kirchlich. Aber heftige Auseinandersetzungen vor allem in der katholischen Kirche um einzelne traditionelle Glaubensaussagen erregen auch über die Kirchenmauern hinaus Aufmerksamkeit und zeigen, wie wenig ›erledigt‹ die uralten Grundfragen des christlichen Glaubensbekenntnisses sind.«[234]

Formeln können erstarren oder steril werden. Das bloße Repetieren garantiert noch gar nichts – außer (formale) Zustimmung zum Wortlaut, womit sich manche freilich bereits genügen und zufriedengeben. Karl Rahner stellte vor über einem halben Jahrhundert in einem Kommentar zum Bauplan einer (kriegsbedingt Makulatur gebliebenen) neuartigen Dogmatik fest: »Das Denken früherer Geschlechter (und wäre es zu Ergebnissen in Form von konziliaren Definitionen gekommen) ist niemals ein Ruhebett für das Denken späterer Geschlechter. Definitionen sind viel weniger ein Ende als ein Anfang. Ein Hic Rhodus. Eine Öffnung. Nichts wirklich Erkämpftes geht der Kirche wieder verloren. Aber nichts erspart den Theologen die sofortige Weiterarbeit. Was nur aufgespeichert, was nur tradiert wird ohne neue, eigene Anstrengung (...), fault wie das Manna. Und je länger lebendige Tradition unterbrochen wird durch bloß mechanisches Tradieren, um so schwerer kann es werden, neu anzuknüpfen.«[235]

Das stimmt natürlich. Es geht bei einem Glaubensbekenntnis, das ja andere Inhalte benennt und zusammenfasst als irgendwelche Vereinsrichtlinien, nicht nur um einen mechanischen Vorgang, eben das Wiederholen eines Wortlautes. Ohne innere Beteiligung, ohne Überzeugung kann ein Bekenntnis keine Kraft entwickeln. Es ist und wirkt nicht glaubwürdig. Andererseits entlasten Glaubensbekenntnisse: Ich kann zurückgreifen auf bereits Formuliertes, ich muss nicht bei Adam und Eva beginnen, ich muss mir eine Formel, ein Bekenntnis allerdings aneignen, Schritt für Schritt zu eigen machen, innerlich nachvollziehen (können). Immer wieder kam es auch zu Neuformulierungen, die mehr oder weniger hilfreich waren.

Eine andere Möglichkeit, das Credo neu auf den Punkt zu bringen, sah man in der unmittelbaren Nachkonzilszeit in der Formulierung von »Kurzformeln des Glaubens« – ein Unternehmen, an dem sich auch Karl Rahner beteiligte, der dabei ganz grundsätzlich darauf hinwies: »Es gibt eine Geschichte solcher ›Kurzformeln‹, die so alt ist wie das Christentum selbst. Schon im NT ist die Formel ›Jesus ist der Messias‹ (vgl. z. B. Apg 9,22; Joh 20,31) im Milieu des alttestamentlichen Judentums für einen Juden von damals eine Forderung, die schon so gut wie alles sagte, was er wissen und bekennen musste, um ein Christ zu sein. Es war eine Formel, die ihm im Grunde unmittelbar verständlich war.«[236] 1970 legte er eine theologische, eine soziologische und eine futurologische Kurzformel vor[237].

Der Preis der Verknappung: die Ausblendung des Lebens Jesu

Ob Glaubensbekenntnis (»Apostolicum«), Kurzformel oder Katechismus: Je karger Formulierungen ausfallen, desto größer ist die Gefahr der Verkürzung – und damit der Ausblendung. Und genau das ist im Glaubensbekenntnis passiert: »Ich glaube (...) an Jesus Christus, seinen eingeborenen Sohn, unseren Herrn. Empfangen durch den heiligen Geist, geboren von der Jungfrau Maria, gelitten unter Pontius Pilatus, gekreuzigt, gestorben und begraben« (*natus – passus – crucifixus – mortuus – sepultus*). Unübersehbar: Das Leben Jesu fristet hier, ohne näher erwähnt, in extenso expliziert zu sein, eine Nischenexistenz zwischen Geburt und Tod. Es wird von diesen beiden im Grunde genommen biologischen Eckpunkten gleichsam »absorbiert«. Was zwischen den beiden Polen liegt, kommt nur summarisch zur Sprache. Das Leben Jesu und die Mysterien – dass darin etwas aufblitzt oder aufleuchtet, was auf Gott verweist (Theophanie) – sind auseinandergefallen bzw. auseinandergedriftet.

Theologiegeschichtlich führte diese Verknappung zu dem Verhängnis, das Leben Jesu einseitig entweder nur von der Geburt oder nur vom Kreuz her zu deuten, was sich in einer ausgeprägten Inkarnationstheologie (des Ostens) und in einer staurozentrischen Soteriologie (des Westens) niederschlug. Beide Sichten verkürzen das Leben Jesu – und damit Jesus – auf zwei Faktoren: Sie sehen (im ersten Modell) »mit der Menschwerdung bereits alles Wesentliche geschehen, auf dem konkreten Lebensweg Jesu entscheidet sich nichts mehr, und auch sein Tod unterstreicht nur, dass die Menschwerdung ernst gemeint war, d. h. die Erlösung unsere Sterblichkeit einschloss«[238]. Oder es wird das Leben Jesu (im zweiten Modell) »nurmehr als Weg an das Kreuz«[239] gesehen, was in weiterer Folge zur Verselbstständigung des Sühnegedankens führte.

Jesus: eine Leerstelle! Dieses Defizit machte (Theologie-)Geschichte und hatte im Übrigen auch eine Auswirkung auf die christliche Ikonografie, die Jesus überwiegend als Baby und als Leiche darstellt[240]. Die konkrete Lebensgeschichte Jesu wurde bestenfalls noch als Veranschaulichungsmaterial herangezogen – und der Frömmigkeit und ihrer Praxis zugewiesen.

Ein neuer Anlauf: Die Wiederentdeckung des Lebens Jesu bei Karl Rahner

Der Schweizer Theologe Dietrich Wiederkehr, ein Kapuziner, war an dem monumentalen mehrbändigen Gemeinschaftswerk »Mysterium Salutis« beteiligt, das zwischen 1965 und 1976 erschien und sich als »Grundriss heilsgeschichtlicher Dogmatik verstand. Die Planungen zu dem voluminösen Projekt reichen in die Vorkonzilszeit zurück. Die beiden Herausgeber – Johannes Feiner und Magnus Löhrer – nehmen ausdrücklich auf Karl Rahner Bezug.

Namentlich auf dessen 1939, kurz vor Kriegsbeginn, zusammen mit Hans Urs von Balthasar gemeinsam entwickelten »Aufriss einer Dogmatik«, den Rahner dann 1954 unter alleiniger Verantwortung veröffentlichte. Kriegsbedingt war der Plan Makulatur geblieben und wurde nie verwirklicht[241]. Rahner hatte in dieser Blaupause einer neuartigen systematischen Theologie der »Theologie des Lebens Jesu« einen eigenen Platz eingeräumt. Eine Synopse der verschiedenen Fassungen – der Urfassung von 1939/41 und des 1954 veröffentlichten Plans – zeigt deutlich, wo er später erweitert und differenziert hat[242].

Als er diesen Bauplan 1954 veröffentlichte, stellte ihm Rahner einen 20 Seiten starken Essay voran, in dem er Bilanz zog über »die katholische dogmatische Produktion der letzten Jahrzehnte«[243]. Seine Kritik ist schonungslos. »Man betrachte den Raum«, schreibt er bereits am Anfang, »der dem Traktat ›De resurrectione Christi‹ oder überhaupt ›De mysteriis vitae Christi‹ zugebilligt wird, und frage sich, ob diese Raumökonomie (die ja auch etwas über tiefere Haltungen und Perspektiven im Geist der Dogmatiker verrät) einfach selbstverständlich sei«[244]. Die kritische Rückfrage nach der »Raumökonomie« verweist auf Defizite im damals weltweit geltenden neuscholastischen Schulbetrieb: »Wo gibt es *theologische* Arbeiten über die Mysterien des Lebens Christi?«[245] »Noch mehr«, so weiter, »fehlt eine grundsätzliche Besinnung über Sein und Bedeutung der Mysterien des Lebens Christi im allgemeinen in der heutigen Theologie. Im Leben Jesu ist für die heutige Theologie nur noch interessant die Inkarnation selbst, die Gründung der Kirche, seine Lehre, das Abendmahl und der Tod. In der Apologetik wird noch die Auferstehung unter fundamental-theologischen Gesichtspunkten betrachtet. Alles andere von den Mysterien des Lebens Christi existiert nicht mehr in der Dogmatik; sondern nur noch in der Erbauungsliteratur.«[246]

Noch deutlicher wird Rahner in dem im selben Jahr zunächst in einem dreibändigen, von den beiden Jesuiten Alois Grillmeier und Heinrich Bacht herausgegebenen Sammelwerk »Das Konzil von Chalkedon« unter dem Titel »Chalkedon – Ende oder Anfang?« veröffentlichten Artikel, der sich im selben Jahr (unter verändertem, neutraleren Titel: »Probleme der Christologie von heute«) auch im ersten Band seiner »Schriften zur Theologie« wiederfindet, wo der Dogmatikentwurf und der dazugehörige Essay abgedruckt war. Auch dort bewertet er den Forschungsstand in puncto Mysterien des Lebens Jesu äußerst negativ: »Die Mysterien Christi (…) werden nur zu leicht missverstanden als bloße Illustrationen und Exempel, als ›Fälle‹, in denen allgemeine moralische Gesetze, die auch unabhängig vom Leben Christi einsichtig sind, beispielhaft befolgt werden. Statt einer echten Theologie der Mysterien des Lebens Christi hat sich die (in sich natürlich nicht unberechtigte) Theologie abstrakter Vorzüge Christi in den Vordergrund geschoben, die dasjenige (an Wissen, wie *visio* zur Zeit des irdischen Lebens, eingegossenes Wissen, und so weiter) hervorhebt, was ihn von uns unterscheidet, und solche Dinge nicht gerade immer mit durchaus einleuchtenden Gründen postuliert«[247].

Auf dem Hintergrund dieses Defizits skizziert er ein Programm: »Für eine wahre Theologie des menschlichen Lebens Jesu (nicht bloß: eine Theologie des Außergewöhnlichen des Lebens Jesu) muss der rechte Blick erst wieder geübt werden, damit er nicht (›abstrahierend‹) gerade das übersieht, was man real nicht vom Menschlichen Jesu scheiden kann: dass nämlich dieses Menschliche nicht menschlich ist (und als solches weltlich uninteressant) ›und dazu‹ noch Gottes ist (und in dieser Hinsicht allein wichtig ist, welche Eigentümlichkeit aber immer nur das Menschliche überschwebt und von außen einfasst), sondern dass das gewöhnliche Menschliche dieses Lebens die Ek-sistenz Gottes im obigen vorsichtig erreichten Sinn, menschliche Wirklichkeit *und so* Gottes ist und umgekehrt.«[248]

Etwas später, in der Festschrift für seinen Mitbruder Josef Andreas Jungmann († 1975) bedauert er 1959 erneut: »Die moderne Schultheologie hat sich im Unterschied von Thomas und z. B. (für die nachtridentische Zeit) Suárez, ohne viel Bekümmertheit darüber zu empfinden, daran gewöhnt, die einzelnen Mysterien des Lebens Christi überhaupt (von Inkarnation und Kreuzestod abgesehen) aus dem Traktat der Christologie stillschweigend auszuklammern und sie der Exegese und frommen Betrachtung allein zu überlassen«[249]. Er spürt dort »den tieferen Gründen« dafür nach und benennt als »letzte Wurzel dieser allgemeinen Erscheinung« die Tatsache, »dass die abendländische Theologie die *Erlösung* und die *Heilsdeutung* Christi (...) in einer *rein juristisch gedachten Satisfaktionstheorie* interpretierte«[250]. Die unmittelbare Konsequenz dieser Entwicklung: »Kein Wunder, dass die abendländische Frömmigkeit, wenn sie natürlich doch von Christus nicht lassen und mit dem irdischen Leben Jesu allein kein Auslangen finden konnte, sich auf die Gegenwart Jesu im Sakrament konzentrierte. Hier war er ihr dann nahe.«[251]

Die Proportionen und zugewiesenen Plätze (*loci*) des Rahnerplans von 1939/54 zeigen Perspektiven und Optionen des Dogmatikers auf. Jesus – die Mysterien des Lebens Jesu bzw. eine Theologie des Lebens Jesu – sind für ihn kein willkürliches und damit ersetzbares oder austauschbares Thema innerhalb der Christologie. Sie sind dieser vorgelagert, weil sie einen Zugang zum Glauben an Jesus den Christus ermöglichen.

Wider die Jesusvergessenheit

Die rationalistische Vorgehensweise der klassischen Theologie ist von dem Ideal einer möglichst lückenlosen Erklärung bestimmt. Sie vollzieht sich im Wesentlichen in Begriffsbestimmungen und begrifflichen Unterscheidungen. Der Modernismus hatte demgegenüber die Erfahrung ins Spiel zu bringen gesucht, jedoch so, dass er sich dadurch lehramtlicher Kritik aussetzte. Die Kenntnis der Mysterien des Lebens Jesu wurde aus der religiösen Sozialisation einfach vorausgesetzt – man hat sie nicht einfach übersehen, hielt sie aber aus verschiedenen Gründen keiner eigentlich theologischen Behandlung für wert. Zwar wurde das Kirchenjahr strukturiert und insofern bestimmten Mysterien des Lebens Jesu die Liturgie. Doch war auch die Liturgie lange Zeit theologisch weder geklärt noch bedacht. Die Voraussetzung erwies sich als problematisch. Sie wirkt selbst im Weltkatechismus (von 1993) nach, der ganz in diese Haltung zurückfällt und die Mysterien lediglich als Veranschaulichungsmaterial heranzieht und der Katechese zur Übersetzung nicht näher benannter theologischer Inhalte zuweist (vgl. KKK 512 bis 570).

Christlicher Glaube bezieht sich auf Jesus als den Christus. Glaubensbekenntnisse sind notwendigerweise hymnisch, doxologisch oder sonst wie knapp gefasste Bekenntnisse. Das Apostolische Glaubensbekenntnis, trinitarisch angelegt, bekennt Jesus als den Geborenen, den Leidenden und Auferstandenen. Dazwischen liegt – das Leben Jesu. Verknappungen begünstigen eine gewisse Jesusvergessenheit.

Zweiter Anlauf: Jesus und seine Mysterien in dem internationalen Teamwork »Mysterium Salutis«

Karl Rahners Vision von 1939 wirkte weiter. Sie wurde – wie bereits angezeigt – wieder aufgegriffen in dem Lexikon »Mysterium Salutis«, international abgekürzt mit »MySal«, wegen seines voluminösen Umfangs im Theologenkauderwelsch auch »Mühsal« genannt.

Im Ergänzungs- bzw. Bilanzband von 1981, der Arbeitshilfen, ein detailliertes Inhaltsverzeichnis der einzelnen Bände, ein Sachregister und Weiterführungen enthält, kommt die Werkgenese eingehend zur Sprache. Es zeigt sich, dass – bei allen Unterschiedlichkeiten in den Schwerpunkten – Rahners Skizze eine nicht unerhebliche Wirkungsgeschichte vorzuweisen hat.

Der zweite Halbband des dritten Bandes (1969) beschäftigt sich mit dem Christusereignis. Kapitel acht ist mit »Die Mysterien des

Lebens Jesu« überschrieben. Es präsentiert sich in drei Beiträgen: »Geschichtlicher Überblick über die Mysterien des Lebens Jesu im allgemeinen« von Alois Grillmeier, »Die Mysterien der Vorgeschichte« von Raphael Schulte und »Die Mysterien des öffentlichen Lebens und Wirkens Jesu« von Christian Schütz. Im ungezeichneten redaktionellen Vorspann zum Kapitel heißt es, Intention einer heilsgeschichtlich orientierten Dogmatik müsse die notwendige Konkretisierung des Christustraktates sein: eben in der Thematisierung der Mysterien des Lebens Jesu sein. In einer Anmerkung wird dazu festgestellt: »Damit ist natürlich gerade nicht gesagt, es gälte hier ausschließlich das Menschliche in der Existenz Jesu des Christus zu betrachten. Das liefe ja schließlich wiederum auf die längst als gescheitert und auch als undurchführbar erkannten Versuche hinaus, eine (rein menschliche) Biographie Jesu zu schreiben. Es geht also um das eigentliche und volle Heilsmysterium ›Jesus Christus‹, d. h. um das Mysterium Gottes in seinem Logos und Sohn, insofern dieses irdisch-menschliche Geschichte ausmacht. Die Geschichte Jesu Christi wird daher in seinen ›Einzelmysterien‹ theologisch zu erfassen sein gerade als die des inkarnierten Gotteslogos.«[252]

Mit Berufung auf Karl Rahner unterstreicht Alois Grillmeier: »Mit Recht wurde in der neueren Zeit die Wiederaufnahme eines Topos der theologischen Systematik der früheren Zeit gefordert, der Einbau nämlich der ›Mysterien Christi‹, d. h. einer konkreten Christologie in den mehr und mehr abstrakt gewordenen christologischen Traktat.«[253] Es geht dabei freilich nicht um »Repristination«, sondern um die »Neu-Aneignung des einmal Besessenen«[254]. Damit deutet der Frankfurter Dogmengeschichtler für seinen Überblick bereits an, dass der Topos einmal eine andere Rolle spielte als die aktuelle, die mit einem stiefmütterlichen Dahinvegetieren zu charakterisieren sei.

Namen (in Auswahl), die dabei fallen, klingen wie das *Who is who* einer 2000-jährigen Theologiegeschichte, die auf der Suche nach

Jesus unterwegs ist: Melito von Sardes, Klemens von Alexandrien, Origenes, für die systematische Einbettung in Traktate Petrus Lombardus, Thomas von Aquin und Francisco Suárez, die zisterziensische Tradition mit Bernhardin von Siena, Wilhelm von Saint-Thierry, die franziskanische Bewegung um Bonaventura, die »einen neuen Frühling der Jesusfrömmigkeit«[255] bewirkte, die Devotio moderna um Gert Groote und Thomas von Kempen, in deren Gefolge Ludolf von Sachsen und Garcia Jiménez de Cisneros, die beide auf Ignatius von Loyola einwirkten. Den Schlussstein dieser Tradition bildet Pierre de Bérulle mit seinem 1601 verfassten »Discours de l'état et de grandeur de Jésus«. Danach verebbte das Interesse. Erst im 20. Jahrhundert kam es zu neuen Entwicklungen im Umfeld der Liturgischen Bewegung und einer Erneuerung der Theologie aus dem Geist der Patristik, die hinter die steril gewordene Neuscholastik zurückging und fruchtbare Quellen aus dem ersten Jahrtausend und der Zeit vor dem Trienter Konzil wieder aufgriff und damit das Zweite Vatikanische Konzil inhaltlich vorausnahm. Zu ihren Proponenten gehörten die Jesuiten Henri de Lubac, Jean Daniélou und die Brüder Rahner sowie Hans Urs von Balthasar und der Dominikaner Yves Congar.

Im Ergänzungsband von 1981 muss Dietrich Wiederkehr für die *Mysterien des Lebens Jesu* eingestehen, dass entgegen der ursprünglichen Absicht in der Ausführung wieder nur herausragende, nicht aber gewöhnliche Stationen des Lebens Jesu zum Zug gekommen sind. Die Ausführung blieb also hinter den Zielen zurück, sodass es auch bei diesem Opus magnum bei der von Grillmeier befürchteten bloßen Repristination der Mysterien des Lebens Jesu geblieben ist.

In seiner Bilanz betont Wiederkehr zunächst die Verschränkung von Soteriologie und Christologie. Für beide sei es eine »Bereicherung«, dass das Lexikon »die vorher ausgefallene Lebensgeschichte Jesu zwischen Menschwerdung und Kreuz/Auferstehung wieder einzubringen suchte«[256]. Er bemängelt gleichzeitig: »Immer noch sind die ausgezeichneten und spektakulären Stationen ausgewählt, nicht aber die ›gewöhnlichen‹ Wegerfahrungen, Begegnungen und Taten Jesu; überhaupt ist mit der Ausfüllung von Lücken nicht schon die punktuelle Lokalisierung von Heilsereignissen und ›Mysterien‹ des Lebens Jesu überwunden. (…) Die beiden Endpole haben auf diesem Weg eine absorbierende Wirkung ausgeübt: Entweder war die Lebensgeschichte Jesu nur noch die Ausführung und Ausfaltung des grundlegenden Heilsereignisses der Menschwerdung, oder dann wurde sie ausschließlich auf das Ende und vom Ende her als Weg zum Kreuz bestimmt.«[257]

Eine selektive Lektüre der Evangelien führt zur Entwertung der einzelnen Lebensereignisse Jesu – und zur Entwertung Jesu selbst! Man sieht: Die Theologie arbeitet sich an Jesus nach wie vor ab, auch Jahrzehnte nach dem Scheitern des neuzeitlichen Projektes der Leben-Jesu-Forschung. Seit dem Tod Jesu ist die Frage: Was bedeutet diese Lebensgeschichte – für mich persönlich, für Theologie und Kirche?

Die Aporien sind unübersehbar: Das Leben Jesu bleibt die Blackbox für Erlösungs- und Satisfaktionstheorien. Die Heilsbedeutsamkeit der Lebensereignisse bleibt funktionalisiert, indem ihnen Heil gleichsam zugewiesen wird, anstatt danach zu fragen, ob deren gleich-gültige Bedeutung nicht Chancen für einen Zugang zum Glauben birgt. Rein juristische Satisfaktionstheorien gebrauchen das Leben Jesu lediglich als »Anlassfall« und begnügen sich mit der Tatsache seiner irdischen Existenz, die zum »Träger« von Genugtuung (degradiert) wird.

Das Leben Jesu: effizienter als die Lehre

Wer Jesus sucht, wer ihn finden und wer ihm begegnen will, betreibt keinen Totenkult. Wir suchen in der Geschichte, wenn wir zurückblicken, aber nicht wie »Archivare«, die »im Staub des Gewesenen« herumwühlen, um ein Wort von Fridolin Stier aufzugreifen. Solch düsterem Eindruck ist am Ende dieses Kapitels noch ein Kontrapunkt entgegenzusetzen: eine Erinnerung an Erasmus von Rotterdam († 1536). Er war ein intellektuelles Schwergewicht, der einem Martin Luther parieren konnte. Dabei war Erasmus, was nicht so bekannt ist, durchaus kirchenkritisch. Katholik geblieben, fand er (eine kleine ökumenische Sensation) im Basler (reformierten) Münster seine letzte Ruhestätte.

Im Jahr 1518 erschien erstmals seine mehrfach aufgelegte, vom Geist der Devotio moderna geprägte Schrift »Ratio seu methodus compendio perveniendi veram theologiam«. Sie wird oft unter dem Kurztitel »Ratio verae theologiae« zitiert. Es geht um Fragen des Bibeltextes und der Bibelinterpretation. Streng genommen entwickelt Erasmus in seiner theologischen Methodenlehre eine Art Hermeneutik, indem er – in der Tradition von »De doctrina christiana« des Augustinus stehend – Regeln für eine richtige Bibelauslegung aufzustellen sucht. Darin findet sich ein unscheinbarer, auf Jesus bezogener Satz: »Quamquam nulla doctrina efficacior quam ipsius vita.«[258]

Ins Deutsche übersetzt: »Keine Lehre jedoch ist wirkungsmächtiger als sein Leben.« Alles steht und fällt für den polyglotten Humanisten also mit Jesus, dessen Einfachheit er in scharfem Kontrast zum Pomp und Prunk der römisch-katholischen Kirche seiner Zeit und ihren theologischen Systemgebäuden sah. Seine Erinnerung an das Leben Jesu ist eine Antwort darauf: Keine Lehre, kein Dogma ist wirkungsmächtiger und effizienter, richtet mehr aus, beeindruckt mehr als das Leben Jesu!

Walter Jens († 2013), neben dessen Grab in Tübingen im April 2021 sein Freund Hans Küng beigesetzt wurde, führt dieses Kennwort (ohne es genauer zu belegen) in verschiedenen Zusammenhängen an: »Dieser Satz, bezogen auf die Realität seiner Zeit, hat für Erasmus den Charakter eines *Credos*.«[259] Frei übersetzt ergibt sich als einprägsames Kennwort: »Kein Dogma ist wirkungsmächtiger als Jesu Leben.« Jesus und sein Leben: effizienter, wirkmächtiger, wirkungsmächtiger, eindringlicher als jedes Dogma, jeder Lehrsatz, jede noch so interessante Christologie. Dieser fast 500 Jahre alte Hinweis ist ein Fingerzeig!

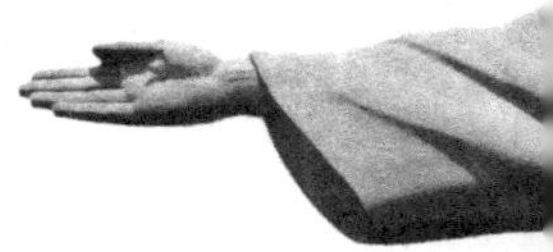

14

Jesustitel – Hoheitstitel

Fridolin Stier fragte (in einem Eintrag vom 14. November 1970): »Was bliebe von Jesus ›übrig‹, wenn kein Mensch, geschweige eine Gemeinde je gesagt, geglaubt und sich dazu bekannt hätte, dass er der Messias, der Christus ist? Und wenn auch die anderen christologischen Titel nie aufgekommen wären, die, selbst schon ›Auslegungen‹, wiederum Gegenstand von Auslegungen geworden sind, allesamt Antworten auf die Frage, Jesu eigene Frage von Caesarea Philippi und die Frage der Leute: ›Wer ist dieser?‹ Seine Wirklichkeit, die von diesen Titeln, ›Etiketten‹, eher verdeckt als enthüllt wird. Denn dem auf diese Hoheitstitel gehefteten Blick entzieht sich allzu leicht der konkrete Lebendige (…) – all dieses Konkrete und Unmittelbare seines in Wort und Tat, in Tatworten und Worttaten präsenten Seins tritt zurück, wenn ich mein Interesse vor allem auf die Deutung nicht eindeutiger Titulaturen, d. h. zeitgenössischer Interpretationen der Wirklichkeit Jesu konzentriere.«[260]

Titel wurden Jesus zu Lebzeiten einige, nach Tod und Auferstehung viele zugesprochen. Manchmal verschwindet und verschwand er dahinter als Mensch. In einem späteren Eintrag schreibt Stier: »Jesus: Herr Christus! Im Anfang waren wir identisch, d. h. nur ich war, und ›Christus‹ ein *Titel*, ein ›Hoheitstitel‹, den mir meine Urgläubigen verliehen haben. Und so verblieben wir lange, auch nach der Auferweckung noch, d. h. ich mit mir selber identisch. Die mir angeglaubten Titel störten mich nicht sehr, solange ich mehr Jesus als Messias war. (…) Aber der Streit um die Legitimität des Titels hatte doch zur Folge, dass meine Worte und Taten als Beweismittel herangezogen wurden, d. h. ich wurde sozusagen in den Zeugenstand versetzt, um in eigener Sache auszusagen«[261].

Ja, manchmal scheint es, als müsse Jesus »in eigener Sache aussagen«! Sich ausweisen, sich legitimieren, sich verteidigen – gegen ihm Zugesprochenes, Zugedachtes und Zugemutetes. Wie es ihm wohl geht, wenn zu ihm gebetet wird? Wie es ihm geht, wenn Vorlesungen über ihn gehalten werden, in denen er sein *personal profile* zu hören bekommt? Ob er Bücher über sich – Christologie – liest? Wie es ihm wohl geht, wenn er sich auf Hoheitstitel und Hoheitsprädikate reduziert sieht, um deren Wortlaut auf Punkt und Komma oft vehement gestritten wurde?

Der kategorisierte Jesus

Ob Jesus der endzeitliche Elias oder einer der Propheten sei, beschäftigte bereits die Zeitgenossen Jesu. Für Petrus war Jesus der »Messias« und »der Sohn des lebendigen Gottes« – für einen Juden gar kein so leicht über die Zunge gehendes Bekenntnis.

Genau unterscheiden muss man natürlich zwischen Selbstbezeichnungen Jesu (»Menschensohn«, »Sohn«, »Sohn Gottes«, »Ich bin«-Worte) und Titeln, die Jesus zu Lebzeiten zugesprochen wurden und Titeln bzw. Prädikaten, die im Laufe der Geschichte dazukamen. Letztlich, um zu klären, wie das zu verstehen sei: dass da einer gleichzeitig »wahrer Mensch und wahrer Gott« sei, »eines Wesens mit dem Vater« – bis dahin unvorstellbar. Kombinationen und Konstruktionen, die mythologischen Missverständnissen und Vorstellungen ausgesetzt waren, die manchmal (im Extremfall) als Häresien verworfen wurden. Konzilien reagierten und korrigierten: das, was im Umlauf war, was behauptet oder bestritten wurde.

Messias, Menschen-, Davids- oder Gottessohn, Hohepriester, Kyrios, Heiland (Soter), Logos, Prophet: Der Titel sind viele. Sie alle wollen Jesus auf die Spur kommen, auf die eine oder andere Weise, ergründen, verstehen und verstehen helfen. Es steckt viel Hirn und Herz in entsprechenden Studien.

Je älter ich werde, umso deutlicher wird mir der Sinn und die Notwendigkeit von Bildungskarenzen (auch in meinem Orden) bewusst, will man nicht nur Altes mehr oder weniger originell neu aufwärmen – unter Absehung durch Unkenntnis neuerer Entwicklungen und Studien. Ein Provinzial meinte einmal über mich: »Andreas weiß alles über Karl Rahner.« Ich erwiderte – und beleidigte ihn damit unbewusst: »Severin, ich weiß viel über einiges bei Karl Rahner.« Selbst wer wissenschaftlicher Leiter des Karl-Rahner-Archivs war, ist kein Thesaurus und kann beliebig Stichwörter ausspucken wie ein Computer. Je mehr einer weiß, desto mehr wird ihm (meistens) bewusst, was er alles nicht weiss!

Jesus sagen und Gott meinen

Man kann es nicht oft genug wiederholen: Unterscheiden und so explizit wie möglich differenzieren tut not – auch bei Jesus, erst Recht bei der Christologie. Diese muss unterscheiden *der Zeit nach* zwischen vor- und nachösterlicher Christologie; *der Form nach* zwischen indirekter und direkter bzw. impliziter und expliziter Christologie; *der Herkunft nach* zwischen alttestamentlich-jüdischer und hellenistischer Christologie; *der Verbindlichkeit nach* zwischen dogmatischer und spekulativer Christologie; *der Methode nach* zwischen »Christologie von oben« (»Deszendenz-Christologie«) und einer »Christologie von unten« (»Aszendenz-Christologie«)[262] – mit der

Ergänzung von Eugen Biser, der eine »Christologie von innen« angeboten hat.

Aber wenngleich man sich um diese Unterscheidungen auch bemüht: Letztlich lässt einen die Frage nie los, wie einer beides zugleich sein kann: Mensch und Gott. Von Anfang an, vor seiner Geburt bereits (fachtheologisch »Präexistenz« genannt), und in alle Ewigkeit. Ohne daraus einen Mythos zu machen.

Ich erinnere – für mich ist es die knappste Form einer dichten Aussage – an einen schon einmal erwähnten Satz in einer Predigt Karl Rahners von 1949: »In und an Jesus wissen wir, was wir an Gott haben. Anders nicht.«[263]

15 Christologische Grunddaten

In der Apostelgeschichte werden die Jünger »Anhänger des neuen Weges (ὁδός)« genannt: »(Saulus) ging zum Hohepriester und erbat sich von ihm Briefe an die Synagogen in Damaskus, um die Anhänger des Weges Jesu, Männer und Frauen, die er dort finde, zu fesseln und nach Jerusalem zu bringen.« (Apg 9,1-2)[264] Es kann nicht oft genug gesagt werden: Die ersten Christen – Juden, die sich auf Jesus einließen, erst dann Heiden – wurden mit einem »Weg« identifiziert, nicht mit einer Lehre oder einem Lehrsystem.

Rechenschaft ablegen über Jesus den Christus

Die Frage, wer Jesus ist, muss sich aber ausweisen können, gemäß dem ersten Petrusbrief: »Seid stets bereit, jedem Rede und Antwort zu stehen (ἀπολογία), der von euch Rechenschaft fordert über die Hoffnung, die euch erfüllt« (1 Petr 3,15). Rede und Antwort stehen, also »Apologie«, »Verteidigung«: Es brauchte sie, weil der Christusglaube, also der Glaube der Jünger, der Frauen um Jesus und der jungen Christengemeinden, immer wieder angefragt und beeinsprucht wurde. Leidenschaftliche Debatten führten im Lauf der Geschichte wiederholt zu heftigen Streitigkeiten, zu Irrlehren und zu Trennungen (Schismen).

Die Apostelgeschichte ist auch eine Schilderung der verschiedenen Suchbewegungen in der nachösterlichen Jüngergemeinde von Jerusalem – und des wachsenden Selbstbewusstseins derer, die sich zunächst ängstlich versteckten, weil Jesus am Kreuz zu Tode gebracht worden und damit nicht klar war, wie und ob es weitergeht. Mehrere Jünger und Frauen bezeugten ihn aber wiederholt als den auferstandenen Christus. Und trotz allerhand Drohungen und Einschüchterungen von außen standen sie immer angstloser hin: Dieser Rabbi aus Nazareth, Jesus, der »Nazoräer« (Apg 2,22; 3,5) ist der Christus, der Messias – für gläubige Juden, erst recht für das hierarchische Establishment, eine ungeheure Provokation! Petrus besteht in seiner Pfingstpredigt darauf: »Israeliten, hört diese Worte: Jesus, den Nazoräer, einen Mann, den Gott vor euch beglaubigt hat durch Machttaten, Wunder und Zeichen, die er durch ihn in eurer Mitte getan hat, wie ihr selbst wisst – ihn, der nach Gottes beschlossenem Willen und Vorauswissen hingegeben wurde, habt ihr durch die Hand von Gesetzlosen ans Kreuz geschlagen und umgebracht. Gott aber hat ihn von den Wehen des Todes befreit und auferweckt; denn es war unmöglich, dass er vom Tod festgehalten wurde.« (Apg 2, 22–24)

Auch vor dem aus Ältesten, Schriftgelehrten und dem Hohepriester Kajaphas bestehenden Hohen Rat – vor den sie aufgebrachte Priester, Sadduzäer und der Tempelhauptmann gezerrt hatten (vgl. Apg 4,1) – steht Petrus hin, zusammen mit Johannes. Nach ihrer Legitimität gefragt (»Mit welcher Kraft oder in wessen Namen habt ihr das getan?«: Apg 4,7), antwortet er: »Wenn wir heute wegen einer guten Tat an einem kranken Menschen darüber vernommen werden, durch wen er geheilt worden ist, so sollt ihr alle und das ganze Volk wissen: im Namen Jesu Christi, des Nazoräers, den ihr gekreuzigt habt und den Gott von den Toten auferweckt hat. (...) Dieser Jesus ist der Stein, der von euch Bauleuten verworfen wurde, der aber zum Eckstein geworden ist. Und in keinem anderen ist das Heil zu finden. Denn es ist uns Menschen kein anderer Name unter dem Himmel gegeben, durch den wir gerettet werden sollen.« (Apg 4, 9-12)

Ein dichtes Bekenntnis – und implizite Christologie! »Wir können«, bekräftigt Petrus vor den verunsicherten jüdischen Autoritäten, »unmöglich schweigen über das, was wir gesehen und gehört haben.« (Apg 4,20)

Von der Begegnung zum Bekenntnis

Indirekte, implizite Christologie muss explizit werden: in Begriffe und Begrifflichkeiten übergeführt werden. Christologie ist die Lehre bzw. die Wissenschaft von Christus, also von Jesus, der als Christus und als Messias (Gesalbter) Gottes bezeugt wird. Dieses Buch bietet keine Christologie. Christologien, gelehrte Abhandlungen, gibt es wie Sand am Meer. Wer Jesus sucht, wer meint, ihn gefunden zu haben, wer ihm begegnet ist oder begegnen will – kommt nicht daran vorbei. Dann nicht, wenn Begegnung zu einem Bekenntnis führt. Auch das ist ein Weg, den Christen je für sich gehen müssen, den sich keiner sparen kann. Aber bereits erfolgte christologische Klärungen können dabei helfen, weil sie Auseinandersetzungen, Beeinspruchungen, Rückfragen ins Wort gebracht und entschieden haben. Ich will hier nur einige christologische Grunddaten in Erinnerung rufen.

Der Reflexion geht die Erfahrung voraus. Der Christologie das Nachdenken über Jesus, dem ich mich meistens längst zugewendet habe, bevor ich später darüber reflektiere. Diese Zuwendung erfolgt längst im Beten und Meditieren – bevor hohe Theologie auf den Plan tritt.

Jesus der Christus – Herr ist Jesus

Das kürzeste Bekenntnis – und bereits eine christologische Kurzformel – ist das Jesusgebet. Sein Wortlaut ist variabel. Die knappste Form lautet: »Jesus Christus«. Vielfach wird dieses Bekenntnis als solches gar nicht bewusst wahrgenommen, weil man »Jesus Christus« so selbstverständlich sagt, wie sich jemand mit Vor- und Zunamen vorstellt (»Ich heiße Max Müller«). »Christus« ist aber eben kein Familienname, sondern eine Funktionsbezeichnung. Und damit ein Bekenntnis. »Jesus« hießen viele zur Zeit Jesu. Aber dass Jesus von Nazareth als Christus bezeugt wurde, dass in ihm Menschen den verheißenen Messias erkannt haben – das war und das ist ein Bekenntnis: Jesus (ist) der Christus!

Manche verbinden das Jesusgebet mit einer Atemübung: Einatmen bei »Jesus«, um seine Menschlichkeit in sich aufzunehmen; ausatmen bei »Christus«, um alles, was Theologie ist, gleichsam wegzuatmen. Manche wiederum praktizieren genau das Gegenteil: Ausatmen bei »Jesus«; einatmen – und damit in sich aufnehmen – bei »Christus«. Eine längere Form: »Jesus Christus, erbarme dich meiner«, »Jesus Christus, Sohn Gottes, erbarme dich meiner« oder »Jesus, Sohn Davids, erbarme dich meiner«. Durch ständiges Wiederholen – das Wort »meditatio« geht auf »ruminatio« (Wiederkäuen) zurück – nehme ich einen Inhalt in mich auf, »inhaliere«, verinnerliche ich ihn: Jesus der Christus wird gleichsam zum Atem des Lebens. So wie Huub Oosterhuis es in dem bekannten Lied »Ich steh vor dir mit leeren Händen Herr« (*Ik staa vor U*) ausgedrückt hat, das ins katholische »Gotteslob« (Nr. 623) und ins »Evangelische Gesangbuch« (Nr. 382) Eingang gefunden hat und nach Protesten auch im neuen »Gotteslob« von 2013 wiederzufinden ist (GL 422). Lothar Zenetti hat seinerzeit so übersetzt: »Sei du mein täglich Brot, so wahr du lebst, du bist mein Atem, wenn ich zu dir bete.« Alex Stock legt eine alternative Übersetzung vor, die den Akzent verschiebt: »Sei heute du mein Brot, so wahr du lebst – Du bist doch selbst die Seele meines Betens.«[265] Atem meines Lebens – Seele meines Betens: Jesus der Christus! Für dieses Jesusgebet braucht es kein Gebetsbuch, ich kann es im Gehen, im Liegen, im Sitzen beten, als Stoßgebet, als Stoßseufzer, unterwegs oder auf dem Meditationskissen. Ganz sicher wurde es gebetet von Menschen, die im Gefängnis saßen und gar keine andere Möglichkeit zu beten hatten als diese.

Ein anderes, sehr kurzes Bekenntnis findet sich im Römerbrief. »Herr ist Jesus« (*Dominus Iesus*): »Denn wenn du mit dem Mund bekennst: Herr ist Jesus (κύριος Ἰησοῦς) – und in deinem Herzen glaubst: Gott hat ihn von den Toten auferweckt, so wirst du gerettet werden.« (Röm 10,9) »Herr« (Kyrios, Dominus) als Apposition wird dabei als substantives Attribut verstanden.

Bezeichnenderweise trägt eines der umstrittensten Dokumente der neueren Kirchengeschichte diesen Titel: die Erklärung »Dominus Iesus – Über die Einzigartigkeit und die Heilsuniversalität Jesu Christi und der Kirche«[266] der vatikanischen Kongregation für die Glaubenslehre von 2000. »Dominus Iesus«, Jesus der Herr – löste einen ökumenischen Flächenbrand aus. Hans Küng fragte frech: »Hätte unser Dominus Jesus wirklich so eine Erklärung abgeben können?«[267] Und er schloss seine kurze Stellungnahme in einem Sammelband, der »Dokumente, Hintergründe, Standpunkte und Folgerungen« (Untertitel) zwischen zwei Buchdeckel spannte, mit dem Hinweis auf Dostojewskij: »Der Dominus Jesus selber hätte wohl wie bei Dostojewski gegenüber dem Großinquisitor geschwiegen und diesen nur still auf die Lippen geküsst. Denn gegen alle Beschwörung des Großinquisitors, ›nie wieder, nie wieder‹ zu kommen, kommt er, unser Herr, immer und immer wieder, und hält seine Kirche, seine Kirchen, durch seinen Geist am Leben.«[268] Und der, Jesus, ist eben nicht »katholisch« oder »evangelisch«. Er ist »einer«.

Ich erinnere an dieses vatikanische Papier deswegen, weil es neue Verletzungen und schwerwiegende Irritationen auslöste unter Christen, die sich, egal welcher Konfession, alle auf Jesus den Christus berufen. Der Titel »Dominus Iesus« gewann eine neue, jedoch traurige Aktualität.

Konzilien klären – und scheiden aus

Vorösterliche Ansatzpunkte der Christologie, der österliche Christusglaube, Titel und Vorstellungen neutestamentlicher Christologie bilden die Basis und den Ausgangspunkt für spätere lehramtliche Festlegungen, die notwendig wurden durch Irrlehren und Polemiken, Verzerrungen und unwahre Behauptungen. Die ersten Jahrhunderte schlugen sich mit dem gnostischen Doketismus und dem gnostischen Dualismus herum – Ignatius von Antiochien, Irenäus von Lyon, Athanasius waren um Klärungen bemüht, um einige Namen herauszufischen. Adoptianismus und Arianismus (Subordinatianismus), Apollinarismus und Nestorianismus sowie der Monophysitismus waren weitere Irrlehren. Die Grenzen zwischen »wahrer Lehre« und »Irrlehre« verliefen fließend, Freunde und Weggefährten gerieten aneinander.

Was bestritten oder abgeschwächt wurde (das Menschsein Jesu, die Göttlichkeit Jesu) führte zu tiefgreifenden Auseinandersetzungen, vielfältigen Lösungsversuchen, gescheiterten Brückenschlägen, Verfolgungen und Verurteilungen. Die Geschichte der christologischen Bekenntnisbildung gleicht einem Krimi, sie hat mich immer gefesselt und tut es immer noch – nur waren »Gewinner« und »Verlierer« real, nicht fiktiv, und oft kam es zu menschlichen Tragödien.

Die schon auf Paulus zurückgehende Internationalisierung des Christentums erzwang neue Verständnishorizonte und führte zu

Identitätsproblemen und -konflikten, die sich, trotz der Klärungen auf den genannten Konzilien, ins Mittelalter fortsetzten. Sie spielten sich auf dem Boden christologischer Dogmen ab. »Für das Mittelalter kennzeichnend (wenn auch oft übersehen) ist ein Rekurs auf Jesus jenseits der christologischen Formeln« [269], so Karl-Heinz Ohlig. Jesusmystik und Jesusnachfolge traten an die Stelle der tradierten christologischen Raster und Modelle, aber nicht, um diese außer Kraft zu setzen. Aber die mystische Tradition des Abendlandes führte zu einer neuen Jesusmystik und -frömmigkeit, die auf eine Unmittelbarkeit zu Jesus dem Christus abzielte. Die Sehnsucht nach den Orten Jesu – sie zu sehen und dort zu leben – erfasste die Menschen und war die Begründung für Kreuzzüge, um das Heilige Land quasi zu sichern. In der Neuzeit kam die Rechtfertigungschristologie dazu, im 19. Jahrhundert setzte eine intensive Leben-Jesu-Forschung ein.

Wieder und wieder arbeiteten sich Menschen – Päpste und Patriarchen, Bischöfe und Theologen – an Jesus dem Christus ab, alte Fragen und Fragestellungen kamen in neuem Gewand daher. Und Jesus von Nazareth, würde jetzt Fridolin Stier vielleicht sagen, geriet dabei unter die Räder. Er wurde in Formeln und Dogmen verpackt.

Christologie bringt auf den Punkt – und blendet aus

Christologie sticht Biografie: Auf diese Formel könnte man die Gefahr von dogmatischen bzw. begrifflichen Festlegungen bringen. Zwar bringt ein Dogma auf den Punkt, legt fest und schliesst damit anderes aus, verwirft und bestimmt. Aber das bedeutet immer auch Verlust: »In dem Schatten, den die Zwei-Naturen-Lehre über das Ensemble der vielen biblischen Namen wirft« – um ein Beispiel zu nennen – »zeichnet sich jedoch schon eine Entwicklung ab, die dazu führt die christologische Arbeit ganz auf jenen Doppelnamen ›Gottmensch‹ zu konzentrieren und die bunte Fülle der Frömmigkeit, Liturgie und Predigt, Kunst und Literatur zu überlassen.«[270] Dort, in Vollzügen also, »vegetiert« Jesus der Christus dahin, dort – in Liturgie, persönlichen Frömmigkeitsvollzügen, Kunst und Literatur – sind ihm gleichsam »Reservate« zugewiesen.

Um eine andere, in jüngerer Zeit durch eine Intervention des ehemaligen Papstes Benedikt XVI. wieder aufgeflammte Debatte zu erwähnen: Die Beschneidung Jesu war zwar auch für christliche Theologie wichtig, als jüdisches Identitätszeichen wurde sie aber gleichsam christologisch verschluckt oder überdeckt: »Der rituelle Anlass, dass die frommen Eltern mit dem Kind nach den Vorschriften des jüdischen Gesetzes verfahren und es alsbald nach seiner Geburt den ›character indelebilis‹ eines jüdischen Jungen eingeprägt bekommt, wird christologisch überblendet. Im Horizont des christologischen Dogmas und seiner soteriologischen Explikation erscheint wichtig, dass er wahrer Mensch, nicht, dass er wirklicher Jude ist; dass er sein Blut für uns zu vergießen beginnt, und wahrer Gott ist.«[271] Das führt zu einer Amputation der Identität Jesu als Jude.

Ein weiteres, letztes Beispiel: Die Klärungen auf dem Konzil von Chalkedon bedeuten keine Einheit »in einem hybriden Gemisch, sondern ›asynchytōs‹ und ›atreptōs‹, d. h. unvermischt und ohne Verlust des eigenen Inhalts und der eigenen Bedeutung, und zugleich ›adiairetōs‹ und ›achoristōs‹, d. h. unlöslich einer.«[272] Das muss man aber erst erklären (können). Sonst wird Jesus zum mythenbehafteten Zwitterwesen gemacht. Oder er verkommt zu einer christologischen »Chiffre«. Theologische Denkwege, mühsames Fragen und Ringen darf und kann nicht abgekürzt werden (»Wer Jesus war und ist bestimme ich«). Wir können die Bemühungen früherer Glaubensgenerationen nicht einfach für obsolet erklären. Aber immer muss bewusst sein, dass das, was auf den

Punkt gebracht wird, auch immer in Gefahr ist auszublenden. Deswegen hat Karl Rahner vor dem »Ruhebett« konziliarer Formulierungen gewarnt.

Den »reinen« Jesus von Nazareth gibt es nicht – für keinen Nachgeborenen. Aber dieser Jesus – das ist die andere Gefahr – kann in der Christologie, in der Rede über ihn, auch verlorengehen. Wer Jesus sucht, wer ihn findet, wer ihm begegnet, steht über kurz oder lang auch vor der Frage, ob er sich zu ihm bekennen will.

Das ist der Wechsel von der Frage »Was sucht ihr«? am Beginn des Johannesevangeliums (Joh 1,35) zur Frage im Garten Gethsemane bei der Verhaftung Jesu: »Wen sucht ihr?« (Joh 18,4) und weiter zur Frage des auferstandenen Jesus vor dem leeren Grab an Maria von Magdala: »Wen suchst du?« (Joh 20,15) Christliche Existenz, mein Leben als Jesuit spielt sich immer wieder innerhalb dieses biblischen Koordinatenfeldes ab. Ob einmal gegebene und gefundene Antworten tragen, Bestand haben, dauerhaft überzeugen – das ist die Frage. An ein Ende kommt man damit nie. Aber es braucht Orte und Zeiten der Vergewisserung.

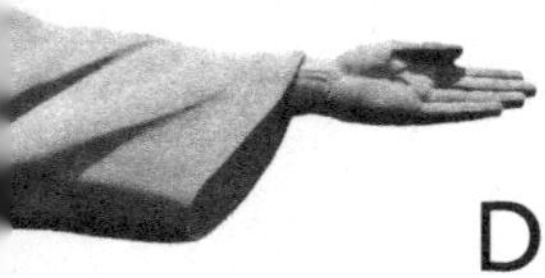

16

Der glaubende Jesus und der geglaubte Christus

Die beiden Tagebuchbände »Vielleicht ist irgendwo Tag« (1981) und »An der Wurzel der Berge« (1984 posthum erschienen) des Tübinger Alttestamentlers und Orientalisten Fridolin Stier († 1981) haben auf mich als Seminarist und Theologiestudent einen großen und nachhaltigen Eindruck gemacht. Er dauert bis heute an. Immer wieder lese ich in den beiden Bänden oder schlage bestimmte Stellen nach. Die Geschichte »Das Wort Gottes kommt in die Stadt«[273] habe ich oft bei Einkehrtagen und sogar einmal bei einer Vorlesung in Bamberg verwendet.

Es sind sprachsensible Aufzeichnungen voll existenziellen Ringens, oft einer qualvollen Auseinandersetzung – jenseits festgespurter Bahnen. In seinem Eintrag vom 11. Oktober 1973 kommt Stier auf Reinhold Schneider zu sprechen, der nach einer großen Lebenskrise 1938/39 »wieder glaubend« geworden ist und dessen Schriften ihn beeindruckten, weil »alles so frisch, so ›unabgeglaubt‹«[274] wirke. Ich war Novize und brauchte deswegen die Erlaubnis des Novizenmeisters, als ich im Herbst 1985 in Innsbruck einen Vortrag von Albert Görres († 1996) hörte, der dabei den ersten Stier-Band geradezu hymnisch als das »wichtigste Buch Nachkriegsdeutschlands« bezeichnete.

Dieses Adjektiv, einer von zahllosen Stier-Neologismen, blieb bei mir hängen: »unabgeglaubt«! Noch viel mehr aber – und dieser Eintrag vom 11. Dezember 1972 wirkt seither wie ein Ohrwurm in mir nach – das einprägsame Motto: »Lassen wir den geglaubten Christus für ein Weilchen stehen, um uns mit dem glaubenden Jesus zusammenzutun.«

Der historische Jesus und der geglaubte Christus

Denn hinter dem eingängigen Motto steckt ein handfestes Problem: Der »historische Jesus« wird vom »Christus des Glaubens« oder »geglaubten Christus« gleichsam verschluckt. Tendenziell. Anders gesagt: Theologie sticht Biografie! Man muss beide – den irdischen (historischen) Jesus und den geglaubten (geschichtlichen, biblischen oder kerygmatischen) Christus – voneinander unterscheiden. Trennen darf man sie nicht voneinander. Denn bevor Jesus als »geglaubter Christus« ins Glaubensgut von Theologie und Kirche(n), ins Kerygma, einging, war er ein realer Mensch, eben Jesus von Nazareth, und nicht nur der abstrakte »Träger« von christologischen Titeln, die es auch ohne seine konkrete Lebensgeschichte gäbe. Das Menschsein Jesu löst sich gerade nicht auf in seinem Gottsein, ist aber immer in Gefahr, darin aufzugehen – eine Tendenz, die durch die paulinische Kyrios-Christologie gefördert wird. Und in ihrem Fahrwasser von jeglicher Christologie.

Der erhöhte und verklärte Christus hatte eine ganz und gar irdische Geschichte und einen individuellen Lebensweg, zu dem seine Leidensgeschichte gehörte. Dass der auferstandene Herr Wundmale trägt, die er herzeigt und berühren lässt, verweist auf die Identität des aus dem Grab Geholten, der wirklich gelitten hat, gefoltert und gekreuzigt wurde und der am Kreuz starb mit dem Wanderprediger aus Nazareth.

Jesus war nach Ausweis des Hymnus im Brief an die Gemeinde in Philippi nicht nur »Gott gleich (μορφή)« (Phil 2,6), sondern auch »den Menschen gleich: Sein Leben war das eines Menschen« (Phil 2,7). Jesus, der Mensch: Er lebte, er liebte, er fühlte – obwohl Gott – wie ein Mensch, er wuchs heran, er lernte, er erlebte Freude und Leid, Hoffnung und Trauer, Leid und Schmerz. Er war »aus demselben Holz geschnitzt« wie jeder Mensch, das besagt das griechische Wort Morphē. Nichts Menschliches war Jesus fremd: »in allem uns gleich (καθ' ὁμοιότης) außer der Sünde« (Hebr 4,15) – und trotzdem kein Durchschnittsmensch.

Spürt man das – noch – beim »Christus des Glaubens«? Ahnt man es? Oder ist er eine theologische Figur oder Konstruktion geworden: mit Titeln versehen, mit christologischen Formeln bedacht, in gewisser Weise gleichsam entmenschlicht? »Mensch Jesus«: ein Stoßseufzer besorgter Eltern? Oder ein biologisches Faktum?

Fridolin Stier listet in dem Zusammenhang in einem Eintrag vom 25. Oktober 1969 eine Reihe von ganz konkreten Fragen auf: »Immer wieder die Frage: Haben die christologischen Bekenntnissätze, die Dogmen, die sagen, definieren, bestimmen, was Jesus ist, als solche die Kraft, die Begegnung mit Jesus zu vermitteln? Führen diese Sätze den, der sie glaubend annimmt und bekennt, zu Jesus, zur Erkenntnis Jesu? Oder kommt Jesus durch diese Sätze, diese Begriffe dazu, den Menschen zu ergreifen? Drängt sich hier die intellektuelle Aktivität des Menschen in der Bestimmung des metaphysischen Wesens Jesu nicht so beherrschend vor, dass die Aktivität des lebendigen Jesus von der christologischen Ikone verdeckt wird?«[275]

Der ausgesperrte Jesus: mundtot gemacht?

Jesus von Nazareth darf genau nicht auf eine christologische Ikone reduziert werden! Aber wer nicht zur Zeit Jesu lebte und von ihm hörte oder ihm leibhaftig begegnet ist, wer kein Zeitgenosse Jesu war, ist immer auf Berichte Dritter angewiesen. Eine Biografie Jesu gibt es nicht und kann es, wie die Leben-Jesu-Forschung ergab, nicht geben. Die Evangelien bieten ein (nachträgliches) Glaubenszeugnis in Form einer Jesuserzählung. Im Vorwort seines ersten Bandes über Jesus hält Joseph Ratzinger / Benedikt XVI. gleichwohl mit seiner Überzeugung nicht hinter dem Berg. Er betrachtet den »Jesus der Evangelien als den wirklichen Jesus«[276]: »Ich denke, dass gerade dieser Jesus – der der Evangelien – eine historisch sinnvolle und stimmige Figur ist.«[277]

»Tendenz der Jesus-Tradition« nennt Stier seinen Eintrag vom 10. Juni 1970, in dem er das Dilemma beschreibt: »Das Neue, das in Jesus erschien, in die Sprache der Gesprochenheiten zurückzunehmen. Das Neue ist, um sich zur Sprache zu bringen, auf das Leihhaus überlieferter Vorstellungen und Interpretationsmuster angewiesen. So kann es zu einer Differenz zwischen den Titeln (Messias) und Namen und der Wirklichkeit Jesu kommen, wenn diese ein Mehr und ein anderes enthält, einen ›Überschuss‹, der sich dem in der Welt der vorgegebenen Sprachen lebenden Bewusstsein nicht erschließt«[278].

Einen möglichen Weg, um von dem mit Titeln und Prädikaten belegten Christus zum – nennen wir ihn einmal so – authentischen Jesus zurückzufinden, skizzierte Stier am 3. Juni 1969: »Versuchen: Nicht als Jude noch als Grieche zu fragen, wer/was Jesus sei, sondern ›praechristologisch‹ ›nur‹ Jesus vor Augen und Ohren, seinem Wort ausgesetzt, seines Verhaltens (Jesus und die Sünder) gewahr, dessen innezuwerden, was in ihm, aus ihm, durch ihn, um ihn waltet, wirkt, machtet … Jesus ante portas theologiae begegnen.«[279]

Ein späterer, vom 17. November 1971 datierender Eintrag kommt zu der Feststellung: »Im Glauben seiner Gläubigen scheint er zu leben, und ist doch in ihn (den Glauben seiner Gläubigen) hineingestorben.«[280] Unter die Haut gehen auch über mehrere Seiten hinweg formulierte bedrängende (undatierte) »*Fragen an Jesus von Nazaret*«[281]. Sie münden in einen längeren Dialog: »*Jesus von Nazaret vor dem Bild des Christus*«[282]: »Dich, den Christus, den Erhöhten, verehren sie, hörst du? Tu solus dominus, tu solus altissimus … Oh! Die Weihrauchschwaden, die mich, den Christus, umwallen, benehmen mir den Atem, von den Laudationen, die mich umrauschen, dröhnt mir der Kopf. Der Jesus in mir schreit auf: Hört mich doch an! Wichtiger als alles, was ihr über mich, von mir und zu mir sagt, ist, was *ich* euch zu sagen habe.«[283]

Stier nimmt hier gleichsam die Perspektive Jesu ein und klagt – und mit diesem literarischen Mittel bringt er Gefahren und Versuchungen ins Wort, der alles wissenschaftliche, kirchliche und liturgische Reden über und mit Jesus unterliegt, wenn es nicht deutlich macht, dass alle Christologie bestenfalls asymptotisch an Jesus heranreicht: »Ich habe die Umkehr, das Umdenken gewollt, den neuen Menschen, die neue Gemeinde – ihr aber habt mich in euer altes Denken umgedacht, ihr habt mich zum Träger, zum Stifter einer Institution gemacht, die das Werk des alten, mit der Welt fraternisierenden Menschen ist – so habt ihr mich ausgesperrt und mundtot gemacht. Mit eurem kerygmatischen, dogmatischen und kultischen Christus habt ihr euch meiner, des Jesus, entledigt.«[284]

Man mag sich an einzelnen Formulierungen stoßen. Aber sie bringen sehr gut auf den Punkt, dass Jesus hier fiktiv »gegen Lehren und Institutionen (protestiert)«, dass er damit »seine Ursprünglichkeit gegen das Image (reklamiert), gegen die Publicity, in der er sich selbst nicht mehr zu erkennen vermag«[285] – letztlich ein einziges Plädoyer gegen die »Zerspaltung der Ganzheit Jesu«[286], gegen »die Moralisierung und Spiritualisierung Jesu, die schon im Neuen Testament ansetzt«, gegen »die metaphysisch-begriffliche Verwahrheitlichung oder die dogmatische Inkarzerierung« und gegen Jesu »sakramentale Kanalisierung«[287].

Jesus – zur Konserve verarbeitet

Kritisch-resigniert wirkt jener Jesus, der vor dem übermächtigen Christus steht, wenn ihn Stier sagen lässt: »Und was ich heute noch will, nicht Diskussionen um meine Person, ich will der Palästinenser Jesus bleiben, fort und fort *kommen*, als der ich gekommen bin. Als *Jesus* will ich auf der Erde, bei den Menschen bleiben, mich nicht als Christus in den Himmel verabschieden lassen, als himmlischer Thronsitzer, weitab von der Welt«[288].

Das ist genau das eingangs erwähnte Dilemma zwischen dem glaubenden, denkenden, fühlenden Jesus und dem in Kirche und Theologie geglaubten Christus, der oft wie ein Forschungsprojekt behandelt wird. Von dort ist es nicht weit zur Forschungsleiche: »Jesus sträubt sich gegen seine Verarbeitung zur Konserve durch seine Konservatoren.«[289]

Theologie: eine Restauratorentätigkeit? Theologinnen und Theologen, die als »Archivare« erscheinen oder dazu mutieren, die »Akten des Vergangenen (bearbeiten), Aktenwürmer, im Staub des Gewesenen wühlend, die sich mit Problemen der Baugeschichte herumplagen«[290]? Bin ich so? Ist meine Suche nach Jesus, mein Meditieren nichts anderes? Dass einer, der wie Stier geradezu rücksichtslos (sich) nach dem irdischen Jesus zurückfragt und -schreibt, mag verunsichern, vielleicht auch wütend machen, weil manche Fragen dazu angetan sein können, religiöse Gefühle zu verletzen. Ich vermute allerdings, dass es sich dann eher um lieb gewonnene »Bilder« von Jesus handelt, Abziehbilder, die, wenn sie infrage gestellt werden, heftig verteidigt werden.

Jesus vor dem Großinquisitor

Theologie (und besonders Christologie) können im wahrsten Sinn des Wortes verführerisch sein: zu meinen, sie könnten auf jeden Fall mit dem wirklichen Jesus zusammenbringen. Es sind manchmal literarische Verfremdungen, die mit ihren Zuspitzungen verdeutlichen, was das konkret heißen könnte.

Fjodor M. Dostojewskijs Parabel »Der Großinquisitor« ist vielleicht das berühmteste literarische Beispiel dafür. Das auch separat veröffentlichte fünfte Kapitel seines letzten Romans »Die Brüder Karamasow« nennt sich im Untertitel »Eine Phantasie«. Iwan Karamasow erzählt darin seinem Bruder Aljoscha im Restaurant eine Geschichte, die sich in seinem Kopf anbahnt: die Wiederkehr Jesu im Sevilla des 16. Jahrhunderts, wo die spanische Inquisition tobt. Die Legende ist Iwans Reaktion auf Aljoschas Hinweis, Jesus habe durch seinen Tod am Kreuz alle Schuld der Welt gesühnt.

»In seiner unermesslichen Barmherzigkeit wandelt er noch einmal unter den Menschen in eben jener Menschengestalt, in der Er fünfzehn Jahrhunderte vorher dreiunddreißig Jahre lang unter ihnen geweilt hat. (…) Er erscheint still und unauffällig, und siehe da, es begibt sich etwas Seltsames: alle erkennen Ihn«[291]: Damit ist nicht nur das Volk gemeint, sondern auch der greise Kardinal-Großinquisitor, der Jesus einkerkern lässt und ihm in einem endlosen Monolog darlegt, warum er kein Recht habe, durch sein erneutes Erscheinen auf Erden die Kirche zu stören: »Ich weiß recht wohl, was Du sagen willst. Aber Du hast auch gar kein Recht, dem, was Du früher gesagt hast, etwas hinzuzufügen. Warum bist Du denn hergekommen, uns zu stören? Denn uns zu stören bist du gekommen«[292]. Anstelle von Freude also nur Vorwürfe, Jesus kommt nicht nur zur Unzeit, er hätte gar nicht wiederkommen sollen: »Warum bist Du denn jetzt gekommen, uns zu stören? Und warum siehst Du mich schweigend und durchdringend an mit Deinen sanften

Augen? Werde doch zornig! Ich will Deine Liebe nicht, weil auch ich selbst Dich nicht liebe.«[293]

Jesus – eine Störung! Der Großinquisitor kündigt an, dass er Jesus am nächsten Tag auf dem Scheiterhaufen verbrennen wird. Der erregte Aljoscha beeinsprucht diese Lösung, die allein schlechten Seiten des Christentums – darunter Jesuiten und Inquisitoren – zu verdanken sei[294]. »Dein Inquisitor«, hält er dem Bruder entgegen, den er einen Freimaurer nennt, »glaubt nicht an Gott, das ist sein ganzes Geheimnis.«[295] Und wie endet die Erzählung? »Ich wollte sie so enden lassen: nachdem der Inquisitor aufgehört hat zu reden, wartet er einige Zeit auf eine Antwort des Gefangenen. Dessen Schweigen wird ihm peinlich. Er hat gesehen, wie der Gefangene ihm die ganze Zeit über zugehört, ihm still und durchdringend in die Augen gesehen und offenbar nicht beabsichtigt hat, etwas zu erwidern. Der Greis möchte, dass Er etwas zu ihm sage, sei es auch etwas Bitteres, Furchtbares. Aber Er nähert sich plötzlich schweigend dem Greise und küsst ihn still auf die blutlosen neunzigjährigen Lippen. Das ist seine ganze Antwort. Der Greis fährt zusammen. Es zuckt etwas in seinen Mundwinkeln; er geht zur Tür, öffnet sie und sagt zu Ihm: ›Geh weg und komm nicht mehr wieder … komm überhaupt nicht mehr wieder … niemals, niemals!‹«[296]

Auch wer nicht bibelfest oder kein Literaturwissenschaftler ist, wird zwischen dem Kuss Jesu bei Dostojewskij und dem Kuss des Judas in der Passionsgeschichte eine Verbindung herstellen können: Jesus wird erneut verraten, ausgerechnet vom obersten Glaubenshüter der Kirche!

So unterschiedliche Denker und Dichter wie Friedrich Nietzsche, Sigmund Freud, Max Weber, Albert Einstein, Martin Heidegger oder Albert Camus haben sich mit dem Roman auseinandergesetzt, in unseren Tagen Peter Sloterdijk. Romano Guardini widmete der Parabel seinerzeit ein ganzes, sehr differenziertes Kapitel in seinem Werk »Der Mensch und der Glaube. Versuche über die religiöse Existenz in Dostojewskijs großen Romanen«[297] von 1932.

Im Dogma gestorben? Und ich – wenn Jesus mit mir spräche?

Fridolin Stiers Fantasie: »(Jesus) ist auch nach Rom gekommen, woselbst ihm zwar höflich, mit der Zeit aber immer unverblümter klargemacht wurde, dass er gut daran täte, sich auf seinen Platz ad dexteram Patris zurückzuziehen und sich nicht in die Geschäftsführung seines tüchtigen Statthalters einzumischen, zumal dieser auch gar nicht gesonnen sei, sich in die Ausübung der ›Gewalten‹ und Rechte, die er ihm ja selbst expressis verbis übertragen habe, hinreden zu lassen. Und so geschah's: sedet ad dexteram Patris, von Weihrauchwolken umwallt, von Hymnen umrauscht: Tu solus Dominus, tu solus altissimus – miserere nobis! Aber hört er es noch – das miserere? Hört er den Aufschrei des Statthalters, dem die Geschäfte über den Kopf gewachsen sind – Pauls VI. vielleicht echtestes Gebet: ›O Cristo, dove sei – O Christus, wo bist du in dieser verdorbenen und verworrenen Welt?‹«[298] In dem Abschnitt »Jesus von Nazaret vor dem Bild des Christus« wird er noch deutlicher und tauscht die Figur, die Dostojewskijs Großinquisitor war, gegen den Papst aus: »[Jesus:] ›Den Papst hör' ich jammern über die erkaltende Liebe der Kinder zur Kirche, über den Schwund des Gehorsams gegenüber der Autorität des magisteriums, der Treue zum Hl. Vater – aber selten hör' ich meinen Namen, und wenn er von mir redet, hör' ich Phrasen, Schablonen, Klischees, Formeln … ›Simon, liebst du mich?‹ Dreimal! ›Mich!‹ hörst du? Nicht das Papsttum, nicht Deinen Primat, nicht das Amt, nicht deine ›Kirche‹! und noch mal nicht usw.! Simon!‹«[299] Ein harter Satz folgt: »Jesus ist nicht nur am Kreuz, er ist auch, zum zweitenmal, im christologischen Dogma gestorben.«[300]

Das Gedankenexperiment lohnt: Wie würde ich reagieren, wenn Jesus leibhaftig vor mir stünde? Wenn er von einem Kreuz herunterkletterte – ich stelle mir ganz lebendig den prachtvollen Giambologna-Corpus von St. Michael in München vor – und mich fragte: Andreas, glaubst du mir? Wenn er also zu mir, gar mit mir spräche? Oder wenn er mir schweigend zuhörte? Welche Züge eines »Richters« oder eines »Inquisitors« stelle ich an mir selber fest, wenn mein »Bild« von Jesus infrage gestellt oder angezweifelt wird? So fürchterlich sich Dostojewskijs Großinquisitor fühlt: Ich würde Jesus, wenn er vor mir stünde, um den Hals fallen und in Tränen ausbrechen!

17

Christentum ist gleich Jesus Christus

Viele Menschen denken, wenn von Christentum die Rede ist, sofort an Kirche. Und verbinden damit Vorschriften, Dogmen, Moral. Das gehört natürlich auch dazu. Aber Theologen wie Romano Guardini oder Karl Rahner haben eindringlich darauf hingewiesen, dass es zuallererst und zuletzt um eine Person geht – und gehen muss: Jesus den Christus. Er gerät nicht selten aus dem Blick.

Christentum als Neuheitserlebnis

Aus dem kirchlichen oder theologischen Blickwinkel ist Christentum dann vielleicht intellektuell interessant oder faszinierend oder aber abstoßend, je nachdem. »Christentum als Neuheitserlebnis« (Karl Prümm): Das ist gewiss ein Faktor. Aber das kann auch eine verengte intellektuelle Perspektive bleiben.

In seinem viel beachteten Interviewbuch »Salz der Erde« zum Beispiel, das im Erscheinungsjahr 1996 fünf Auflagen erlebte und inzwischen in neunzehn fremdsprachigen Ausgaben vorliegt, ging der damalige Kurienkardinal Joseph Ratzinger auch auf das Bild von Kirche als »sehr altes und inzwischen sklerotisches System«[301]

ein. Er warb damals, wie auch später als Papst, immer wieder, dafür, »Neugierde nach dem Christentum« zu wecken: »Neugierde auf den Reichtum zu schaffen, der sich hier verbirgt, und diesen Reichtum nicht als Last von Systemen anzusehen, sondern als einen Lebensschatz, den kennenzulernen sich lohnt.«[302]

Dieser Lebensschatz, der entdeckt, gehoben und genutzt werden muss, besteht für Ratzinger in der Person Jesu. Auf die Frage von Peter Seewald, ob man die Menschen nicht vielmehr »wieder mit Jesus bekannt machen« müsste, sagte Ratzinger: »Das ist offenkundig. Wir haben mittlerweile so viel an Wissen, so viel an Erleben und finden auf der anderen Seite den Glauben so ausgebaut und übersystematisiert, dass sich der Zugang nicht mehr so leicht öffnet.«[303] Der allerdings kann am besten über die Person Jesu erfolgen: »Ganz schlicht könnte diese Entdeckung zunächst einmal in einer Begegnung mit Christus liegen, die aber nicht eine Begegnung mit einem historischen Helden ist, sondern mit Gott, der ein Mensch ist.«[304]

Im Nachfolgeband »Gott und die Welt«, der auf Gesprächen in der Abtei Montecassino im Februar 2000 beruht (davon gibt es dreizehn fremdsprachige Ausgaben), präzisiert Ratzinger: »Ich glaube, das Wesentliche ist, dass man im allmählichen Eindringen und Mitleben des Lebens Christi überhaupt erst den Lebensstoff und die Lebensgrundlage hat, in der einem das Verstehen Gottes zuteilwerden kann.«[305] Dass mit Gott zu tun bekommt, wer sich auf Jesus einlässt, auf sein Leben, sein Wirken, seine Gesinnung, liegt für Ratzinger auf der Hand. Und in dieser Begegnung geht dem Menschen etwas auf, direkt oder indirekt.

Dietrich Bonhoeffer, der einen Monat vor Kriegsende am 8. April 1945 im KZ Flossenbürg umgebracht wurde, umschrieb dies in einem Brief an Eberhard Bethge vom 21. August 1944 aus der Militärabteilung des Gefängnisses Berlin-Tegel so: »Alles, was wir mit Recht von Gott erwarten, erbitten dürfen, ist in Jesus Christus zu finden. Was ein Gott, so wie wir ihn uns denken, alles tun müsste und könnte, damit hat der Gott Jesu Christi nichts zu tun. Wir müssen uns immer wieder sehr lange und sehr ruhig in das Leben, Sprechen, Handeln, Leiden und Sterben Jesu versenken, um zu erkennen, was Gott verheißt und was er erfüllt. Gewiss ist, dass wir immer in der Nähe und unter der Gegenwart Gottes leben dürfen und dass dieses Leben für uns ein ganz neues Leben ist; dass es für uns nichts Unmögliches mehr gibt, weil es für Gott nichts Unmögliches gibt; dass keine irdische Macht uns anrühren kann ohne Gottes Willen, und dass Gefahr und Not uns nur näher zu Gott treiben; gewiss ist, dass wir nichts zu beanspruchen haben und doch alles erbitten dürfen; gewiss ist, dass im Leiden unsere Freude, im Sterben unser Leben verborgen ist; gewiss ist, dass wir in dem allem in einer Gemeinschaft stehen, die uns trägt. Zu all dem hat Gott in Jesus Ja und Amen gesagt. (…) In Wahrheit ist es doch so: Wenn die Erde gewürdigt wurde, den Menschen Jesus Christus zu tragen, wenn ein Mensch wie Jesus gelebt hat, dann und nur dann hat es für uns Menschen einen Sinn zu leben. Hätte Jesus nicht gelebt, dann wäre unser Leben trotz aller anderen Menschen, die wir kennen, verehren und lieben, sinnlos.«[306]

Ein lebenslanger Prozess ist das! Und bleibt es, denn er ist nie endgültig abgeschlossen. Immer wieder können neue Erkenntnisse aufblitzen, kann längst gewonnene Erkenntnis sich neu zeigen, kann bisher Unentdecktes auftauchen – wenn man sich nur einlässt. Exerzitien sind eine besonders dichte Zeit im Sinne produktiver Regression. Aber es gibt auch andere Auszeiten, in denen Vertiefung Verdichtung verheißt (nicht: garantiert): »Wir müssen uns immer wieder sehr lange und sehr ruhig in das Leben, Sprechen, Handeln, Leiden und Sterben Jesu versenken …«

Das Christentum: nicht eine Summe von Lehren und Gesetzen, von Dogmen und Vorschriften

Es ist eine schlichte, fast schon banal wirkende Tatsache, auf die Karl Rahner vor fast 85 Jahren in einem Vortrag (1937) im Wiener Logos-Verein, einem Akademikerzirkel, aufmerksam machte: »Im Christentum, das heißt in Jesus Christus, hat der lebendige, persönliche Gott den Menschen angeredet.«[307] Man könnte kommentieren: Das ist eine Selbstverständlichkeit. Aber ein kritischer Zeitgenosse könnte eine Gegenfrage stellen: Sieht man Christen an, spürt man bei Christen, dass Gott sie »angesprochen« hat in Jesus von Nazareth? Es heißt bei Rahner an derselben Stelle weiter: »Damit ist eine erschreckende Tatsache in das Leben des Menschen getreten, die jeden Versuch einer in sich geschlossenen, innerweltlichen Harmonie der menschlichen Existenz in Gott hinein verunmöglicht.«[308]

Ein Kriterium christlicher Existenz besteht zweifellos darin, dass wir von diesem »Erschrecken« Zeugnis geben (lernen). Mich hat einmal beeindruckt, in einer Predigt die Frage zu hören, warum zum Beispiel die Mormonen mit ihrem Soziusprinzip genau das tun, katholischen Christen jedoch öffentliche »Werbung« für Jesus meistens peinlich ist und deshalb tunlichst vermieden wird. »Menschwerdung Gottes« ist keine leere Vokabel oder eine theologische Phrase. Jesus ist die inkarnierte Solidarität Gottes, Solidarität mit uns Menschen: »Er war Gott gleich, hielt aber nicht daran fest, Gott gleich zu sein, sondern er entäußerte sich und wurde wie ein Sklave und den Menschen gleich. Sein Leben war das eines Menschen« (Philipper 2,6). Und »Menschwerdung Gottes« in Jesus von Nazareth ist keine göttliche Intervention auf Abruf. Sie ist Gottes permanentes, unwiderrufliches Engagement. Es dauert an. Und der Name »Jesus« besagt ja, worin Gottes Solidarität besteht: »Gott rettet«.

Wer im Christentum nur ein System sieht, wird schwerlich eine Verbindung von Jesus dem Christus zu Gott herstellen können. In einem anderen Beitrag, einige Jahre später (1943/48), hat Rahner das in diese Worte gepackt: »Das Christentum ist zuerst und zuletzt Christus selbst. Es ist im tiefsten nicht eine Summe von Lehren und Gesetzen, von Dogmen und Vorschriften, sondern eine Wirklichkeit, die da ist, die immer aufs neue in unserem Leben gegenwärtig wird (...). Und diese göttliche Christuswirklichkeit ist nicht etwas mystisch oder metaphysisch Ungreifbares, sie braucht nicht ergriffen werden in einem mystischen, gnostischen, idealistischen Aufschwung des Geistes über die Welt hinaus, nicht durch ein Verlassen des Raumes unseres ›natürlichen‹ d. h. raumzeitlich greifbaren Lebens, sondern sie kommt zu uns selbst an irdischem Ort und in irdischer Stunde. Denn Christus ist der geschichtliche, fleischgewordene Heilswille Gottes.«[309]

»Von der Sach- zur Persongröße«

Was folgt daraus? Der renommierte Fundamentaltheologe und Religionswissenschaftler Hans Waldenfels hat im Umfeld der Irritationen um das Dokument »Dominus Iesus« der römischen Glaubenskongregation vom 5. September 2000 auf die Bedeutung der Person Jesu hingewiesen. Und zwar im Nachgang der mit diesem vatikanischen Christus-Bekenntnis in Zusammenhang stehenden »Notifikation« der Glaubenskongregation gegen Jacques Dupuis († 2004), dessen Buch »Toward a Christian Theology of Religious Pluralism« von 1997 beanstandet worden war. Waldenfels nahm zuerst auf diesen hochkarätigen Konflikt Bezug: »Die Besinnung auf die Einzigartigkeit Jesu wird angemahnt in einer Zeit, die von einem vielfältigen, auch religiösen Pluralismus geprägt ist. Angesichts der starken Betonung, die die Bedeutsamkeit des Heilswerkes

Jesu für die ganze Menschheitsgeschichte im Christentum findet, stellt sich die Frage: Wie fügt sich das Christentum in das Konzert der Religionen ein? Ist das Christentum eine – am Ende doch nur beliebige – Religion unter anderen Religionen? Oder besteht es zu Recht auf der besonderen Heilsbedeutung Jesu Christi?«[310]

Um dann eine »erste Antwort« auf diese Fragen zu geben: »Das Christentum tut gut daran, nicht von einer mit anderen kulturbestimmenden Weltanschauungen und Lebenswegen, Organisationen (Kirchen) und Systemen (Hierarchie, kirchliches Lehrsystem u. a.) vergleichbaren *Sach*größe auszugehen, sondern von einer *Person*größe, nämlich der Tatsache, dass im Glaubensverständnis der Christen Jesus von Nazaret eine auf die ganze Menschheit hin orientierte Bewegung ausgelöst hat, in der er über seinen Tod hinweg fortlebt. Christsein bedeutet im eigentlichen Sinne des Wortes zunächst nicht, zu einer ›Christentum‹ genannten Weltanschauung und Lebenspraxis oder einer ›Kirche‹ genannten Organisation zu gehören, sondern existentiell in der Nachfolge einer Person, nämlich des Jesus von Nazaret, den Lebensweg zu finden und zu gehen. Dieser Grundgedanke kann sowohl im geschichtlichen Phänomen ›Christentum‹ wie in der ›Kirche‹ genannten Mitgliedergemeinschaft an Ausdrucksstärke verlieren und daher recht unterschiedliche Deutlichkeitsgrade zulassen.«[311]

Dieser Hinweis ist immens wichtig: mehr auf eine Person- als auf eine Sachgröße zu schauen und sich »im Fall des Christseins von Jesus dem Christus – bestimmen zu lassen«[312]. Christentum als »Weg-Religion« bedeutet, dass der Christ, der »Christusjünger sein will, sein Christsein als immer neue Begegnung mit dem fortlebenden Jesus Christus versteht.«[313]

Eine Kurzformel: »Das Christentum: Das ist Jesus!«

Bei Romano Guardini liest sich das, Jahrzehnte früher in »Das Wesen des Christentums« (Erstveröffentlichung 1938), so: »Das Christliche ist letztlich nicht eine Wahrheitslehre oder eine Deutung des Lebens. Es ist auch das; aber darin besteht nicht sein Wesenskern. Den bildet Jesus von Nazareth, sein konkretes Schicksal – das heißt also eine geschichtliche Person.«[314] Noch deutlicher schreibt er in »Ein Gespräch vom Reichtum Christi« (1920): »Das Christentum ist keine Religion der Ideen oder ausgedachter Einrichtungen, oder irgendwelche Gefühle oder Erlebnisse, und wären sie noch so edel. Es ist eine ganz positive Religion. Es steht und fällt mit der geschichtlichen Persönlichkeit Jesu. Das Christentum, das ist Jesus!«[315]

Fürwahr eine Kurzformel, die da in einem fiktiven Dialog zwischen einem Caritassekretär, einem Gelehrten und einem Kaplan fällt und einem Gelehrten in den Mund gelegt wird: »Das Christentum, das ist Jesus!« Und es heißt präzisierend: »Wer Gott ist, erfahren wir aus eigener Kraft nicht. Dass er ist, wissen wir, auch dass er persönlich ist, sicher. Aber ›wer‹ er ist, sein Eigenton, an den können wir durch keine Spekulation heran und durch keine Intuition und kein seelisches Erlebnis, sowenig wir das Eigene einer menschlichen Persönlichkeit durch Denken oder Erleben fassen. Dazu müssen wir den Menschen selber sehen, mit ihm reden, dann schauen wir, spüren wir, was er ist und wer. So ist's mit Gott auch. (…) Damit wir ihn nun doch kennten, den lebendigen Gott, deswegen hat er sich uns in leibhaftiger Gestalt zu schauen gegeben, in Jesus.«[316]

18

Der lernende Jesus

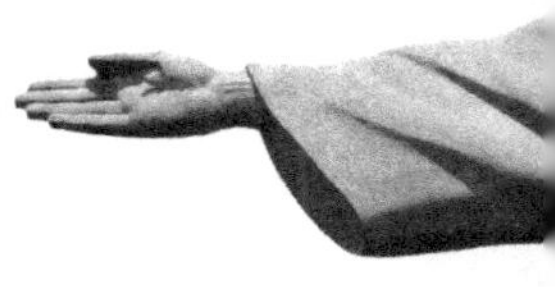

Auch Erwachsene waren einmal Kinder, Lehrende waren einmal Lernende. Aber wie war das mit Jesus? Gottes Sohn – der soll gelernt, die Schulbank gedrückt haben? Hatte er vielleicht Wissenslücken? Konnte er nicht ohnehin alles auswendig aufsagen? Wie verträgt sich das mit der »Allwissenheit« Gottes und der »Präexistenz« Jesu, mit dem, was man sein »Selbstbewusstsein« oder sein »Selbstverständnis« nennt?

Das Stichwort »Wissen Christi«, in dem kompakten Bändchen »Kleines Theologischen Wörterbuch« (1961) stellt im ersten Satz lapidar fest: »Die theol. Frage nach dem W. Christi bezieht sich nicht auf das unendliche Wissen des ewigen Logos in Jesus Christus, sondern auf das seiner menschlichen, endlichen Seele.«[317] Am Ende des Lemmas heißt es in einem hochtheologischen Schachtelsatz immerhin: »Trotz (besser: innerhalb) dieser einzigartigen Grundbefindlichkeit konnte daher Jesus genauso wie wir Erfahrungen machen, eine geistige Entwicklung haben (Lk 2,52), hinsichtlich der Weise eines begrifflich-gegenständlichen u. so sich u. anderen sagbaren Wissens etwas nicht wissen (z. B. Mt 24,36), in eine verhüllte Zukunft gehen, sosehr mit dieser onto-logischen einmaligen Grundbefindlichkeit in der Tiefe seiner Wirklichkeit seine Sendung u. alles, was zu deren Erfüllung gewusst werden muss, immer schon vorweggenommen war.«[318]

Ob diese Auskunft ein Kind zufriedenstellen könnte? Immerhin: Die Verweise auf Lukas 2,52 und Matthäus 24,36 könnten sich als hilfreich erweisen. Aber man braucht auch nicht viel Fantasie, um sich auszumalen, dass Kinder erbarmungslos weitergebohrt hätten: Musste Jesus in die Schule gehen? War er ein guter Schüler? Hat er seine Hausaufgaben gemacht? Hat er auch einmal abgeschrieben? Geschwindelt? Hat er die Schule geschwänzt?

Mich über Theologen lustig und ihre Überlegungen lächerlich machen möchte ich nicht. Sie schreiben ja nicht für Kinder. Und natürlich müssen Lexikonartikel verknappen und in dichter Sprache auf den Punkt bringen, was in einem Fachartikel lang und breit entfaltet werden kann. Aber Kinder können mit ihren Fragen Erwachsene manchmal nicht nur in die Bredouille, sondern auch zum Nachdenken bringen – indem vermeintlich Klares hinterfragt oder mindestens neu angeschaut wird.

Wie Jesus glauben lernte

Ich erinnere mich lebhaft an die Kritik, die ein Buch von Wilhelm Bruners auf sich zog: »Wie Jesus glauben lernte«. Es erschien 1988, hatte mehrere Auflagen und kam zwei Mal, 1991 und 2006 (ebenfalls in mehreren Auflagen), als Neuausgabe heraus. Die letzte Ausgabe stammt von 2018. Was ich nur von Karl Rahner kenne, erlebte auch dieses Buch: Es wurde selbst in Blindenschrift übersetzt. Von der kirchlichen Obrigkeit wurde »Wie Jesus glauben lernte« argwöhnisch aufgenommen. Der Wiener Weihbischof Helmut Krätzl war einer der wenigen Hierarchen, die das Buch ausdrücklich willkommen hießen. Die Vorstellung, dass Jesus lernt – für andere war das wiederum ein geradezu blasphemischer Gedanke.

Bruners hatte einmal eine Arbeitstagung zum Thema »Das Lernen des Seelsorgers« mitgestaltet. Auf dem Katholikentag in Aachen (1986) wurde der Bibelwissenschaftler von der Redakteurin Hildegard Lüning vom Süddeutschen Rundfunk auf die Thematik angesprochen. Das Ergebnis zwei Jahre später: eine Radiosendung in Stuttgart. Im Vorwort der ersten Buchveröffentlichung von 1988 berichtet Bruners, der von 1987 bis 1992 dem Konvent der Benediktiner der Jerusalemer Dormitio-Abtei angehörte und dann bis 2006 die Bibelpastorale Arbeitsstelle des Katholischen Österreichischen Bibelwerks in Jerusalem leitete, von Reaktionen darauf, die sich in späteren Auflagen nicht mehr finden: ›Hörer fragten erstaunt: Wie Jesus glauben gelernt hat? Es müsse doch wohl heißen: Wie Jesus Glauben *gelehrt* hat.«[319]

In der Neuausgabe von 2005 ergänzt Bruners: »Ich bin seitdem oft gefragt worden, wo denn bei dieser Betrachtung der ›göttliche Jesus‹ bleibe. Doch der Weg zum ›göttlichen Jesus‹ und zum ›verkündigten Christus‹ führt für uns über den menschlichen Jesus, der Lernender und Lehrer zugleich ist. Wie auch sonst?«[320] Bruners hatte mit seinem Buch jedenfalls einen Nerv getroffen.

Die Begegnung von Maria und Josef mit Hanna und Simeon bei der Darstellung Jesu im Tempel (»Tage der Reinigung«) kündigt es an: Diese beiden alten Menschen am Ende ihres Lebens erkennen in dem lange erwarteten Kind den Messias. Der greise Simeon prophezeit sein Schicksal: Dieses Kind werde »ein Zeichen sein, dem widersprochen wird« (Lk 2,34). Das gibt der Mutter Jesu zu denken. Diese Szene kann zusammen genommen und zusammen gelesen werden mit dem, was im selben Kapitel bei Lukas beim Ausbüchsen des Zwölfjährigen bei der Wallfahrt nach Jerusalem geschildert wird, als die entnervten Eltern den verlorengegangenen Junior endlich aufspüren: »Da geschah es, nach drei Tagen fanden sie ihn im Tempel; er saß mitten unter den Lehrern, hörte ihnen zu und stellte Fragen. Alle, die ihn hörten, waren erstaunt über sein Verständnis und über seine Antworten.« (Lk 2,46-47) Jesus – ein frühreifes, ein altkluges Kind? Ein Streber?

Danach 30 Jahre Schweigen. Nazareth: Das heißt lernen – Familie, Freunde, Schule, Beruf, Erwachsenwerden. Ob Jesus ein *Bet ha-Midrasch*, eine höhere Schule besucht hat, ist nicht bekannt. Woher sein Schriftverständnis kam, mit dem der Zwölfjährige die Lehrer im Tempel verblüffte, ebenso wenig. Naheliegend ist die Vermutung: »Jesus lernt die Weisungen Gottes praktisch im konkreten Leben seiner jüdischen Familie. Da diese jüdische Familie von morgens bis abends eingeordnet ist in eine religiöse Praxis, lernt er sie im ganz normalen Lebensvollzug. Und er lernt sie auswendig!«[321]

Apokryphe Evangelien versuchten die biblischen Informationslücken zu schließen. Tenor: der Schüler Jesu, von Anfang an ein Alleswisser, ein kleines Genie. Das sogenannte »Kindheitsevangelium« des Thomas, das auf das Ende des 2. Jahrhunderts datiert wird und nicht mit dem koptischen Thomasevangelium zu verwechseln ist, ist zwar ein solches apokryphes, also kein kanonisches Evangelium. Da es griechische, eine lateinische, eine syrische, eine äthiopische, eine georgische und etliche slawische Fassungen davon gibt, darf man sich über die weite Verbreitung nicht wundern. Der Text war sehr bekannt und enthält eine ganze Reihe von kurzen Erzählungen, die die »fromme Phantasie« beflügeln sollten[322]. Sie betreffen vor allem den jungen Jesus vor dem zwölften Lebensjahr.

Jesus als Musterknabe

Jesus erscheint als ein Kind, das allen anderen Kindern, ja selbst Lehrern »haushoch überlegen«[323] ist: »Indirekt«, bemerkt Bruners, »bestätigen solche Schriften, dass es für Kinder das Lehrhaus und den Unterricht gab. Die Kirche hat die These vom ›allwissenden Jesuskind‹ stets abgelehnt, weil sie sah, dass hier der Mensch Jesus nicht ernst genommen wurde.«[324]

Warum waren solche Geschichten, die beim Erzählen oft weiter ausgeschmückt wurden, so attraktiv? Bedienen sie letztlich nicht eine Art biblischen Facebook-Voyeurismus? Bruners weist eindringlich auf eine Gefahr hin: »In der fremdartigen Verkleidung dieser apokryphen Schriften begegnet uns dennoch eine auch heute noch weit verbreitete Jesusvorstellung, die ihn von jeder irdischen Wirklichkeit und erst recht von seinem jüdischen Wurzelboden abgerückt hat. Ein spielender Jesus, ein Jesus, der sich, wie andere Kinder, dreckig macht? Und es gibt im Orient so herrlich dreckige Kinder! Die Christen haben oft sehr chemisch-rein von Jesus gedacht! Er wurde zum ›Musterknaben‹, der wenig geerdet war. Damit aber wurde er in seiner Menschlichkeit geleugnet.«[325]

Die deutsche Bildhauerin Maria Elisabeth Stapp († 1995) schuf eine um 1960 entstandene Terrakotta-Skulptur mit dem Titel »Madonna im blauen Gewand«, die aus Anlass des 25. Todestages der Künstlerin in der Benediktinerinnenabtei Venio in München-Nymphenburg ausgestellt wurde. Das Jesuskind sitzt nicht brav und artig und segnend auf dem Arm seiner Mutter, wie wir es von vielen Darstellungen her kennen. Es strampelt und stößt sich mit einem Bein am Bauch Marias ab, das andere schreitet sozusagen voran. So wie eine Hand mit der Mutter Kontakt hält, während die andere ausgreift und kräftig am Mantel Marias zerrt. Und die? Maria schaut ihr Kind liebevoll an, gibt ihm Halt, schränkt aber den Bewegungsdrang ihres Kindes nicht ein. Damit hat Stapp etwas eingefangen, was viele Eltern kennen. Die Eltern Jesu gewiss ebenso, auch wenn sich harmonische Bilder einer »heiligen« Familie in der frommen Fantasie festsetzten, die sich natürlich empfindlich gestört fühlt, wenn die vermeintlich heile Familienidylle infrage gestellt wird. Ein »Musterknabe«, ein artiges, braves, liebes »Jesulein« macht seinen Eltern doch keinen Kummer!

»Lehrstuhl Nazareth«

Papst Paul VI. war der erste Papst überhaupt, der das Heilige Land besucht hat. Man kann sich heute kaum vorstellen, dass es sämtliche seiner Vorgänger nicht dazu gedrängt hat (selbst als die politische Lage problemlos war), die Orte Jesu mit eigenen Augen zu sehen. Gerade so, als ob das Christentum in Rom begonnen hätte! Während des Zweiten Vatikanischen Konzils, Anfang Januar 1964, besuchte er für drei Tage Jerusalem (damals noch jordanisches Territorium), Nazareth und Bethlehem.

Bei seiner auf Französisch gehaltenen Ansprache in der Verkündigungsbasilika in Nazareth am 5. Januar 1964 sprach er vom »Lehrstuhl Nazareth« (»Nazareth est l'école ou l'on commence à comprendre la vie de Jésus: l'école de l'Évangile«[326]). Er empfahl, dort gleichsam in die Schule zu gehen: »Nazareth ist die Schule, die uns die Anfangsgründe des Verständnisses für das Leben Jesu lehrt, die Schule des Evangeliums. Hier lernt man zu beobachten, zu horchen und zu meditieren (...). Man lernt die Methode, mit der wir in das Verständnis Christi eintreten können (...). Hier, in dieser Schule versteht man, dass geistige Disziplin notwendig ist, wenn man Schüler des Evangeliums und Jünger Christi werden will.«[327] Und er nannte ausdrücklich »die Lehre von der Stille«, »die Lehre vom häuslichen Leben« und die »Lehre von der Arbeit«[328]. Den lernenden Jesus kann man sich nicht konkret genug vorstellen!

Vielleicht bewahrt der Gedanke an das Lernen Jesu dann auch davor, ihn und seine Familie zu vereinnahmen. Gottfried Bachl beschreibt diese Tendenz fast aggressiv: »Andererseits drängt das Gefühl die Frömmigkeit und diese wieder die Theologie, Jesus in die Familie heimzuführen und vor allem, ihn mit seiner Mutter zu versöhnen. Die moralische Weisung in Richtung Familie konnte auf sein Beispiel nicht verzichten, daher gibt es intensive Rekonstruktionen der Heiligen Familie in Nazareth, des strahlendsten Beispiels der Harmonie, mit dem fügsamen Jesus in der Mitte. Das Schweigen der Quellen war ein günstiger Ausgangspunkt für die Herstellung dieses Idylls.«[329]

In dem mit »Jesus, ein Übermensch?« betitelten Text betont Bachl an anderer Stelle: Jesus war »kein Wissensübermensch, auch nicht innerhalb der Verhältnisse seiner Zeit. Er hatte zu lernen, wie alle Menschen (…). Jesus war kein Kraftübermensch der muskulären Präsenz (…). Jesus war kein Wunderübermensch«[330]. Er war ein Lernender: als Kind, als Heranwachsender – und er blieb es Zeit seines Lebens.

Natürlich bekennen Christen: Jesus ist der Sohn Gottes. Aber damit ist auch die Gefahr verbunden, dass wir »ihn dabei selbstverständlich in die Reihe der großen, übermenschlichen Gestalten Napoleon, Herkules, Dante, Plato, Augustinus, Prinz Eugen, Beethoven (rücken). Aber gehört Jesus, seiner menschlichen Figur nach, wirklich dahin? Kann er sich mit Goethe vergleichen oder mit Rembrandt und Augustinus, an Wissen, Reichtum des Geistes, vielfältiger Artikulation der Seele, in der machtvollen Fülle der Begabungen, der ausgewogenen Nuancierung der Gefühle? Der Mann aus Nazareth erscheint in den Evangelien nicht als genialer Über-Mensch, als einer von den top-ten der Menschheit.«[331] Neben das sehr vertraute Bild des Meisters, des Lehrers und des Rabbi wird damit das des Menschen gestellt, der Erfahrungen macht und immer ein Lernender ist – und bleibt. Und es wird vielleicht deutlicher, was im Brief an die Hebräer gemeint ist, dessen Verfasser im fünften Kapitel, das Jesus als Hohepriester des Neuen Bundes porträtiert, schreibt: »Obwohl er der Sohn war, hat er durch das, was er gelitten hat, den Gehorsam gelernt« (Hebr 5,8). Bezeichnenderweise hat Wilhelm Bruners diesen Vers, in eigener Übersetzung, als Motto seinem Vorwort vorangestellt: »So hat er, wohl er Sohn war, an dem, was er gelitten hat, den Gehorsam gelernt … (Hebr 5,8)«[332].

Jesus hatte mit Sicherheit Johannes als Lehrer[333], aber nicht als einzigen. Interessant ist in diesem Zusammenhang die Beobachtung des Neutestamentlers: »In der Christologie des Johannesevangeliums ist faszinierend zu sehen, wie Jesus immer häufiger und klarer ›ich bin‹ sagt. Auch das ist ein Lernprozess, der sich für den Johannesevangelisten im Leben Jesu ständig steigert.«[334] Wer im Johannesevangelium einen Blick auf die Abschiedsreden (Joh 14-17) wirft, erkennt, dass dort »der in der Sicht der Evangelisten wichtigste ›Lehrer‹ Jesu ins Spiel (kommt): Gott. In Beziehung zu Gott bleibt Jesus der Schüler, der ›Lieblingsschüler‹ ein Leben lang – mit allen Konsequenzen, die das für Jesus hat. Die Bibel zeigt uns, durch welch harte Schule der Lieblingsschüler Gottes gehen muss.«[335]

Alle werden Schüler Gottes sein

Im sechsten Kapitel des Johannesevangeliums bezieht sich Jesus auf das Buch Jesaja: »Bei den Propheten steht geschrieben: Und *alle* werden *Schüler* Gottes sein. Jeder, der auf den Vater hört und seine Lehre annimmt, wird zu mir kommen.« (Joh 6,45) Das Wort »Schüler« (διδακτοί) taucht bei Jesaja in Kapitel 54 auf: »Alle deine Kinder sind Schüler des Herrn, und groß ist der Friede deiner Kinder.« (Jes 54,13) Bei Jeremia (Jer 31,34) liest man über die Vision des neuen Bundes: »Keiner wird mehr den anderen belehren, man wird nicht zueinander sagen: Erkennt den Herrn!«

Rudolf Schnackenburg interpretiert dieses Zitat so: »Jeder, nur jeder, aber auch wirklich jeder, der vom Vater gehört und gelernt hat, kommt zu Jesus. ›Schüler Gottes‹ sein, von ihm belehrt werden, heißt für den Menschen, Gott zu hören, seiner Belehrung gewahr zu werden und zu lernen, die Belehrung anzunehmen.«[336] Das Hören bzw. »Sch'ma Jisrael« ist für den frommen Juden grundlegend und wird täglich rezitiert. Es ist eine Art Glaubensbekenntnis: »Höre Israel! Der Ewige, unser Gott, der Ewige ist einer« (*Schema Jisrael adonai elohenu adonai echad*).

Dass alle Menschen einmal Schüler Gottes sein werden, bedeutet auch: Es gibt nicht mehr Lehrende und Lernende, nicht mehr oben und unten, es gibt nur mehr Lernende: weil alle Hörende geworden sind – wie Jesus.

Ein lernender Gott?

Ein letzter Gedanke noch, der mir wichtig scheint, weil er dem lernenden Jesus eine Rolle zuweist, die auf den ersten Blick vielleicht spekulativ erscheint, aber ernst nimmt, was das lebenslange Lernen Jesu als Prozess auch bedeuten könnte: Jesus am Kreuz, wo er ins Schweigen Gottes hineinstirbt – »die letzte ›Lektion‹, die der Lieblingsschüler Gottes lernt«[337].

Erst Johann Baptist Metz († 2019) hat in seinen letzten Schaffensjahren – vor dem Hintergrund biografischer Erfahrungen und seiner lebenslang beklagten Theodizeeresistenz der Theologie (Stichworte: »Siegergeschichte«, »Leidunempfindlichkeit«, »Compassion«) – vehement auf ein Desiderat in der Theologie aufmerksam gemacht: »Vermutlich haben wir zuwenig Karsamstagschristologie. Uns sind in der Christologie, wenn ich so sagen darf, der Weg und die Zeit zwischen dem Karfreitag und dem Ostersonntag abhanden gekommen. Ich finde, die Karsamstagsatmosphäre muss auch innerhalb des Christentums erzählt werden. Zur Christologie gehört eine Geschichte der Zeit und des Weges dazu, es gehören Karsamstagserfahrungen dazu und eben eine Karsamstagssprache der Christologie, die nicht, wie im Mythos, eine reine Siegersprache ist.«[338] Es ging Metz um die Entwicklung einer »Karsamstagssprache«, weil Christen oft keine richtige Trauersprache hätten.

Zeitgenössische Theologen wie Jan-Heiner Tück haben den Gedanken aufgegriffen und weitergeführt und jüngst die Corona-Pandemie mit einer Karsamstagsatmosphäre in Verbindung gebracht[339]. Bruners drückt es in einfachen Worten aus: »Der Karsamstag ist nicht nur der Trauertag der Menschen. Er ist zuerst der Tag der Trauer Gottes. Wenn Gott bisher der Lehrer Jesu war und Jesus sein Schüler, dann schlägt jetzt die Geschichte um: Jetzt lernt Gott. Er lernt, lernt die Hölle, lernt die Unterwelt kennen, weil er mit Jesus so weit gegangen ist.«[340]

Für das Schüler-Lehrer-Verhältnis bedeutet das: »Der Schüler, Jesus, hat den Lehrer, Gott, besiegt. Am Ende, so sagt die christliche Bibel, sagt Gott kein Wort mehr – er handelt. Nachdem Gott getrauert hat, handelt er. Er rollt den Grabstein beiseite und ruft den Schüler heraus.«[341] Das bedeutet Ostern!

19

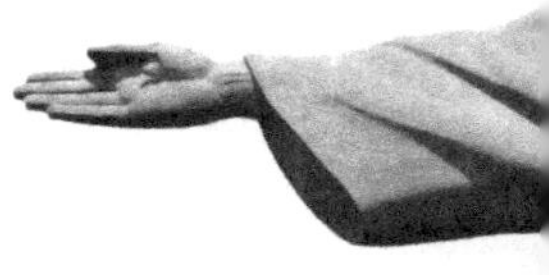

Der schwierige Jesus

»Du warst meistens ein schwieriges Kind!« Wer hört das schon gern? Reden Eltern manchmal so, um damit ihren Sprössling bloßzustellen? Aus Rache, weil der Sohn oder die Tochter nicht den Weg gegangen, den Beruf ergriffen, den Partner gewählt hat, den sich die Eltern in den Kopf gesetzt hatten? Als »schwierig« werden auch Erwachsene bezeichnet: Mit dieser Kollegin, mit »dem da« will man eher nichts zu tun haben und wenn, dann so selten und so wenig wie möglich.

Schwierig – winzig – nackt – hässlich?

Und Jesus? War Jesus – als Kind wie als Erwachsener – schwierig, problematisch, gefährlich? Sind solche Kategorien bei ihm überhaupt anwendbar? Die Frage passt nicht ins Bild eines bürgerlichen Salon-Jesus, den sich manche zurechtzimmern (lassen).

»Die Schwierigkeit mit Jesus fängt an beim Reden über ihn und beim Zuhören. Wenn man nicht einfach loslegt, wie es im Konzept steht …«: So begann Gottfried Bachl seine Vorlesungen auf den Salzburger Hochschulwochen im Sommer 1994, die im Berichtsband nur teilveröffentlicht wurden, weswegen er sie in voller Länge als Buch dem Titel »Der schwierige Jesus« publizierte – mit den

Kapiteln »Der schwierige Jesus«, »Der winzige Jesus«, »Der nackte Jesus« und »Der hässliche Jesus«. In einer Rezension bezeichnete sein Frankfurter Fachkollege Medard Kehl dieses Buch als »das aufregendste und anregendste Jesusbuch, das mir aus dem Bereich der systematischen Theologie in den letzten Jahren zu Gesicht gekommen ist«[342]. Beeindruckt hat Kehl die »zusammengedrängte Fülle an spirituellem und theologischem Esprit, an kritischer Nachdenklichkeit, an literarischer Sprachkultur, an erfrischenden Einfällen für eine auch heute das ›Ohr der Müden‹ wieder aufhorchen lassende Jesus-Verkündigung«[343].

Die Adjektive schwierig – winzig – nackt – hässlich sind ungewöhnlich. Jedenfalls in Bezug auf Jesus. Sie fielen seinerzeit auf, aber gedacht waren sie nicht nur als Aufmerksamkeitsköder. Es sind Aspekte an Jesus, die erst dann befremden oder peinlich berühren, wenn sie ausgeblendet werden. In der Tat kann man das Buch auch als Aufschrei an Bachls Zunftgenossen lesen: gegen jede Form der Verzweckung und Ästhetisierung Jesu. Gegen das Konstruieren einer falschen Idylle.

Mit »schwierig« meint Bachl: »Dass Jesus keine mundige Gestalt ist, die ganz und gar der Harmonie angehört und überall Zustimmung auslöst, zeigen alle Erfahrungen, die bisher in der menschlichen Geschichte mit ihm gemacht wurden. (…) Die Geschichte seiner Wirkungen ist auch die Geschichte der Schwierigkeiten, die er macht.«[344]

»Winzig« bedeutet für ihn: »Der theologischen Phantasie, die aus unterschiedlichen Beweggründen in Richtung Unendlichkeit drauflosredet, wenn es um Jesus geht, tritt dieser aus der Szene der Evangelien klein entgegen, der Zwerg Jesus gegenüber dem Giganten der systematischen Dichtung.«[345] Bachl verbindet damit einen Vorwurf: »Die Theologie hat besonders in ihrer spekulativen Variante alles daran gesetzt, Jesus zu Ende zu definieren, rundum komplett, leiblich, seelisch, geistig fertigzumachen, zum Gestell der metaphysischen Endgültigkeit auszubauen. Er wird in der Vergangenheit eingemauert.«[346]

Mit »nackt« assoziiert Bachl ein traditionsreiches, in der Frömmigkeitsgeschichte hoch aufgeladenes »Programm- und Losungswort der Bewegungen, die hindurchstoßen wollen durch die Hülle der Verfremdungen auf den wahren Jesus, um in ihm auch den entblößten zu finden«[347]: *Nackt dem nackten Christus nachfolgen.* Kritik an der Theologie folgt auf den Fuß: »Irgendwann sollten die Christen an Jesus den nicht nutzbaren Überschuss sehen und eine Sekunde zwischendurch ihre Andacht darauf richten, ihn selbst hervorzuholen aus der Erlöserfunktion, damit er nicht zu einer Struktur oder einem Vorgang herabkommt, sich in ein Christusprinzip verwandelt.«[348] Im Blick auf Jesus bedeute das: »Ihn nackt aus den Funktionsgewändern lösen mitten in der Dankbarkeit für seine Wirkungen. Die Zeit lang wenigstens sollte das dauern, die man braucht, um seinen Namen auszusprechen.«[349]

Der »hässliche Jesus« schließlich ist für Bachl das »hässliche Opferlamm«[350]. Er meint damit den brutalen Tod Jesu am Kreuz. Ein »schöner Mann« kann das nur in der Vorstellung frommer »Fantasie« sein, die diesen ihrer »ästhetischen Gesetzgebung (unterwirft)«[351].

Von den neun erklärenden Bemerkungen, die Bachl dazu macht, ist die letzte die deutlichste und schärfste. Es ist Theologie- und Kirchenkritik: die Ästhetisierung, um nicht zu sagen die gefährliche Verkitschung des Kreuzes. Jesus »stört den Blick, der die runden Zusammenhänge sucht, er stört besonders heute (…) die ästhetisierte Welt der Wohlhabenheit. Aus dem schrecklichen Ende Jesu wurde ein unübersehbares Symbol gemacht«[352].

Der jesuanische Furor

In seiner an anderer Stelle veröffentlichten »Andacht zum erwachsenen Jesus« wundert sich Bachl: »Merkwürdig, was aus diesem brennenden Menschen geworden ist! Darum ist zu erinnern, an den schwierigen Jesus, den ungehorsamen, den Jesus, der sich nicht einpassen ließ, von dem seine Familie sagte, dass er toll geworden sei, den Mann des Streites, des herausfahrenden, anrührenden Wortes, den Jesus der Einsamkeit, den Propheten des aufrechten Ganges.«[353]

Die nur im Lukasevangelium geschilderte Szene des Zwölfjährigen im Tempel (vgl. Lk 2, 41-52), der seine Eltern in Angst und Schrecken versetzt hat, lässt mindestens erahnen, dass Jesus eigene Wege gehen wird: ein schwieriger Jesus! Selbst wenn es abschließend heißt, dass der junge Jesus mit seinen Eltern nach Nazareth zurückging und ihnen »gehorsam« (Lk 2,51) war, eignet sich ein solcher Jesus schwerlich als pädagogisches Druckmittel, um Kinder heute mit Verweis auf das »liebe Jesulein« zur Räson zu bringen.

Auch die bei allen drei Synoptikern festgehaltene unhöfliche, ja geradezu schroffe Abweisung seiner Mutter (vgl. Mt 12, 46-50) befremdet, es ist eine Abfuhr: ein schwieriger Jesus! »Das hier«, und er zeigt dabei auf seine Jünger, »sind meine Mutter und meine Brüder.« (Mt 12,49) Wie das wohl auf seine Mama gewirkt hat? »Hier wird«, so Adolf Holl in seinem ebenso umstrittenen wie für ihn persönlich folgenreichen Buch »Jesus in schlechter Gesellschaft« (1971/2000), »die Nabelschnur gründlich durchgeschnitten, mit einer Schroffheit, die bereits Lukas veranlasste, in seiner Fassung der Szene alles für die Familie Jesu Ungünstige wegzulassen.«[354]

Kein Wunder also, dass die »Angehörigen« Jesu – nur der Evangelist Markus überliefert diese Begebenheit – ihn einmal »mit Gewalt zurückzuholen« versuchen, weil sie zu dem Ergebnis gekommen sind: »Er ist von Sinnen (γὰρ ὅτι ἐξέστη).« (Mk 3,21) Auf Latein hört sich das noch drastischer an: »Quoniam in furorem versus est« – ein göttlicher Furor also. Wieder ein schwieriger Jesus!

Auch die auf dem Weg nach Jerusalem gefallene Äußerung, er sei »gekommen, um Feuer auf die Erde zu werfen« (Lk 12,49), nicht »Frieden«, sondern »Spaltung« (Lk 12,50), um dann Generationenkonflikte zu prophezeien, irritierte nicht nur seine Jünger: ein schwieriger Jesus! Wer sich auf ihn einlässt, sieht sich vor Entscheidungen gestellt – und das kann Konflikte auslösen, weil man mit seinen Eltern, mit Familienangehörigen, mit Freunden übers Kreuz kommen kann. Die bei allen vier Evangelien festgehaltene Tempelreinigung zeigt einen zornigen, um sich schlagenden, ja beinahe gewaltbereiten Jesus (vgl. Mt 21, 12-17). Wenn der Tempel zur Markthalle wird – wen erinnert das heutzutage nicht an so manches Gebaren an prominenten Wallfahrtsorten! –, hört für den Rabbi aus Nazareth der Spaß auf: wieder ein schwieriger Jesus!

Jesus als »Brandstifter«, als »Spalter«, als »Revoluzzer«, als »Nestbeschmutzer«: Mit welchen Kategorien auch immer man ihn belegt – als »pflegeleicht« erweist er sich gerade nicht! »Schwarze Pädagogik« fruchtet nicht, wenn selbst Jesus als selbstbewusster Knirps oder als renitenter Rabbi aufscheint, der seinen Eltern Kummer bereitet und als erwachsener Mann seine Zeitgenossen vor den Kopf stößt. »Befremdung«, stellt Wilhelm Bruners fest, »begegnet uns in der Jesusfamilie nahezu an allen Stellen, wo von ihr die Rede ist. Die totale Harmonie in der ›Heiligen Familie‹ ist das Produkt idealisierender Predigt, aber nicht Aussage der biblischen Texte. Die Idealisierung hilft letztlich keinem, vor allem dann nicht, wenn Eltern ihre Kinder nicht (mehr) verstehen.«[355] »Distanz« und »Spannung«[356] prägen das Verhältnis des erwachsenen Jesus zu seiner Herkunftsfamilie: ein schwieriger Jesus!

Ganz zu schweigen davon, dass es auch die Versuchung gibt, den »*scharfen* Jesus« unter den Tisch fallen zu lassen: »Wenn es auch nicht heimelig klingt, es ist doch wahr, dass es Schimpf- und Drohworte Jesus gibt, sei es, dass er sie selbst gesagt hat oder dass sie ihm in den Mund gelegt wurden, weil sie ihm zuzutrauen waren.«[357] Auf den Kopf zugesagt bekommen manche aus seinem Mund: »Satan« (Mk 8,33), »Fuchs« (Lk 13,32), »Heuchler«(Mk 7,6), »Sohn der Hölle« (Mt 23,15), »blinde Führer« (Mt 23,16), »blinde Narren« (Mt 23,17), »Nattern und Schlangenbrut« (Mt 23,33)[358]. »Durch die Blume gesagt« ist das gerade nicht, Jesus gibt sich nicht diplomatisch verklausuliert. »Jesus war«, so Holl, »kein verquälter Intellektueller, so viel steht fest.«[359] Nicht umsonst gab der Soziologe Anton Mayer seiner Studie über die Soziologie des Neuen Testaments den Titel »Der zensierte Jesus«, um auf Verfälschungen aufmerksam zu machen.

Der Jesus der Seligpreisungen ist nicht zu trennen vom Jesus der Weherufe. Streit und Zorn sind Jesus nicht fremd, er scheut die Konfrontation nicht. Bachls Fragen transportieren auch einen Verdacht: »Warum wird uns so oft der unmündige, so selten der erwachsene Jesus zur Andacht vorgestellt? Schläft dahinter eine Absicht oder wird dieses Angebot gemacht, weil wir Christen Jesus am liebsten so sehen? Ich meine, wir wünschen uns Jesus so. Die Ikonographie liefert ins Bild, was die Phantasie längst produziert hat, den hilflosen, lieben, ungefährlichen Jesus. Von ihm ist nichts zu fürchten, es kommt nichts von ihm, aber alle Gefühle können auf ihn zielen und ihn auskosten.«[360]

Der »Blitz der Gefahr«

An Jesus zu erinnern ist also mindestens »gefährlich« – so eine »Mutmaßung«[361] von Johann Baptist Metz in Anlehnung an seine in die theologische Debatte eingebrachte und weithin geläufige Formulierung von der »gefährlichen Erinnerung«. Metz zitiert dafür eine außerkanonische Quelle, nämlich ein Wort, das Origenes

(† 253/54 n. Chr.) überliefert hat. Es findet sich in den sogenannten »Agrapha«, ungeschriebenen, also nicht in den Evangelien oder den Apostelbriefen verzeichneten Herrenworten: »Wer mir nahe ist, ist dem Feuer nahe; wer mir fern ist, ist dem Reiche fern.«[362] Er wertet es als einen »gerafften Kommentar zur neutestamentlichen Apokalypse. Es ist gefährlich, Jesus nahe zu sein, feuergefährlich, brandgefährlich«[363]. Für den prominenten Rahner-Schüler ist Gefahr in Verbindung mit Jesus »eine Grundkategorie zur Wahrnehmung seines Lebens und seiner Botschaft und zur Bestimmung christlicher Identität. Der Blitz der Gefahr durchleuchtet die ganze biblische Landschaft, speziell die neutestamentliche Szene. Gefahr und Gefährdung durchziehen alle neutestamentlichen Aussagen. So sind Nachfolgegeschichten der Synoptiker bekanntlich keine unterhaltsamen Geschichten, auch keine belehrenden, sondern Geschichten im Angesicht der Gefahr, kurzum ›gefährliche Geschichten‹.«[364]

Was gefährlich ist, was zur Gefahr werden könnte, wird schnell weggeschoben und verdrängt. Metz fragt provozierend, was dann von der Person und der Botschaft Jesu übrig bleibt. Er will in »schwer erträglichen apokalyptischen Bildern der Gefahr etwas von der Situation christlicher Hoffnung wiedererkennen«. Aber die »Hoffnungsbilder« gibt es für ihn nicht ohne die apokalyptischen: »Nur wenn wir den Krisenbildern treu bleiben, werden auch die Verheißungsbilder uns treu bleiben.«[365]

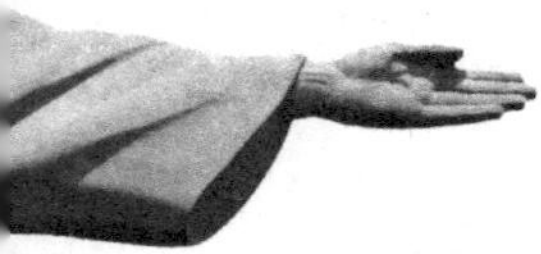

20

Der harmlose Jesus

Harmlos nennt man jemanden, der einem nicht gefährlich werden, nicht zu nahe kommen kann. Einen, mit dem man »leichtes Spiel« hat: Denn von einem Harmlosen hat man nichts zu befürchten. Gibt es den harmlosen Jesus? Was Jesus von Nazareth sagte, predigte, verkündigte – eckte an. Nicht nur beim jüdischen Establishment. Harmlos war er gerade nicht. Dazu wurde er gemacht: ein weichgespülter Jesus.

Der gekreuzigte Hund

Während der Fastenzeit 2020, es waren die ersten Wochen der Corona-Pandemie und des damit verbundenen Lockdowns, las ich das Buch »Gott ist nicht nett«. Sein Verfasser Heiner Wilmer war Lehrer, Schulseelsorger und Schulleiter, Provinzial und Generaloberer seines Ordens, den Herz-Jesu-Priestern (Dehonianer), seit September 2018 ist er Bischof von Hildesheim. Einige Monate vor seiner Bischofsweihe hatte ich ihn in Rom im kleinen Kreis kennengelernt, als er in der Deutschen Botschaft beim Heiligen Stuhl von Annette Schavan verabschiedet wurde. In »Gott ist nicht nett« schildert er einen Museumsbesuch in München: eine Wanderausstellung mit moderner Kunst.

Mit einem Dominikanerpater ging Wilmer durch die Ausstellung und wurde dabei von Weitem auf ein dreiteiliges Altarbild aufmerksam. Als er näherkam, habe er zunächst gedacht: Das ist eine von vielen, vertrauten Kreuzigungsszenen. Er irrte: »Es war eine Kreuzigung. Aber nicht die von Jesus. Was am Kreuz hing, entsetzte mich. Es war ein Hund. Blutüberströmt, ans Kreuz genagelt, mit dem Kopf nach unten. Die Zunge war ihm aus dem Hals geglitten, ging ihm über seine Vorderpfoten. Das Auge gebrochen, doch weit offen, so als könnte er mich noch anschauen. Die Hinterbeine weit auseinandergerissen, mit Nägeln so an die Querbalken genagelt, dass ich deutlich die Hoden erkennen konnte. Die Hoden genau an der Stelle, an der man gewohnt ist, den Kopf Jesu hängen zu sehen. Sie waren nach vorne geklappt, fielen zur Seite, kraftlos, wie der Kopf Jesu.«[366]

Wilmer ist auf einem Bauernhof aufgewachsen. Zimperlich ist er nicht: »Ich habe genug Hühner ohne Kopf über den Hof rennen sehen. Geschockt sein ist kein grundsätzlich religiöses Gefühl.«[367] Jetzt war er aber doch entsetzt – und empört: »Das Bild des gekreuzigten Köters mit den nach vorn geklappten Hoden, das war nicht nur ekelhaft, das war Gotteslästerung. (…) Wie eine Ohrfeige. Ich war sprachlos.«[368] Dann aber, nach dem ersten Schock, nach der Aufregung über »die Lust an Geschmacklosigkeit«, beschreibt er eine unerwartete Wende seiner Wahrnehmung, die überrascht. Er erschrickt nämlich über sich selbst: »Und in diesem Moment vor dem Bild wandelte sich mein Entsetzen vor dem Kunstwerk mit einem Mal in ein Entsetzen über mich selbst, weil ich merkte, dass mich zum ersten Mal überhaupt in meinem Leben das Bild einer Kreuzigung wirklich ekelte.«[369] Schlagartig wird Wilmer bewusst, dass er zwar jeden Tag zu diesem Jesus betet, dass er als Ordensmann seine Bereitschaft deklariert hatte, sein Kreuz auf sich zu nehmen – »und nie, niemals zuvor hatte ich dieses Kreuz und den Gekreuzigten *gesehen*. Nie zuvor war mir die Entwürdigung und das

Brutale, die Demütigung und das Widernatürliche am Kreuz aufgefallen so wie bei diesem Bild.«[370] Die Erkenntnis, die in diesem Augenblick aufblitzt, provoziert durch die künstlerische Darstellung, wird zu einem ehrlichen Geständnis: »Mir wurde klar, wie abgewaschen und weichgespült mein Jesusbild geworden ist.«[371]

Wilmer wertet dann seinen Museumsbesuch aus: »Dass ein gekreuzigter Hund mich mehr schockte als ein gekreuzigter Mensch. Das sprach natürlich nicht besonders für mich. Das Kreuz ist das Zeichen meines Glaubens – und ich fange an zu heulen, wenn anstatt Christus ein Hund dran hängt.«[372] Er spürte instinktiv, dass mit seiner Sicht auf das Kreuz und damit mit seiner Sicht auf Jesus etwas nicht stimmte: »Vielleicht war dieses Bild damals der Auslöser, dass ich meinen Mangel im Verhältnis zu Jesus spürte. Erst als ich den geschändeten Köter sah, empfand ich Empörung darüber, was man einem Wesen antun kann.«[373]

Diese Passage in Wilmers Buch ging mir unter die Haut. Auch weil wir in der Jesuitenkirche St. Michael einen »wunderschönen« Gekreuzigten von einem Michelangelo-Schüler haben, den die Medicis (1594) den mit ihnen verschwägerten Wittelsbachern schenkten: eine edle Gestalt aus feinstem Material, ohne Wundmale übrigens. Mir wurde bewusst, dass ich in der Fastenzeit ein neues, ein anderes Sehen einüben werde müsse!

Gewohnheit – kann blind machen, unempfindlich. Der flüchtige Blick übersieht, eine nur ästhetische Wahrnehmung klammert aus. Das Entscheidende ist der Tiefenblick. Glauben, an Jesus glauben, heißt immer auch sehen (lernen).

Wider die Verharmlosung

»Gott ist nicht nett. Der Glaube an einen Gott, dessen Sohn am Kreuz hing«, schreibt Wilmer im letzten Kapitel seines Buches, »der Glaube an einen Gott, der menschlicher Körper wurde, der in diesem Körper litt, der Blut spuckte, der vor Schmerzen aufstöhnte, der vor Verzweiflung aufschrie und den man wie einen Hund krepieren ließ, dieser Glaube ist nicht ›nett‹.«[374] Hier kann man ergänzen: Deswegen ist Jesus nicht harmlos. Denn »Jesus hat uns weder erlöst durch eine geistreiche Idee, noch durch eine neue Philosophie oder eine umfassende Theologie, noch durch eine nie dagewesene Strategie. Nein, Jesus hat uns durch seinen Körper erlöst. Durch seine Haut, durch seine Wunden, durch seinen Schweiß und seine Spucke, durch seinen Atem und seine Berührung hat er die Menschen von ihren Lasten befreit. Seine Nähe heilte, sein Körper war wie göttliche Medizin. Und über den Körper dessen, der zu ihm kam, heilte er seine Seele und über seine Seele wiederum den Körper.«[375]

Am Karfreitag wollte ich Wilmers Museumsbesuch in meine Predigt einbauen. Öffentliche Gottesdienste waren Anfang April 2020 wegen Corona noch nicht möglich. Deswegen wurde meine Predigt auf Band gesprochen und auf der Website von St. Michael als Tondokument hinterlegt[376]. Ich war mir erst unsicher, ob die drastische Beschreibung des gekreuzigten Hundes nicht Anstoß erregen könnte, verwarf aber meine Bedenken. Denn das war ja genau Wilmers Problem gewesen: Dass wir uns in einen lieblichen Jesus verguckt haben, einen leidfreien, einen ästhetischen – und damit zu dem Bild eines »harmlosen Jesus« beitragen, bewusst oder unbewusst.

Zum harmlosen Jesus wird Jesus, wenn er reduziert wird auf Funktionen, Titel, Zuschreibungen. Ein »Bild« entsteht, das sich oft seine eigene Wirklichkeit schafft. Ernst nehmen muss man einen harmlosen Jesus nicht. Bemerken, dass Jesus »harmlos« geworden ist, darauf aufmerksam werden, dass »mein« Jesus gefährdet ist, in Begriffen, Formeln, Dogmen zu einem »Gegenstand« des Wissens zu werden – ist der Beginn eines neuen Suchens: nach der Person Jesu, zu dem ich ein persönliches Verhältnis entwickeln muss. Nur das trägt. Nur das tröstet. Nur das bringt weiter. Nur das hält.

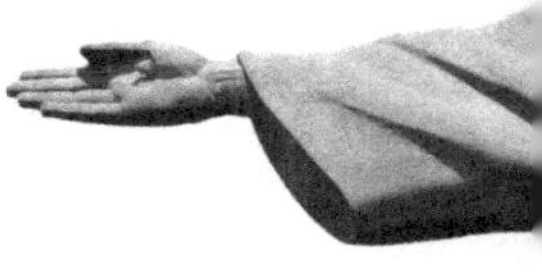

21

Der Jude Jesus

In jüngerer Zeit gibt es (erneut) Bemühungen, das Fest der Beschneidung Jesu, das der Liturgiereform des Zweiten Vatikanischen Konzils zum Opfer gefallen ist, wieder einzuführen. Das Motiv: Es soll auch in der römisch-katholischen Liturgie deutlich werden, dass Jesus Jude war. Jesus, ein Jude? Für viele Menschen hat das keine besondere Bedeutung. Oder es ist ihnen unangenehm. Sie verfallen damit einem antisemitischen Klischee, weil sie ein Stereotyp transportieren: Jesus – ausgerechnet »einer von denen«? Gott ist doch »Mensch« geworden, basta! Jesus als Deutscher, als Peruaner, als Chinese – oder als Jude: Was spielt das schon für eine Rolle? Ist es nur eine biografische Notiz: Auskunft über die Nationalität, theologisch irrelevant, eine »vernachlässigbare Größe«? Purer Zufall?

Juden: unsichtbar, unbekannt, fremd

Jesus, der Jude: Diese Tatsache ist an und für sich eine Selbstverständlichkeit. Dass Jesus Jude war, ist jedoch gerade keine austauschbare Information. Jesus hatte eine jüdische Mutter. Er wurde acht Tage nach seiner Geburt beschnitten. Seine Eltern haben ihn, wie für einen Erstgeborenen üblich (vgl. Ex 12,2; Ex 13, 2-15;

Num 18, 14-18), im Tempel »ausgelöst« (vgl. Lk 2, 21-40). Er wurde im jüdischen Glauben erzogen und lebte als frommer Jude.

Dass über Jahrhunderte hinweg Jesu Judesein keine Rolle spielte, oder allenfalls eine negative, beschämt zutiefst. Denn das war seine Identität. Auch für mich spielte das über zwanzig Jahre lang keine besondere Rolle. Als ich im Frühjahr 1984 für drei Monate in Israel lebte, hatte ich immerhin zweieinhalb Jahre Theologiestudium hinter mir. Aber das Judesein Jesu war bis dahin bestenfalls eine Fußnote gewesen. In meiner Kindheit kamen Juden gar nicht vor. Orthodoxe oder chassidische Juden in ihren schwarzen Gehröcken oder langen Mänteln (*Pekesche*), mit Schläfenlocken und Samtkappe mit braunem, breitem Pelzrand (*Schtreimel*) oder Gebetsriemen (*Tefillin*), ja selbst Kippa tragende Männer gehörten in Wien zum Straßenbild, nicht bei uns. Ein Vorarlberger sah solche Bilder allenfalls im Fernsehen. Dabei gab es in Vorarlberg einmal eine blühende jüdische Gemeinde: in Hohenems. »Lieber« wurde die Stadt lange Zeit mit zwei im Renaissancepalast der Grafen von Hohenems aufgefundenen Handschriften des Nibelungenliedes, dem deutschen Nationalepos, in Verbindung gebracht, die 1755 (Handschrift C) und 1779 (Handschrift A) entdeckt wurden. 1617 war mit reichsgräflichem Schutzbrief eine jüdische Gemeinde angesiedelt worden. Ihre Geschichte endete 1942 mit der Deportation der letzten Juden ins Konzentrationslager Theresienstadt. Heute gibt es in Hohenems ein international bekanntes Museum in der Villa Heimann-Rosenthal[377]. Das ehemalige jüdische Viertel wurde revitalisiert und unter Denkmalschutz gestellt.

Von Judenverfolgungen hörte ich in der Schule nichts. Das Wort Genozid war ein Fremdwort. Die Geschichtsbücher endeten mit dem Ersten Weltkrieg. Eine ferne Erinnerung habe ich an einen Ministrantenausflug nach München. Der Abstecher in die KZ-Gedenkstätte Dachau, damals war ich zwölf oder dreizehn Jahre alt, traf mich völlig unvorbereitet und überforderte mich. Und von Dachau ging's auf den Fernsehturm im Münchener Olympiagelände! Ich weiß auch noch, dass meine Eltern einige Jahre später länger beratschlagten, ob mein älterer Bruder und ich im März 1979 – ich war damals noch keine 17 – einen vierteiligen amerikanischen Spielfilm im ORF anschauen dürften: »Holocaust«. Er war zwei Monate vorher im deutschen Fernsehen gelaufen und hatte eine breite Debatte ausgelöst. Der Film zeigt die Geschichte der jüdischen Berliner Arztfamilie Weiss während des Nationalsozialismus. Für mich war diese Serie ein Schock.

Erst seit 1996 gibt es in Deutschland den Gedenktag für die Opfer des Nationalsozialismus. Seit 2005 ist der 27. Januar auch ein internationaler Gedenktag. Als ich Chefredakteur der »Stimmen der Zeit« war, lud ich den Historiker Wolfgang Benz im Februar 2012 zu einem Besuch in der Redaktion ein. Er war bis im Jahr zuvor Leiter des an der Technischen Universität Berlin angesiedelten Zentrums für Antisemitismusforschung gewesen. Benz hat sich einen Namen gemacht als Vorurteils-, Antisemitismus- und Nationalsozialismusforscher. Er versprach mir einen Artikel, der im November 2012 erschien[378].

Auf den Spuren Jesu: Juden konkret – Jesus konkret

Was es wirklich bedeutet, Jude zu sein, ging mir erst auf, als ich im Frühjahr 1984 selber in Israel lebte, denn es wurde anschaulich. Soldaten und Checkpoints prägten den Alltag in Nazareth und Jerusalem. Junge Frauen und Männer in Uniformen mit Maschinengewehren, Militärjets, die in Richtung Libanon flogen, stundenlange Wartezeiten bei der Reise in den Sinai: All das nahm jede Illusion, das Heilige Land sei ein heiles Land, in dem eine (ohnehin illusionäre) Jesusromantik zu finden sei.

Auch das Judesein Jesu wurde erst damals für mich konkret. An der Westmauer (Klagemauer) des Tempels zu beten, bringt mit Juden aus aller Welt und ihrer Sehnsucht zusammen. Der Rundblick auf dem Berg Tabor oder die Übernachtung auf dem Berg Sinai, wo es bitterkalt war, gruben sich ins Gedächtnis ein. Die Kar- und Osterliturgie in Jerusalem war »europäisch« geprägt. Christen sind eine Minderheit (auch wenn viele Orden an den heiligen Stätten sehr sichtbar und präsent sind): Das war vielleicht eine der größten Überraschungen für mich am Beginn. Im Land Jesu – ist Jesus öffentlich nur eine Randgestalt.

Persönlichkeiten wie den Judenchristen Daniel Rufeisen in Haifa kennenzulernen, war faszinierend. Mit einem Abuna Jakub in einer Eremitage im melkitischen (griechisch- bzw. byzantinisch-katholischen) Ritus Liturgie zu feiern, weitete meine enge »katholische Welt«. Am Ostersonntag nahm mich der Leiter der Bibelschule, Wolfgang Feneberg, zu David Flusser mit: »Seien Sie froh, dass Sie Katholik sind, Protestanten sind alle Halb-Essener, die versuche ich alle zu bekehren«, meinte der jüdische Jesusforscher, ein gebürtiger Wiener.

Als ich fünfunddreißig Jahre später, im Frühjahr 2019, noch einmal drei Monate im Heiligen Land leben konnte, war die politische Lage ganz anders. Die Interessen waren es auch, ganz abgesehen von meiner lebensgeschichtlichen Situation. Meine theologische Unschuld hatte ich mit 55 längst verloren. Franz Mußners »Traktat über die Juden« (1979) hatte ich intus, das Buch »Das Jüdische am Christentum« (1987) meines Mitbruders Norbert Lohfink, in dem er auf eine »verlorene Dimension« aufmerksam macht, hatte ich gelesen. Die Leben-Jesu-Forschung war mir geläufig.

Neben theologischer Reflexion und Forschung waren es jedoch vor allem Begegnungen und Erfahrungen, die mich weiter sensibilisierten. In Wien und München war ich am Freitagabend zum Auftakt des Sabbats wiederholt in Synagogengottesdiensten. Im neuen Jüdischen Zentrum am Jakobs-Platz – die neue Hauptsynagoge Jakob Ohel wurde 2006, an einem geschichtsträchtigen 9. November, eingeweiht – gibt es auch ein Restaurant, in dem man leckere koschere Speisen genießen kann.

Sensibilität beginnt bei der Sprache. Deswegen habe ich auch einmal ein Editorial zum Thema »Alltags-Antisemitismus« veröffentlicht, den es weder am Stammtisch noch sonst wo geben und der erst recht nicht von Christen befeuert werden darf, indem sie antisemitische Stereotype bedienen, zweideutige Judenwitze erzählen, rassistische Klischees und Anpöbelungen dulden oder politischen Populisten auf den Leim gehen[379].

Dass Jesus Jude war und was das bedeutet, muss aber auch weiterhin ein Thema für theologische Forschung sein. Es gibt hochkarätige Kommissionen auf nationaler (etwa den Gesprächskreis Juden und Christen beim Zentralkomitee der deutschen Katholiken) und internationaler Ebene (etwa die 1974 als Folge des Zweiten Vatikanums ins Leben gerufene vatikanische Kommission für die religiösen Beziehungen mit den Juden, die beim Päpstlichen Rat für die Einheit der Christen angesiedelt ist, auch wenn das theologisch mit Fragezeichen versehen werden kann).

Beschneidung Jesu: Wiedereinführung eines Festes – warum?

Im Jahr 2020 erschien der Sammelband »Die Beschneidung Jesu«, den der Wiener Theologe Jan-Heiner Tück herausgab. Über ein Dutzend Autoren beleuchten darin biblische sowie liturgiehistorische und theologische Perspektiven, erörtern die Thematik als Topos in Kunst und Kultur und zeigen Spannungsfelder zwischen Zirkumzision und moderner Rechtskultur auf. Auch medizinisch-halachische Perspektiven werden in zwei Beiträgen aufgezeigt. Beschlossen wird der Band von einer »Petition zur Wiederherstellung des Festes der Beschneidung des Herrn, verbunden mit der Namensgebung Jesu«, die von zwei Jesuiten unterzeichnet ist: vom Judaisten Christian M. Rutishauser, damals Provinzial der Schweizer Jesuiten, und von Jean-Pierre Sonnet, Alttestamentler an der Päpstlichen Universität Gregoriana in Rom. Rutishauser hat die acht Punkte umfassende Petition eingeleitet, kontextualisiert und mit einem Kommentar versehen, der mit einer »Skizze eines Messformulars für den 1. Januar« endet.

Dem Band ging, wie die Einleitung in Erinnerung ruft, ein Vorstoß zur Wiederbelebung des Festes von Tück in der »Neuen Zürcher Zeitung« von Ende Dezember 2018 voraus (»Die Kirche könnte ein Zeichen setzen: Jesus war Jude«), der kurz darauf von der »Jüdischen Rundschau« nachgedruckt wurde. Der Erzbischof von München und Freising, Kardinal Reinhard Marx, sprach sich kurz darauf für eine Wiedereinführung des Festes aus.

In der Folge bemerkte Tück, dass bereits 2009 an den damaligen Papst Benedikt XVI. eine Petition gerichtet worden war – unter Federführung von Rutishauser und Sonnet. Außerdem wurde ihm klar: »Die Erinnerung an die Beschneidung Jesu ist kontaminiert mit antijüdischen Stereotypen und christlichen Überlegenheitsattitüden. Bei einer Wiedereinführung des Festes in den liturgischen Kalender müsste daher der hermeneutische Rahmen entschieden so gesetzt werden, dass solche antijüdischen Spuren getilgt werden. Der im Hintergrund stehende Gedanke ist dabei ganz einfach: Wenn Israel ›Gottes Augapfel‹ (Sach 2,12) ist und im ungekündigten Bund steht, wie es katholische Theologie im Anschluss an das Konzil zu sehen gelernt hat, dann muss auch das Zeichen dieses Bundes theologisch gewürdigt werden. Die heilsgeschichtliche Bedeutung des Zeichens, das auch Jesus als einen Sohn des Bundesvolkes Israels ausweist, der ›an Vorhaut und Herz‹ (Georg Braulik) beschnitten ist, müsste bei einer Wiedereinführung des Festes im liturgischen Formular entsprechend herausgestellt werden. Ein solcher Vorstoß kann allerdings nicht darüber hinwegsehen, dass in den (post-)säkularen Gesellschaften des Westens teils erhebliche Vorbehalte gegen das Ritual der Beschneidung vorhanden sind.«[380]

Diese letzte Bemerkung macht deutlich, dass religiöse Zeichen heute vieldeutig, auch kontrovers wahrgenommen werden können. Deutsche Gerichtsurteile zeigen, dass sich säkulare Rechtskultur und jüdische oder muslimische Ritualpraxis »beißen« können: Wenn und wo es um das Recht auf körperliche Unversehrtheit oder um das Recht auf Selbstbestimmung geht, die auch das Recht auf freie Religionsausübung und das Recht der Eltern auf Erziehung tangieren[381].

Bei der theologischen und der heiklen gesellschaftlichen Debatte schwingt im Hintergrund noch etwas anderes mit, was vielleicht den Normalchristen weniger erreicht: Ob »Judenmission« zulässig ist oder nicht. Der Knackpunkt ist und bleibt, wer Jesus, den Christen als den Messias bekennen, für einen gläubigen Juden ist und sein kann.

Ignatius, der Philosemit – und das Erbe der Gesellschaft Jesu

Wer dem Jesuitenorden angehört, ist mit einem doppelten Erbe konfrontiert: Ignatius von Loyola war ein ausgesprochener Philosemit. Am liebsten wäre es ihm gewesen, wenn er »dem Fleische nach« Jude gewesen wäre – um über die ethnische Zugehörigkeit Jesus noch näher zu sein als nur über die persönliche Frömmigkeit.

Tragischerweise hat sich der Orden davon im Lauf seiner Geschichte sehr weit entfernt – eine beschämende, blamable Entwicklung. Im Jahr 2002 kam der 29. Generalobere der Jesuiten, Peter-Hans Kolvenbach († 2016), bei einem Besuch in Wien darauf zu sprechen. In einem Interview mit der Wochenzeitung »Die Furche« darauf hingewiesen, dass es »einen ›Arier-Paragraphen‹ bei der Aufnahme in den Orden gab«, räumte er ohne Umschweife ein: »Es ist eine Tatsache, dass im Jahre 1593 die fünfte Generalkongregation der Gesellschaft Jesu entschied, dass niemand Jesuit werden kann, der von jüdischen oder muslimischen Eltern abstammt. Diese Entscheidung war überhaupt nicht der Spiritualität des heiligen Ignatius entsprechend.«[382] Kolvenbach merkte an, dass sich die 34. Generalkongregation des Ordens von 1995 darüber erfreut gezeigt hat, dass mit dem letzten Konzil der jüdisch-christliche Dialog wieder an Fahrt aufgenommen, ja dass dieses den Dialog »radikal erneuert« habe – »nach Jahrhunderten der Polemik und Verachtung, an denen auch die Gesellschaft Jesu beteiligt war«[383]. Im Dekret 5 erinnert die Generalkongregation mit dem Zweiten Vatikanum daran, dass Juden die ersten Adressaten von Gottes nie widerrufenem Bund sind und bekräftigt, dass ohne Dialog mit den Juden christliche Identität defizitär bleibt (vgl. 34. GK, D. 5/12).

Kolvenbach zufolge war sich Ignatius seinerzeit »bewusst, dass es in Spanien schwierig war, sogenannte ›neue Christen‹ – jüdischer oder muslimischer Abstammung – in die Gesellschaft Jesu aufzunehmen. Darum ließ der judenfreundliche Ignatius diese Kandidaten nach Italien kommen, wo es viel leichter war, sie aufzunehmen.«[384] Zu seinen Lebzeiten funktionierte das. Später nicht mehr.

Ein kurzer Rückblick erklärt die fatale Entwicklung im Orden, entschuldigt sie aber nicht: Das Schlüsseljahr 1492 – Iñigo López de Oñaz y Loyola wurde am 31. Mai 1491 geboren – markiert den Beginn der Vertreibung der Juden aus Spanien: »Ende eines Prozesses religiöser Fundamentalisierung des gesamten Orbis christianus im Schatten der Kreuzzüge, der spätestens seit den Pogromen von 1391 (in Sevilla u. a.) auch Spanien erfasst hatte«[385]. Bis dahin lebten Juden in Spanien (hebr. *Sefarad*) »insgesamt besser als nirgendwo sonst auf dieser Erde nach der Zerstörung des zweiten Tempels«[386].

Nach Spanien (1492) wurden in Portugal (1496) Vertreibungsdekrete erlassen. Sie fanden im gesamten Mittelmeerraum Widerhall, besonders aber in Italien: »Ghettos wurden errichtet an Orten, die solche bis dahin nicht gekannt hatten. 1516 zum Beispiel zwang Venedig die Juden, in einem bestimmten Viertel der Stadt zu wohnen.«[387] Auch im Kirchenstaat, in dem Juden lange »mehr Freiheit genossen und weniger Bedrängnis zu erleiden gehabt (hatten) als vielleicht irgendwo sonst in Europa«[388], begann unter dem Farnese-Papst Paul III., der die Gesellschaft Jesu am 27. September 1540 bestätigte, allmählich ein anderer Wind zu wehen. Sein Pontifikat »markierte den Beginn eines neuen Proselyteneifers«[389].

Auf ihn folgten Julius III. und Marcellus II., der aber nur 22 Tage lang im Amt war, bevor der Theatinerkardinal Gian Pietro Carafa aus dem Konklave als Paul IV. hervorging. »Der Bekehrungseifer« seiner drei Amtsvorgänger »steigerte sich zur Verfolgung, als Paul IV. das römische Ghetto schuf, das den Juden wohl die strengsten Einschränkungen ihrer Freiheit in ganz Italien aufbürdete und im päpstlichen Staat juristische Ungerechtigkeiten gegen sie billigte.«[390]

Die veränderte Stimmungslage wirkte sich auch in den Orden aus. Auch in der jungen Gesellschaft Jesu: Ignatius selber setzte sich, als die meisten anderen Orden schon längst entsprechende Bestimmungen erlassen hatten, noch vehement gegen die Aufnahme entsprechend restriktiver Bestimmungen in die Satzungen des Ordens zur Wehr – trotz massiver Interventionen des Erzbischofs von Toledo, Juan Martínez Guijarro, dem Primas von Spanien, wie auch aus den eigenen Reihen: vor allem des von Vorurteilen getriebenen Provinzials der Jesuiten in Spanien, Antonio de Araoz. Ihm schrieb Ignatius, man solle »jemand nicht nach seiner Rasse beurteilen, sondern danach, ob er ein guter Mensch ist«[391]. Er untersagte jegliche Diskriminierung. In Italien waren Jesuiten »sogar stolz auf jüdischen Nachwuchs«[392]. Das Urteil des Historikers: Ignatius entscheidet sich vor dem Hintergrund seines Philosemitismus für

»eine kluge pragmatische Lösung, die den spanischen Antijudaismus und Antiislamismus faktisch unterläuft«[393].

Sein erster Nachfolger als Generaloberer, Diego Laínez, selbst jüdischer Abstammung, konnte dem ordenseigenen Druck noch standhalten. Aber die fünfte Generalkongregation der Gesellschaft Jesu unter Claudio Aquaviva, seit 1585 Generaloberer, erließ als Folge antijüdischer Strömungen (vor allem unter spanischen Jesuiten) 1593 im Dekret 52 ein allgemeines Verbot: Bekehrte Juden und Nachkommen christlich gewordener Juden durften nicht mehr in den Orden aufgenommen werden. Alle betroffenen Jesuiten, die noch keine Letzten Gelübde abgelegt hatten, sollten aus dem Orden entlassen werden.

Angesehene Jesuiten oder die Ordensprovinz Aragon protestierten dagegen auf der sechsten Generalkongregation (1608) und verlangten zumindest eine Milderung dieser Maßnahme. Bei Ordensinteressenten aus adeligen Familien und gut Beleumundeten sollte, so das Ergebnis ihrer Bemühungen, nicht über den fünften Grad hinaus nachgeforscht werden. Druck ausgeübt hatte auf die Generalkongregation auch die spanische Inquisition. Diese wünschte sich eine mehr föderal angelegte Verfassung des Ordens, um direkte Eingriffsrechte des Generaloberen auf einzelne Ordensprovinzen zu beschränken – was wiederum genau der Inquisition mehr Handlungsspielraum erlaubt hätte. Diesem Druck wollten die Mitglieder der Generalkongregation offensichtlich nicht nachgeben, mussten deswegen aber offenbar in der Frage der »limpieza de sangre« – Tellechea spricht von einem »Wahn«[394] – Konzessionen machen. Ein Deal zulasten von Juden.

Es muss allerdings auch gesagt werden, dass Ignatius in Rom »für einige jüdische Konversionen verantwortlich« war und auch dazu ermutigte, »auf dasselbe Ziel hinzuarbeiten«[395]. Als Paul III. im März 1542 die Bulle »Cupientes iudaeos« veröffentlichte, die jüdischen Konvertiten erlaubte, ihren Besitz zu behalten (womit ein großes Konversionshindernis entfiel), führte ihm Ignatius dabei die Feder. Konversions-Aspiranten wurden ab 1543 in der »Casa dei Catecumeni« untergebracht, einem von Margarete von Habsburg angemieteten Haus, das zwar einer Bruderschaft unterstand, aber von Ignatius tatkräftig unterstützt wurde. Die jüdische Gemeinde nahm daran Anstoß, die Casa »blieb in den folgenden Jahrhunderten eine Quelle von Spannungen zwischen dem Papsttum und der jüdischen Gemeinde«[396].

Ein Sprung ins 20. Jahrhundert: Während des Zweiten Weltkriegs waren etliche Jesuiten zur Emigration aus Hitlerdeutschland (»Verjudung der Gesellschaft Jesu«), ja sogar aus Europa gezwungen worden, weil der Orden sie nicht genügend schützen konnte. In den 1920er- und 1930er-Jahren durfte über die Bestimmung, keine Juden in den Orden aufzunehmen, immerhin publiziert werden[397]. War im Jahr 1608 das seit 1593 an bestehende absolute Verbot, konvertierte Juden und Muslime in den Orden aufzunehmen, etwas gelockert worden – von dem seit 1923 der Generalobere, zuvor ausschließlich der Papst dispensieren konnte –, hat erst die 1946 abgehaltene 29. Generalkongregation das »Hindernis der Abstammung bzw. Rasse« abgeschafft. James W. Reites kommentierte das so: »Es wird aber stets beschämend für die Jesuiten bleiben, dass die Gesellschaft Jesu erst nach dem Nazi-Holocaust wieder zu den Prinzipien ihres Gründers zurückkehrte.«[398]

Je älter ich werde, desto mehr wird mir bewusst, dass ich Jesus nicht »für mich« vereinnahmen kann. Bilder, Bildung, Wissen, Erkenntnisse, Einsichten – alles wichtig. Aber auch sie muss ich loslassen (lernen), um dem wahren, dem wirklichen Jesus immer neu zu begegnen, jenseits vertrauter und gewohnter Begriffe und Bilder.

Unterwegs zur Wiedergewinnung des Jesuszentrismus

Kolvenbachs Bemerkung von »Polemik« und »Verachtung« ist nicht nur das Eingeständnis einer Schuldgeschichte. Sie markiert auch ein neues Bewusstsein. Denn man kann im Philosemitismus des Ignatius nicht nur (s)eine Privatangelegenheit sehen, die sich der persönlichen Frömmigkeit verdankt. Sein Wunsch, wie Jesus Jude zu sein, ist Ausdruck für »die Tiefe seines Jesuszentrismus«: »Dem Volke Jesu anzugehören, kann für Ignatius einfach nichts Verächtliches sein, und so war er wohl tatsächlich ›der einzige Mensch, der zu Lebzeiten auf das Tabu der limpieza überhaupt keine Rücksicht nahm‹.«[399]

Ignatius, aber auch Peter Faber, der erste Priester der Gesellschaft Jesu, hätten sich im Grab umgedreht, wenn sie die verhängnisvolle Entwicklung, die ihrem spirituellen und theologischen Habitus wie auch ihrer Einstellung diametral entgegenliefen, erlebt hätten! Die Kehrtwendung des jungen Ordens um 180 Grad mag zwar historisch erklärbar sein. Aber das macht die Enttäuschung darüber nicht geringer. Ganz offensichtlich hat Ignatius seinem Orden, der »Gesellschaft Jesu«, die sich durch eine inkarnatorische Spiritualität auszeichnet, auch heute noch etwas zu sagen: auch und gerade bezüglich der Sehnsucht nach Jesus dem Juden!

Andacht, persönliche Frömmigkeit und Spiritualität haben durchaus Folgen bzw. Auswirkungen auf die Theologie – wenn es denn so etwas wie »Jesuitentheologie« heute noch gibt! Ob, theologisch gesehen, Israel eine »Sonderstellung« einnimmt, ob es zwei verschiedene, legitime Heilswege gibt, ob der Verzicht auf »Judenmission« legitim ist: Solche Fragen haben für Jesuiten, die ihr Erbe ernst nehmen, eine tiefere Bedeutung als für andere Orden und Theologen.

»Wer Jesus Christus begegnet, begegnet dem Judentum«

Christian M. Rutishauser wertet die jüdische Herkunft des Christentums als »bleibenden Stempel«: »Christsein ist seit Anbeginn an die jüdische Existenz gekettet, wenn auch oft gerade durch Abgrenzung. Immer trifft jedoch die Kirche, wenn sie zu ihrer Quelle will, unausweichlich auf das Judentum.«[400] Ihre Erklärung »Über das Verhältnis der Kirche zum Judentum« vom 28. April 1980 begannen die deutschen Bischöfe mit dem Satz, den sich später Johannes Paul II. bei seinem Besuch bei der jüdischen Gemeinde in Mainz am 17. November 1980 während seines Deutschlandbesuchs zu eigen machte: »Wer Jesus Christus begegnet, begegnet dem Judentum.«[401] Ihr Dokument lud zum Umdenken ein.

Die Bischöfe erinnerten daran, dass Martin Buber Jesus seinen »großen Bruder« nannte. Und sie verwiesen auf den jüdischen Denker und Schriftsteller Schalom Ben-Chorin: »Jesus ist für mich der ewige Bruder, nicht nur der Menschenbruder, sondern mein *jüdischer Bruder*. Ich spüre seine brüderliche Hand, die mich fasst, damit ich ihm nachfolge.« Die darauf folgende Bemerkung lassen sie aus und setzten das Zitat fort: »Sein Glaube, sein bedingungsloser Glaube, das schlechthinnige Vertrauen auf Gott, den Vater, die Bereitschaft, sich ganz unter den Willen Gottes zu demütigen, das ist die Haltung, die uns in Jesus vorgelebt wird und die uns – Juden und Christen – verbinden kann«[402]. Die Hochachtung und der Respekt aus seinen Worten berühren, obwohl Jesus für ihn nicht der Messias ist – und zeigen die »andere« Seite des sensiblen jüdisch-christlichen Dialogs.

Sofern es nicht bei protokollarischen Floskeln bleibt, gilt: Christen lernen von Juden und Juden von Christen! Der jüdische Publizist Pinchas Lapide legte einmal zusammen mit dem evangelischen Theologen Helmut Gollwitzer im Nachgang des Evangelischen Kirchentages in Hamburg in einer gemeinsamen Bibelarbeit die Kindheitsgeschichte bei Lukas (Kapitel 2) aus. Daraus entstand später eine ausführlichere Fassung in einem gemeinsamen Buch, in dem Lapide niederlegte: »Was ich von Jesus glaube«. Dort liest man: »Letztlich glaube ich, dass Juden und Christen unverbesserliche Heilsoptimisten sind, Gott sei Dank, die sich brüderlich den Weltrekord für Hoffnungskraft teilen sollten. Christen warten über 1900 Jahre auf Jesu Wiederkunft; Juden warten schon zwei Jahrtausende auf die Ankunft des Messias, der beide erlösen soll. Ich kenne keine dritte Religion, die solch hartnäckige Ausdauer bewiesen hat.«[403]

Das Gespräch zwischen Juden und Christen

Als bereichernd habe ich einen Dialog zwischen einem katholischen Theologen von der Universität Freiburg und einem Rabbiner erlebt, dem Rektor des Abraham Geiger Kollegs an der Universität Potsdam: Magnus Striet und Walter Homolka. In ihrem gemeinsamen Vorwort stellen die beiden Wissenschaftler fest: »Das Gespräch zwischen Juden und Christen muss lebendig sein, und wir dürfen die bisher erreichten Annäherungen heute und morgen nicht leichtfertig verspielen. Im luftleeren Raum vollziehen sich diese Debatten nicht. (…) Unsere Hoffnung: Aus dem jüdisch-christlichen Gespräch möge ein religiös begründeter Widerstand gegen den Antisemitismus erwachsen.«[404] Homolkas Beitrag referiert zunächst die jüdische Annäherung (»Heimholung«) Jesu seit der Aufklärung, indem er auch auf den »Mythos vom christlich-jüdischen Abendland«[405] zu sprechen kommt. Sein Fazit, das gleichzeitig ein Plädoyer ist: »Ich meine, es ist nun Aufgabe der christlichen Theologen, eine Christologie zu schaffen, die ohne ein zur Karikatur entstelltes Judentum auskommt, das der christlichen

Identitätsfindung und Lehre bisher als Projektionsfläche diente. Jetzt sind konkrete Schritte für eine Neuformulierung der christlichen Lehre nötig.«[406] Ungeachtet vieler Erklärungen, »noch mehr guter Absichten sowie der rapiden Zunahme christlich-jüdischer Veröffentlichungen ist es dennoch fraglich, ob die Christen wirklich bereit sind, die weitreichenden Konsequenzen der Gegenwart des Judentums im Christentum für die christliche Theologie zu akzeptieren.«[407] Er warnt dabei vor der »Pathologisierungsfalle«, in die der Heidelberger Neutestamentler Gerd Theißen getappt sei: »Wer aber Jesus als Revitalisierer versteht, läuft Gefahr, das Judentum zu pathologisieren. Wenn man Jesus ein Mehr an Vitalität zuspricht, muss man dann nicht im Umkehrschluss seiner jüdischen Umwelt und dem sich daraus entwickelnden modernen Judentum Lebendigkeit absprechen?«[408] Diese und weitere Fragen wie auch der Hinweis, dass die verschiedenen Jesusbilder und damit verbundene Theologien, die die Kirchen transportierten, »allesamt die Narben des Streits (tragen)«[409], machen nachdenklich – und provozieren heilsam.

Striets Beitrag wiederum macht deutlich, dass theologischer Antijudaismus die logische »Kehrseite« bzw. Folge »einer bestimmten, satisfaktionstheoretisch konzipierten Soteriologie« ist – »mit verheerenden Folgen für das jüdische Volk«[410]. Die »Problemanzeigen«: das Judesein Jesu als bleibende Provokation für christliche Theologie, der Zusammenhang zwischen Satisfaktionslehre und Antijudaismus, ethischer Monotheismus, das unselige (und unproduktive) Erbe von Neuplatonismus und Augustinus, das bis in die Gegenwart hineinwirkt. Striet positioniert sich eindeutig: »Müssen sich die Juden zu Christus bekennen, damit sie das Heil erlangen? Man kann und muss diese Frage strikt systematisch angehen, weil sie keine historische ist, und dann lautet die Antwort eindeutig: Nein.«[411] Interessant dabei der Nachsatz: »Dabei halte ich die Kategorie des ›ungekündigten Bundes‹ für nur wenig zielführend.«[412] Und warum? »Gottes Bund kann nur ungekündigt sein«, so Striet, »weil es keinen Grund gibt zu glauben, dass Gott ihn gekündigt haben könnte. Israel glaubt dies, und die Kirche darf ohnehin nichts anderes behaupten, solange sie theologisch in der Logik der Selbstoffenbarung Gottes denkt, die ihren Kern darin hat, dass Gott selbst sein Wesen als unbedingte Liebe in seiner Menschwerdung endgültig hat offenbar werden lassen.«[413] Gegenüber sämtlichen »Eindeutigkeitsfundamentalisten aller Zeiten«[414] macht Striet natürlich auch auf die bleibende Differenz aufmerksam. Seine Position lässt keine intellektuellen Schlupflöcher oder Quasilösungen zu: »Dass den Juden eschatologisch ein Bekenntnis zu Christus abverlangt werden wird, um erlöst werden zu können, ist ausgeschlossen.«[415]

Jesus, der nahe Unbekannte

Was Ignatius von Loyola dazu gesagt hätte? Zwei längere Aufenthalte im Heiligen Land, 1984 und 2019, dazwischen seit dem Jahr 2001 einige Reisen als Pilger und Tourist, haben mir die Augen geöffnet und das Herz weit gemacht: für Jesus den Juden. Dass ich nur sehr elementare Kenntnisse des Hebräischen habe, wurmt mich. Vieles weiß ich nicht, vieles bleibt mir fremd. Aber die Betrachtung, die Meditation des Lebens Jesu und einzelner Lebensgeheimnisse bringt mich immer wieder zusammen mit dem Juden Jesu. Anders lässt sich ihm nicht begegnen. Ich kann mich nur wundern über historische Versuche (nicht nur in der NS-Zeit), ihn zu »arisieren«. »Holder Knabe im lockigen Haar«: Dieser Jesus taugt allenfalls für ein stimmiges Weihnachtslied.

Wer ist Jesus für mich? Was bedeutet er mir? Wie begegne ich ihm? Wie verändert die Tatsache, dass Jesus Jude war, meinen Glauben als Christ? Oder tangiert mich das gar nicht? Sich solchen Fragen zu stellen, kann verunsichern, aber auch bereichern. Weil der Glaube weiter wird – weil sich ein Horizont öffnet. Nur wer sich sklavisch, um nicht zu sagen: skrupulös an (Glaubens-)Sätze klammert, an Wortlauten festhält, darin verkrallt, wird dabei unsicher.

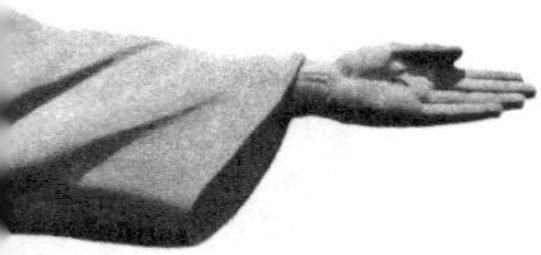

22
Der kosmische Christus

Auch wenn die jüdische Identität Jesu oft unter den Tisch fällt, auch wenn Christen meinen, sie könnten an einen »europäischen«, nordischen Jesus glauben: Die von dem Jesuiten Pierre Teilhard de Chardin († 1950) entwickelte Idee des kosmischen Christus lässt sich nicht dagegen ausspielen. Der protestantische Theologe und Publizist Werner Thiede ist im Jahr 2001 in einem umfangreichen Buch »Karriere und Bedeutungswandel einer umfangreichen Metapher« nachgegangen[416].

Ein Geopferter: Pierre Teilhard de Chardin

Von 1922 bis 1925 Professor am Institut Catholique in Paris, von 1926 an von seinem Orden zu Forschungsexpeditionen nach Asien (China, Burma, Indien, Java) und ins südliche Afrika geschickt, wo er fast zwanzig Jahre lang unfreiwillig im Exil als Paläontologe und Anthropologe unterwegs war, wurden Teilhards philosophisch-theologische Essays erst nach seinem Tod, posthum, veröffentlicht. Seine Forschungen gelten als die erste seriöse Darwin-Rezeption im katholischen Raum überhaupt. Sie fanden weltweit Beachtung. Das kirchliche Lehramt freilich reagierte streng, weil es sich in die Ecke gedrängt fühlte: mit einem lebenslangen Lehr- und Schreibverbot. Im Hintergrund stand die Frage, ob der christliche Glaube mit einem naturwissenschaftlichen Weltbild und seinen modernen Forschungsergebnissen vereinbar ist. Teilhard – ein zweiter Galileo Galilei?

1957 ordnete das Heilige Offizium an, dass Teilhards Bücher aus katholischen Buchhandlungen und Bibliotheken zu entfernen seien. Der Vatikan warnte vor ihm noch 1962 – also sieben Jahre nach seinem Tod: wegen »schwerer Irrtümer« und »Abweichungen« von der kirchlichen Lehre. 1992 hat dann Papst Johannes Paul II. – vorausgegangen waren Jahrzehnte des Misstrauens – betont, dass Evolutionstheorie und christlicher Schöpfungsglaube kein Widerspruch seien. Er, Benedikt XVI., und Franziskus haben Teilhard de Chardin wiederholt zitiert, Franziskus sogar in der Enzyklika »Laudato si'« (LS 83). 2017 appellierte der Päpstliche Rat für die Kultur unter ihrem Präsidenten, Kardinal Gianfranco Ravasi, an Papst Franziskus, den umstrittenen Jesuiten zu rehabilitieren.

Die Enzyklika »Humani generis« (1950) von Papst Pius XII., die eine theologische Eiszeit auslöste und einer ganzen Reihe von Theologen Lehr- oder Schreibverbot einbrachte, hatte noch ganz andere Töne angeschlagen. Paradoxerweise fanden sich etliche von ihnen zwölf Jahre später unter den maßgeblichen Konzilstheologen. Unter ihnen waren auch Henri de Lubac und Yves Congar, die von Johannes Paul II. zu Kardinälen ernannt und damit – spät – rehabilitiert wurden.

Kosmische Christologie

Kosmogenese, Christogenese, kosmischer Christus: Termini, die sich im Werk Teilhards finden. Er war der Überzeugung, dass durch die Kosmogenese Jesus Christus eine kosmische Dimension erhalte – und der Kosmos eine »christische« Dimension. Die ganze

Schöpfung existiert letztlich nur als Element der Christogenese. In Jesus von Nazareth hat sich das Wort Gottes, der Logos, inkarniert. Im Epilog seines Werkes »Der göttliche Bereich« (*Le Milieu Divin*) von 1957, der mit »Tientsin, November 1926 bis März 1927« datiert ist, schreibt er: »Das Gestirn, auf das die Welt wartet – dessen Namen sie noch nicht zu nennen vermag, dessen wahre Transzendenz sie nicht ermisst, von dem sie nicht einmal die geistigen und göttlichen Strahlen erkennen kann –, dieses Gestirn ist Christus selbst, den wir erhoffen. Um die Parusie herbeizuwünschen, müssen wir nur das Herz der Erde in uns schlagen lassen und verchristlichen.«[417]

»Kosmischer Christus«: »Christus als das höhere psychobiologische Zentrum des Universums, das sich ganz in Seiner Abhängigkeit befindet, entsprechend dem Text des heiligen Paulus, für den Christus jener ist, in dem alle Dinge Bestand haben.« – »Christus Evolutor«: »Christus als Beweger der Evolution, der in ihr in einer fortdauernden Aktion wirkt.« – »Eucharistischer Christus«: »der durch den Effekt der Transsubstantiation im Brot und Wein des Messopfers gegenwärtige Christus.« – »Historischer Christus«: »Christus in Seiner historischen Wirklichkeit gesehen.« – »Mystischer Christus«: »Christus gesehen als auf Grund Seiner Inkarnation treibende Kraft aller menschlichen Werte.« – »Christus Omega«: »Christus, der sich einerseits mit der theologischen Vorstellung von dem Punkt der letzten Konvergenz der kosmischen Evolution deckt. Christus deckt sich mit dem Omega der Evolution.«[418] Der »Punkt Omega« ist in Teilhards Phänomenologie der »Punkt der Konvergenz, auf den hin die ganze Evolution und wesentlich die Menschheit voranschreitet.«[419] Nach Ansicht von Henri de Lubac, der mit seinem verfemten Mitbruder seit 1930 in brieflichem und mündlichen Kontakt stand, wusste sich dieser von Paulus mehr als von irgendwelchen anderen Meistern inspiriert.

Im Brief an die Gemeinde in Kolossä heißt es ganz zu Beginn von Jesus: »Er ist das Ebenbild des unsichtbaren Gottes, der Erstgeborene der ganzen Schöpfung. Denn in ihm wurde alles erschaffen, im Himmel und auf Erden, das Sichtbare und das Unsichtbare, Throne und Herrschaften, Mächte und Gewalten, alles ist durch ihn und auf ihn hin erschaffen. Er ist vor aller Schöpfung und in ihm hat alles Bestand.« (Kol 1, 15-17) Teilhards Grundidee von der Geschichte, die in einem »Punkt Omega« das universale Schöpfungsziel einer Einheit alles Geschaffenen in Gott findet, kann sich getrost auf Paulus berufen. Dass es Brüche in seinen Denkbewegungen gegeben haben mag[420], muss ich hier gar nicht in Abrede stellen. Offensichtlich ist aber auch, dass viele – selbst innerhalb seines Ordens[421], längst nicht nur auf den »Wachtposten« der kirchlichen Hierarchie – damit überfordert waren, seine Ideen zu verstehen und deswegen ablehnend reagierten. »Man kann sich aber auch«, meint Christian Kummer, »der Herausforderung stellen, wie Teilhard de Chardin das beispielhaft getan hat, und versuchen, den christlichen Glauben vor dem Hintergrund einer solchen kosmisch-evolutiven Drift neu zu formulieren.«[422]

Jesus von Nazareth: der Christus Universalis

Deswegen kann mich nicht einmal die etwas oberflächlich aufgebrachte Rückfrage Karl Rahners aus späten Lebensjahren irritieren: »Wenn etwa Teilhard de Chardin von Christus als dem Omega der Weltgeschichte spricht, ist die Frage aufgeworfen, ob denn dieser Teilhardsche Allchristus als Ziel und Grund aller evolutiven Geschichte im Ernst noch mit Jesus von Nazaret zu tun haben kann.«[423] Der Biologe Adolf Haas († 1982), Jesuit wie Teilhard und Rahner, hat als kenntnisreicher Teilhard-Interpret 1971 ein zweibändiges Teilhard-de-Chardin-Lexikon veröffentlicht. Er schreibt: »Es mag vielleicht der Eindruck entstehen, dass Teilhards Christus-Schau zu wenig vom historischen Christus weiß. Einer der häufigsten Vorwürfe zielt in diese Richtung. Das genaue Studium seiner Schriften belehrt uns indes eines anderen: Ausgangspunkt und Zielpunkt ist der historische Christus, der sich durch Geburt aus Maria, durch Leben, Tod und Auferstehung in die Menschheit und einen evolutiven Kosmos eingegliedert hat.«[424]

Immerhin gesteht Rahner Teilhard zu, dass er traditionelle Christologie neu formulieren wollte. In dem früheren Artikel »Die Christologie innerhalb einer evolutiven Weltanschauung« von 1962 hat er sich differenzierter mit Teilhard de Chardins Entwürfen auseinandergesetzt.

Teilhards Artikel »Christologie und Evolution« – das Manuskript wurde an Weihnachten 1933 abgeschlossen – beginnt mit den Worten: »Ich kann Christus nur so sehen, wie ich ihn hier zeichne. Doch liegt mir an seiner Unversehrtheit mehr als an den Farben, die ich ihm gebe.«[425] Seine Überlegungen enden mit dieser Passage, die auch ein Bekenntnis ist: »Da wir abstrakt die Ausdrucksformen unserer Dogmen wiederholen und entwickeln, sind wir dabei, uns in Wolken zu verlieren, in die weder die Geräusche, noch das Streben, noch der Saft der Erde dringen. Religiös leben wir in bezug auf die Welt in einem doppelten, geistigen und gefühlsmäßigen Extrinsezismus. Dies ist ein Hinweis darauf, dass die Zeit für eine Erneuerung nahe ist. Nach fast 2000 Jahren muss Christus wiedergeboren werden, muss er sich reinkarnieren in eine Welt, die allzusehr von der verschieden geworden ist, in der er gelebt hat. Jesus vermag nicht greifbar wieder unter uns zu erscheinen. Doch kann er unserem Geist einen triumphierenden und neuen Aspekt seines Antlitzes bekunden. Der Messias, den wir unzweifelhaft alle erwarten, ist, glaube ich, der Christus Universalis, d. h. der Christus der Evolution.«[426]

Kosmischer statt geteilter Christus

Ob die Idee (fachtheologisch: das Theologumenon) des kosmischen Christus auf lange Sicht nicht auch ein Impuls wäre, den geteilten Christus zu überwinden? Ich meine den in so viele christliche Konfessionen aufgespaltenen Jesus – als Ergebnis theologischer Streitigkeiten quer durch die Jahrhunderte, die bis heute nachwirken und mit denen sich viele scheinbar abgefunden haben, auch wenn »Ökumene« zur Pflichtrhetorik von Bischöfen gehört. Ein geteilter Christus trägt nicht unbedingt zur Glaubwürdigkeit des Christentums und der Botschaft Jesu bei.

In seiner Heimatstadt Wasseralfingen hat der baden-württembergische Priesterkünstler Sieger Köder († 2015) neben den Altarbildern und einem »Frauenaltar« in der Kirche St. Stephanus auch einen Kreuzweg gestaltet. Die Station »Jesus wird seiner Kleider beraubt« zeigt eine Darstellung, die als Einzelbild den Titel »Zerrissener Mantel« trägt – in Anlehnung an die Kirchenväter, die im »Rock ohne Naht« ein Bild der unteilbaren Kirche Christi sahen. Man sieht einen protestantischen Pfarrer im Talar, einen orthodoxen Popen in goldglänzendem Ornat, einen katholischen Bischof (vielleicht der Papst?) mit Messgewand und dunkelroter Mitra, außerdem ein Revolutionär mit einer roten Flagge, der sich auf Jesus beruft: Alle vier streiten sich um ein Stück Stoff: »Keiner befeindet mehr den andern; man lebt allein und fromm vor sich hin. Weil aber jeder in seine Richtung zeigt, entsteht ein neues Kreuz: das Kreuz der fortgesetzten Spaltung, das Gegenteil, was Jesus wollte.«[427] Jesus steht halbnackt und traurig in der Mitte der vier Gestalten. Köders Aussage ist eindeutig: Das Gezänke der Konfessionen und Religionen vertieft die ohnehin vorhandene Teilung: »Jesus wollte kein bloßes Nebeneinander; er wünschte ein Mit- und Füreinander. Ein erbärmlicher Gegensatz im Bild: das fromme Kleidergetändel hier, die nackte Wahrheit dort!«[428]

Jesus ist nicht römisch-katholischer oder orthodoxer Christ, er ist nicht Lutheraner, Zwinglianer oder Calvinist, Methodist oder Baptist, Anglikaner oder Altkatholik. Er ist weder ökumenische Verhandlungsmasse noch ein konfessionelles Konstrukt. Jesus ist vermutlich traurig darüber, was aus ihm im Laufe der (Kirchen-)Geschichte alles gemacht wurde. Er steht als geteilter, zerrissener Jesus da. Das geflügelte Wort von Friedrich Hebbel könnte man auch ihm in den Mund legen: »Der ich bin, grüßt traurig den, der ich könnte sein!«

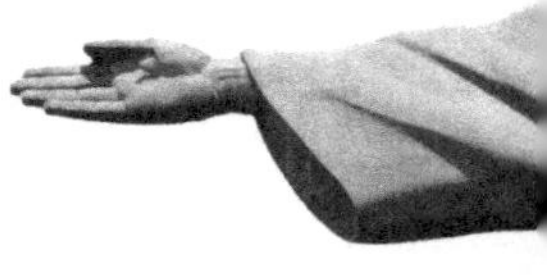

23

Jesus sehen

Kinder haben ein feines Gespür für Echtheit. Sie misstrauen Phrasen. Mit Worthülsen lassen sie sich nicht so einfach abspeisen wie Erwachsene gelegentlich meinen. Sie spüren, wenn sie abgewimmelt und »ruhiggestellt« werden sollen, weil sie lästig geworden sind. Dann drehen sie erst recht auf. Kinder ernst nehmen: Das ist anstrengend, aber wichtig. Vielleicht auch, um von ihnen zu lernen? Vielleicht auch im kirchlichen Bereich und dort besonders in Gottesdiensten? Mir ist ein Ratschlag eines Jesuiten während meiner zwei Pastoraljahre vor und nach meiner Priesterweihe in einer Pfarrei in Wien in Erinnerung geblieben: »Bereite dich in Familiengottesdiensten gut vor. Du musst auf alles gefasst sein, wenn du Kinder direkt ansprichst. Sonst wird es peinlich. Kinder spüren, ob du sie ernst nimmst oder nicht.«

Religiöses Sprechen lernen: mit Kindern und von Kindern

Kinderleicht oder kinderschwer? Wenn einem Kinder Löcher in den Bauch fragen, wird die Geduld von Erwachsenen schnell strapaziert. Weil sie nicht damit gerechnet haben, dass Kinder wissen wollen. »Philosophieren mit Kindern« etwa hat Konjunktur. Kinder können ungeniert fragen. Sie bestehen auf Antworten, und wenn sie damit unzufrieden sind, fragen sie weiter, bis Erwachsene entnervt kapitulieren und ihr Unwissen zugeben. Fragen wie diese sind nicht erfunden: *»Glaubt die Katze, dass Gott aussieht wie die Katze?« »Papa, weißt du, was ich mir nicht vorstellen kann? – Na was? – Dass es Gott gibt.« »Ist Gott ein Mann oder eine Frau oder beides?« »Wenn Gott alles weiß, warum sagt er uns dann nicht alles?«*[429]

Die eigene religiöse Sozialisation kommt dabei mit ins Spiel. Kinder fragen oft sehr direkt nach Gott, nach Jesus, nach Sinn, nach dem Sterben. Religiöse Sprachkompetenz und Ausdrucksfähigkeit lassen sich erwerben. »Wenn Kinder gar keine ›religiöse Grundgrammatik und Sprache‹ erwerben, wie sollen sie sich dann entscheiden?«[430], fragt der Tübinger Religionspädagoge Albert Biesinger. Viele Erwachsene haben das als Kinder nie gelernt. Wie sollten sie dann als Erzieher reüssieren? Ihre eigenen, oft ungeklärten Gottesbilder, die ja längst nicht nur positiv besetzt sind (Biesinger listet sie als »dämonische Gottesbilder«[431]), wirken nach. Sie werden von Kinderfragen herausgefordert. Sie bedürfen der Klärung, wenn Kindern »stimmige, aufbauende Vorstellungen von Gott«[432] vermittelt werden sollen.

»Ich will Jesus sehen!«

Mitten in die Gebetsstille und zum Schrecken der Eltern platzt es manchmal in Familiengottesdiensten (befreiend) hinein: »Ich will Jesus sehen!« Dieser »Kinderwunsch« nimmt Erwachsene ernst, die es wiederum mit ihren Kindern manchmal nicht so ernst nehmen: »Denkbar, vielleicht sogar hörbar, wäre es, der Ton dieses Aufschreis habe auf dem Wort ›sehen‹ gelegen, und die ganze enttäuschte Ungeduld hier bezöge sich vor allem darauf, dass hier in der Kirche nicht der sichtbar geworden, ist, dessen Anblick überfromme Eltern dem Kind versprochen hatten, wenn es nur brav in die Kirche mitginge.«[433]

Die Enttäuschung ist vorprogrammiert, und gleichzeitig macht sie nachdenklich – weil sie ja auch Erwachsene betrifft: »Und nun; weiter und wieder nichts! Hat man mich getäuscht, denkt das Kind. Hat man mir nicht immer gesagt, ich müsse Jesus mehr lieben als meine Kuscheltierchen, den Teddy und das weiße Kätzchen, mehr sogar als meine Eltern? Wie geht denn das, wo ich doch Teddy, Kätzchen, Papa und Mama sehe, diesen Jesus aber nicht? Wie kann ich lieben, was ich nicht sehe? Nicht einmal in der Kirche, wo er doch angeblich wohnt, bekomme ich ihn zu sehen. Ja, Bilder von ihm sehe ich: Jesus als kleines Kind in der Krippe, Jesus auf dem Schoß seiner Mutter, Jesus am Kreuz – wie grässlich! Aber ihn selbst, leibhaftig und lebendig sehe ich nicht und nirgends. Dort in dem silbernen Schränkchen auf dem Altar soll er sein? Aber da ist doch auch nur ein Becher drin mit weißen Scheibchen; ich hab's genau gesehen, als der Pfarrer diese Scheibchen den Leuten in die Hand oder in den Mund gab. Das soll Jesus sein? Gibts den überhaupt?«[434]

Der Benediktiner Paulus Gordan († 1999), aufgewachsen in einem assimilierten jüdischen Elternhaus in Berlin, 1931 konvertiert und 1935 in Beuron (Donautal) eingetreten, stellte diese Überlegungen an.

Kinder wollen zu Jesus. Und Erwachsene? Die Bibelstelle ist bekannt, sie wird bei allen drei Synoptikern (Matthäus, Markus und Lukas) erzählt und oft bei Tauffeiern verwendet: Kinder werden zu Jesus gebracht. Er soll sie segnen. Aber die Jünger wimmeln die Eltern ab (vgl. Mt 19, 13-15; Mk 10, 13-16; Lk 18, 15-17). Sie meinen, Jesus von »lästigen«, aufdringlichen Begegnungen abschirmen zu müssen. Aber Jesus reagiert ganz anders als gedacht: »Lasst die Kinder zu mir kommen; hindert sie nicht daran! Denn solchen wie ihnen gehört das Reich Gottes.« (Mk 10,14) Das Eintrittsbillett ins Himmelreich knüpft Jesus hier an eine Bedingung: Werdet wie die Kinder – arglos, absichtslos, in gesunder Weise naiv, vertrauensselig.

Die kurze Episode im Neuen Testament endet mit drei Gesten: Jesus nimmt die Kinder in die Arme, er legt ihnen die Hände auf, er segnet sie. Denn das sind Vorgänge, die Eltern in den ersten Lebensjahren, wo Kinder zum Überleben völlig auf Mama und Papa angewiesen sind, ebenfalls vollziehen, wenn auch nicht unbedingt religiös konnotiert: umarmen, beschützen, Gutes tun bzw. segnen. Diese Gesten sind sozusagen religiös anschlussfähig – erst recht, wenn sie bewusst aus religiösen Motiven erfolgen.

Karl Rahner, der persönliche Beziehungen zum SOS-Kinderdorfgründer Hermann Gmeiner († 1986) pflegte, hat sich im Jahr 1962 »Gedanken zu einer Theologie der Kindheit« gemacht[435]. Und der geistliche Schriftsteller Heinrich Spaemann († 2001) – Walter Dirks war Taufpate seines Sohn Robert – regte vor dem Hintergrund des Rangstreits der Jünger, wer der Größte sei, woraufhin Jesus als Antwort ein Kind in ihre Mitte stellte (Mt 18, 1-5), eine »Orientierung am Kinde« an[436].

Bei Taufen verwende ich in diesem Zusammenhang gern einen Zweizeiler mit dem Titel »Sprachgebrauch der Erwachsenen«. Er stammt von dem österreichischen Lyriker und Essayisten Erich Fried († 1988). Er lautet: »Wenn ihnen etwas zu nahe geht, rufen sie: Das geht zu weit!« Gemeint sind dabei natürlich Erwachsene. Wenn ihnen etwas unter die Haut geht, wenn sie etwas wirklich betrifft, reagieren sie manchmal im Entrüstungsgestus und distanzieren sich. Sowas wirkt aber bei Kindern nur bedingt oder nur unter Strafandrohung. Sie lassen normalerweise nicht locker.

Ließe sich dabei nicht auch von Kindern lernen? Warum sind Erwachsene über solche Fragen meistens »erhaben«? Warum wehren sie oft so schnell ab?

»Gibt's den in echt?«

Albert Biesinger hat wiederholt einen Kirchenbesuch mit seiner dreijährigen Enkelin Lisa geschildert. An einem kalten Märztag zündete diese in der Kirche Kerzen an. Als sie am Marienaltar das Jesuskind auf dem Arm seiner Mutter sieht, lädt sie es ein, mit nach Hause zu kommen: »Sie macht Handbewegungen«, so schildert der verdutzte Opa, »um ihn in ihrer Fantasie herunterzuholen, und setzt ihn in ihr kleines Täschchen (…). Zu Hause geht sie sofort in ihr Zimmer und holt das Jesuskind aus ihrer Hosentasche heraus: ›Jesus, jetzt darfst du bei mir schlafen!‹ Lisa hat es nicht gefallen, dass das Jesuskind halb nackt in der kalten Kirche auf dem Arm seiner Mutter sein muss. Jesus soll es schön warm haben in ihrem Bett.«[437] Auf eine spätere Frage des Opas, was inzwischen mit Jesus sei, antwortet das Kind: »Jetzt ist er wieder nach Hause gegangen in die Kirche.«[438] Es weiß inzwischen, dass es Jesus dort besuchen, mit ihm sprechen, zu ihm beten kann.

Die evangelikale Website »jesus.de« hat am 30. Oktober 2018 einen Blog-Eintrag gepostet: »Gibt's den in echt? – Ich will Jesus zum Anfassen!« Kritisch analysiert wird dabei der Kindern oft entgegengeschleuderte Satz: »Schauen tut man mit den Augen und nicht mit den Fingern!« Und der anonyme Verfasser oder die anonyme Verfasserin outet sich als »Thomas-Typ«: »Berühren geht über studieren. Anfassen ist toll und tut der Seele gut. Deshalb wollte doch wohl auch der Jünger Thomas seine neugierigen Finger in die Wunden Jesu legen – um wirklich spüren zu können, ob er's auch wirklich mit dem ›One-and-only-Jesus‹ zu tun hat und nicht mit einer prä-inkarnierten John Lennon-Erscheinung.«[439]

Paulus Gordan verbindet die kinderleichten, besser: die kinderschweren Fragen ebenfalls mit dem Apostel. Dieser nahm, weil er nicht dabei war, den anderen Jüngern nicht ab, dass sie den Auferstandenen gesehen hätten. Er wollte den auferstandenen Jesus selber sehen – um dann vielleicht glauben zu können. Auf das bloße Gerücht eines möglicherweise sensationellen Comebacks seines vergötterten Idols hin wollte er nicht glauben. Mit »Weibergeschwätz« waren andere, frühere Augenzeugenberichte und -erzählungen bereits abgetan worden. Das Unglaubliche, Unvorstellbare sollte glaubhaft sein? Für Thomas stellte sich die Frage: Fiktion oder Faktum? Auferstehung als antike Fake News?

Ist Jesus echt? Oder lediglich ein Phantom? Ein Produkt der Fantasie, das sich Menschen ausdenken oder zusammenreimen, vielleicht weil sie enttäuscht sind, sich in eine Traumwelt flüchten (müssen)? Solche Fragen stellten sich damals, und sie stellen sich für viele Menschen heute. Kinder, die mit Computerspielen aufwachsen, die scheinbar reale Welten simulieren, müssen zwischen real, wirklich, existent und irreal, unwirklich, künstlich unterscheiden lernen. Nur Kinder?

Durch »Berührung« sehend werden

Die Einladung Jesu, seine Wunden zu berühren, die nur im Johannesevangelium berichtet wird (Joh 20, 24-29), nicht bei Matthäus, Markus und Lukas, macht Thomas »sehend«. Jetzt glaubt er, auf diese Aufforderung hin erkennt er – obwohl nirgendwo in den Evangelien steht, ob er die Wunden Jesu auch wirklich berührt hat. Aber die Narben wurden zu Augen! Und es folgt ein Bekenntnis: »Mein Herr und mein Gott (ὁ κψριός καὶ ό θεός)!« (Joh 20,28) Die Wundmale haben den Auferstandenen für die Seinen erkennbar gemacht. Und der auferstandene Jesus ist identisch mit dem Gekreuzigten! Aber selbst die Jünger brauchen ihre Zeit, um das zu realisieren. Und es gibt, abzulesen an Thomas, unterschiedliche Geschwindigkeiten des Erkennens. Sehen und erkennen – das korrespondiert miteinander.

Der tschechische Soziologe und Religionsphilosoph Tomáš Halík fragt sich: »Wurde der Apostel Thomas beim Anblick des Auferstandenen wirklich ein für alle Mal von allen seinen Zweifeln befreit – oder zeigte ihm Jesus *durch seine Wunden* vielmehr jene einzige Stelle, an der der Suchende und der Zweifelnde wirklich *Gott berühren* kann?«[440] Ein faszinierender Gedanke, interessante Fragen! Sich mit Thomas zusammentun, wie er nicht blind der Behauptung eines Happy Ending der Passionsgeschichte Glauben schenken, diesem Gedanken ging ich schon öfter nach. Manchmal machen wir einen Bogen um die Leidensgeschichte Jesu: Wir überspringen seine Ölbergnacht, das qualvolle Sterben am Kreuz und die Grabesruhe – indem wir in den Ostermorgen flüchten.

An der Reaktion der Jünger und der mit ihnen verbundenen Frauen lässt sich ablesen, dass sehen und erkennen zwei verschiedene Vorgänge sind. Sosehr wir manchmal die Jünger beneiden: Auch sie brauchten Zeit, um zu realisieren, und das heißt im wörtlichen Sinn: um wahr sein zu lassen, was wahr und wirklich ist. Berührung spielt dabei eine Rolle. Miteinander reden spielt dabei eine Rolle. Miteinander Mahl halten, essen und trinken, spielt dabei eine Rolle. Und es sind oft mehr Zeichen und Gesten, die ein Erkennen bewirken als Worte.

Auch die beiden Emmausjünger können erst beim gemeinsamen Mahl eine Verbindung zu Jesus herstellen. Alle Gespräche auf dem Weg dorthin – eine Art Privatissimum, bei dem der fremde Unbekannte sie erinnert – können ihnen nicht weiterhelfen. Sie haben sich in ihrem Schmerz, ihrer Enttäuschung und in ihrer Panik eingegraben – und sind wie blind (Lk 24,13-35). Am Ende der dreimonatigen Bibelschule im Sommersemester 1984 musste ich dieses Evangelium auf dem Weg von Jerusalem nach Emmaus auswendig lernen – einmal gelernt, bleibt einem nicht nur der Wortlaut das ganze Leben lang präsent, sondern auch die Besonderheit dieser Szene, die Kluft in der Wahrnehmung.

Sehen und erkennen: *»Der wahre Ort des Glaubens ist nicht das Wunder, sondern die Abwesenheit des Wunders«*[441], schreibt Halík. Ein scheinbar paradoxer Satz. Weiterlesen hilft: »Der durch ein Wunder erweckte oder hervorgerufene Glaube ist meiner Meinung nach nicht von allzu großem Interesse. Der Glaube wird erst dort zu einem wirklichen Glauben, wo die Wunder (auch wenn wir sie vielleicht herbeisehnten) nicht geschehen. ›Selig sind, die nicht sehen und doch glauben‹, sagt Jesus dem Apostel Thomas zum Abschied. Die wirkliche Herausforderung für den Glauben ist eher das *Gegenteil eines Wunders*: eine Situation, in der die Sachen gerade auf die entgegengesetzte Weise geschehen, als wir es uns vorstellen und wünschen.«[442]

»Osteraugen«: Sehen – und erkennen

Am Anfang und am Ende des Johannesevangeliums ist vom Sehen (ὁράω) die Rede: »Kommt und seht« (bzw. »ihr werdet sehen«) – die Einladung Jesu an die Johannesjünger, ihn für einen Tag lang zu begleiten, zu schauen. Mit dem Ergebnis, dass sie bei ihm bleiben (Joh 1,39). Und der mit Petrus ans Grab Jesu eilende ungenannte Jünger: Er schaut hinein, sieht die Leinenbinden und das Schweißtuch – und glaubt (Joh 20,8). Nicht nur Fakten werden hier gesehen. Es wird Bedeutung erkannt. Sehen – und zum Glauben kommen, sehen – und sich auf Nachfolge einlassen.

Dazu braucht es so etwas wie »Osteraugen«[443], von denen der Aachener Bischof Klaus Hemmerle († 1994) in einem Hirtenbrief gesprochen hat.

Viele Stellen im Neuen Testament zeigen, wie Begegnungen mit Jesus zu Erkenntnissen und dann in weiterer Folge zu einem neuen, einem anderen Sehen führen: die Frau am Jakobsbrunnen etwa oder Natanael. Nicht umsonst ist von »Nikodemusstunden« und von »Damaskusstunden« des Lebens die Rede: Augenblicke, Momente, Situationen, wo Menschen etwas aufblitzt, was sie ihr ganzes weiteres Leben begleitet.

Heilungen machten Menschen sehend: »Wo Menschen sich im Innersten erkannt und angenommen fühlen, dort geschieht ein ›In-der-Wahrheit-sein‹. Dort ist jemand auf dem Jesusweg. Dort kann er ihm begegnen. (...) Erkennen im Erkanntsein«[444].

Und solches Erkanntsein – das nicht zu verwechseln ist mit einem Ertapptwerden – kann zu einem tieferen Sehen führen, bei dem einem ein geheimer, verborgener Sinn aufgeht. Die Emmausjünger machten diese Erfahrung, Paulus auf dem Weg nach Damaskus machte diese Erfahrung. Jesus »sehen« wollen, erfahren wollen, wer und wo und wie er ist: Das hat mit Glaubens-Erkenntnis zu tun. Das ist etwas anderes als bloßes Faktenwissen.

Die Durststrecke dazwischen

Wir Heutigen, über 2000 Jahre nach Christi Geburt Lebenden, hatten nicht das Glück der Augenzeugen und Zeitgenossen Jesu. Allerdings garantierte Zeitgenossenschaft nicht automatisch Erkenntnis. Jesus war (und blieb) für viele nur ein Menschenfreund, ein Heiler, Prediger und Rabbi, nicht mehr.

»Ist es gerecht«, fragt Gordan, »alle Späteren auf den Glauben zu verweisen und auf das Vertrauen in die Glaubwürdigkeit des Zeugnisses jener, die den Auferstandenen gesehen hatten (...)?«[445] Gegenfrage: Was bleibt uns anderes übrig? Christlicher Glaube beruht auf Zeugen. Die Frage ist: Sind sie glaubwürdig? Kann ich ihnen vertrauen? Lässt sich darauf ein Leben bauen? Schriftliche Augenzeugenberichte aus erster Hand gibt es nicht. Die Evangelien, die Briefe des Paulus und andere Quellen sind bereits Glaubenszeugnisse.

Ob »Glauben vielleicht doch sogar mehr (ist) als sehen?«[446] »Dennoch«, schreibt Gordan, »bleibt das Verlangen, Jesus zu *sehen*«, und verweist auf die sogenannte Naherwartung: »und das ist nichts anderes als die Sehnsucht nach der Parusie, dem endgültigen Erscheinen des Herrn am Tage der Weltvollendung. Diese Sehnsucht ist der Kirche eingestiftet; sie lebt in und von dieser Spannung; nur so überwindet sie Zeiten und Räume, schlägt den Brückenboden vom Gestern der Auferstehung zum Morgen seiner Wiederkunft in großer Macht und Herrlichkeit. Die Durststrecke dazwischen muss in Hoffnung und Glauben überwunden werden.«[447]

Über diese »Durststrecke« lässt sich nicht so einfach hinwegschwindeln. Jesus sehen wollen, mich von ihm angeschaut wissen wollen ist und bleibt eine Ursehnsucht von Menschen – egal, ob Kind oder Erwachsener –, die *nach* ihm gelebt haben. Ist »Gleichzeitigkeit« ein theologisches Konstrukt? Fromme Einbildung? Bleibt nur die »Flucht« ins Mysterium?

24

Gleichzeitigkeit?

Ach, wenn ich dabei gewesen wäre, damals, wenn ich zur Zeit Jesu gelebt hätte, dann … würde ich glauben, dann könnte ich vielleicht glauben! Wirklich? Dabei gewesen zu sein, Zeitgenossenschaft garantiert noch gar nichts. Nicht Begegnung, geschweige denn Zeugenschaft. Ganz abgesehen davon, dass es oft sehr unterschiedliche Wahrnehmungen ein und desselben Vorgangs gibt. Man denke nur einmal an Sitzungsprotokolle oder an Unfallberichte. Oder an das Spiel »Stille Post«, das ein scholastisches Axiom offenlegt, das bei Thomas von Aquin zu finden ist: »Omnia quod recipitur ad modum recipientis recipitur« (S. th. I q. 12a): Alles, was wahrgenommen wird, wird auf die Weise dessen wahrgenommen, der oder die etwas wahrnimmt – heute spricht man von »selektiver Wahrnehmung«.

Der garstig breite Graben

Wie lässt sich eine Brücke schlagen zum fernen Jesus? Diese Frage stellt sich bei sämtlichen Persönlichkeiten der Geschichte. Das Problem ist kein spezifisch jesuanisches. Aber es wird akut, wenn »Gleichzeitigkeit« angestrebt oder behauptet wird: »Es gibt viele Menschen«, so Karl Rahner, »die bedeutende Persönlichkeiten der

Geschichte liebevoll in sich selbst gleichsam wieder zu rekonstruieren suchen; es gibt Leute, die einen Napoleonkult betreiben oder Goethe so verehren, dass er für ihr Leben eine große Bedeutung hat, in der der Brückenschlag über den historischen Abgrund gelungen zu sein scheint. Solche Phänomene sollen gar nicht unterschätzt werden. Man könnte durchaus sagen, dass ein Mensch, der gar keine Helden der Geschichte in sein Leben hineinlässt, der gar keine Heldenverehrung in irgendeinem Sinne lebt, gar keine Dialogfähigkeit mit den Gestalten einer früheren Geschichte hat, irgendwie in seinem Menschsein verkümmert ist.«[448]

Ich erinnere mich an ein Tischgespräch, das einige Jahre zurückliegt: Ein jüngerer Mitbruder beschwerte sich, dass ältere Jesuiten ständig auf den Zweiten Weltkrieg zu sprechen kämen. Das sei doch alles längst ferne Vergangenheit. Ich wies ihn damals darauf hin: Pass auf, dieses Argument kann nach hinten losgehen. Das Leben Jesu liegt über zwei Jahrtausende hinter uns. Aber vorbei ist es nicht – sonst würden wir Totenkult betreiben, wenn wir Gottesdienst feiern.

Eine Art »Brücke zu einem fernen Menschen« muss es geben. »Dialogfähigkeit« mit vergangenen Gestalten reicht dafür aber nicht aus. Zurecht betont Rahner: »Aber offenbar würde es nicht genügen, wenn wir sagen würden: wir überbrücken den geschichtlichen, den kulturellen, zeitlichen Abstand zu Jesus nur und allein auf diese Weise. Es muss etwas anderes dazukommen.«[449] Aber was?

Es geht um die sogenannte Lessingfrage aus der Flugschrift »Über den Erweis des Geistes und der Kraft«, mit welcher der Dramatiker Gotthold Ephraim Lessing († 1781), der sich zuletzt als Herzoglicher Bibliothekar in Wolfenbüttel verdingte, auf den von ihm selbst ausgelösten »Fragmentenstreit« reagierte und die Problemstellung in klassischer Schärfe auf den Punkt brachte: Wie denn der »garstige breite Graben, über den ich nicht kommen kann, so oft und ernstlich ich auch den Sprung versucht habe«, zu überwinden sei. Vernunftwahrheiten (dazu rechnet Lessing die christlichen Dogmen) ließen sich nämlich nie durch geschichtliche Ereignisse (z. B. Wunder) beweisen. Anders gesagt: »Zufällige Geschichtswahrheiten können der Beweis von notwendigen Vernunftwahrheiten nie werden«[450].

Rahner ist diese Frage nicht fremd. Sie hat für ihn sogar eine weitere Dimension. Im »Grundkurs des Glaubens« (1976) fragt er, »wie denn Geschichtliches existenziell eindeutig bedeutsam sein könne; ob denn Heil – das heißt: wir selber in unserem letzten Grund und im Ganzen – von einer geschichtlichen Wahrheit und Wirklichkeit abhängen können«[451]. Einen Glauben ohne Geschichte, ohne konkrete Ereignisse des Lebens Jesu, kann es nicht geben: »Sonst schüfe der Glaube ›gelegentlich‹ des Jesus von Nazaret den Christus des Heiles, der dann ein Mythologem wäre, vom ›Glauben‹ getragen, nicht diesen ermächtigend und tragend. Der richtige Satz, man könne keine Biographie Jesu schreiben, da alle historisch überkommenen Aussagen über Jesus im Neuen Testament schon als Glaubensaussagen über den Christus des Heils formuliert seien, berechtigt nicht von vornherein zu dem Schluss, man wisse ›historisch‹ über Jesus nichts oder nur solches, das theologisch belanglos sei und bleibe.«[452]

Was bedeutet das für mein Verhältnis zu Jesus? Der »garstige Graben« – der sich fortlaufend vergrößernde zeitliche Abstand zum Leben Jesu – ist insofern relativ, als auch Zeitgenossenschaft mich nicht zwingen kann, in den Ereignissen dieses Lebens Mysterien des Glaubens zu sehen. Nur der glaubende Mensch vermag darin – in einem absoluten Engagement – mehr zu sehen als bloße Historie. Dadurch wird jedoch die Geschichte keineswegs zur Nebensache, so als könne es die Mysterien gleichsam ohne die Lebensereignisse Jesu geben. Dann nämlich würde man de facto nur einem »Jesusereignis« oder einer Christusidee seine Zustimmung geben, das Leben Jesu wäre letztlich reduziert auf eine »Sache Jesu« (um einen auf Willi Marxsen zurückgehenden problematischen Begriff zu bemühen), die in letzter Konsequenz auch unabhängig von dieser faktischen Lebensgeschichte Jesu existierte.

Ignatius – Kierkegaard – Rahner

Auch als Jesuit lerne ich nie aus, selbst nicht nach 36 Ordensjahren: Geistliche Übungen sind nie nur die Wiederholung schon einmal gemachter Erfahrungen. Auch nach Jahren geht mir manchmal etwas Neues auf oder zeigt sich von einer anderen, bis dahin nicht beachteten oder überhaupt nicht bemerkten Seite. Ignatianische Exerzitien intendieren eine Art und Weise von »Gegenwart« und »Gleichzeitigkeit«, die nicht durch ein Überspringen oder ein Ausradieren der irdischen Geschichte Jesu mit ihren Abläufen und Zufälligkeiten geschieht. Nur wenn Geschichte für die Betrachtenden bzw. Übenden zur »Gegenwart« wird, kann sie Bedeutung gewinnen für das Leben: Die Zeit, die nicht die meine ist, weil ich in einem anderen Jahrhundert lebe, kann entscheidend sein (oder werden) für mich. Ignatius kommt es darauf an, Übende dafür anzuwerben, sich so zu disponieren, dass sie in die Lage kommen »wie wenn ich mich gegenwärtig fände (*como si presente me hallase*)« (EB 114)[453]. Das ist Gleichzeitigkeit!

Für Søren Kierkegaard – den Johann Baptist Metz unter den geheimen, ungenannten »Ahnen und historische(n) Prototypen der Rahnerschen Theologie«[454] vermutet – ist Christsein und Christwerden nur dann wahr, bedeutungsvoll und echt, wenn es gelingt, »gleichzeitig (zu) werden mit Christus«[455]. Denn »das Vergangene«, so Kierkegaard, »ist nicht Wirklichkeit: für mich; nur das Gleichzeitige ist Wirklichkeit für mich. Womit du gleichzeitig lebst, ist Wirklichkeit: für dich. Und auf diese Art kann jeder Mensch gleichzeitig werden: allein mit der Zeit, in der er lebt – und dann noch mit Einem mehr, mit Christi Leben auf Erden«[456]. Für den dänischen Schriftsteller ist Gleichzeitigkeit schlechthin »Bedingung des Glaubens und näher bestimmt ist sie der Glaube«[457]: »Denn im Verhältnis zum Unbedingten ist nur eine Zeit: die Gegenwart; wer nicht gleichzeitig ist mit dem Unbedingten, für den ist es nicht da. Und da Christus das Unbedingte ist, sieht man leicht, dass es im Verhältnis zu ihm nur eine Lage gibt: die der Gleichzeitigkeit; die dreihundert, siebenhundert, fünfzehn-, siebzehn-, achtzehnhundert Jahre tun nichts ab und nichts zu, verändern ihn nicht, machen aber auch nicht offenbar, wer er gewesen, denn wer er ist, ist offenbar allein für den Glauben.«[458]

Kierkegaard unterscheidet präzise zwischen existenzieller, philosophischer und historischer Gleichzeitigkeit – und der Gleichzeitigkeit Gottes und Jesu Christi mit den Menschen[459]. Es lohnt, manchmal ein Lexikon zu konsultieren, wo komplexe Inhalte verknappt auf den Punkt gebracht sind. Karl Rahners und Herbert Vorgrimlers »Kleines Theologisches Wörterbuch« kennt auch das Stichwort »Gleichzeitigkeit«. Da liest man: »Gleichzeitigkeit ist an sich eine Bestimmung, die der Ewigkeit zukommt«[460]. Recht verstanden, könne »von einer Gleichzeitigkeit des Christen mit Christus gesprochen werden (Kierkegaard), in der kraft der erfüllten Heilsgeschichte der Einzelne sich Christus präsent setzt und dieser ihm; die für den Vollzug des echten religiösen Aktes notwendige Relativierung des rein Historischen.«[461]

Was bedeutet in dem Zusammenhang »Wiederholung« – ein weiteres Stichwort im genannten Wörterbuch? Nicht ohne Grund empfiehlt Ignatius immer wieder »Wiederholungsübungen«: Sie können vertiefen, verstärken, bekräftigen. Indem wieder und wieder – und das gilt natürlich nicht nur für ignatianische Exerzitien – das Leben Jesu angeschaut, betrachtet wird (wie es mir im Neuen Testament entgegenkommt), wird »nicht die mehrmalige Setzung von gleichartigen Geschehen, von denen dann doch jedes vom anderen unabhängig ist, sondern das neue Hereinholen eines einmaligen Geschehens als solches selbst in eine andere Raum-Zeit-Stelle einer menschlichen Geschichte«[462] versucht.

Das theologische Fachwort dafür lautet »Anamnese« (griech. ἀυάμυησις: Wiedererinnerung) – die »feiernde Gegenwärtigsetzung eines geschichtlichen Heilsereignisses, um es so über die Situation des Feiernden Macht gewinnen zu lassen. Voraussetzung dazu ist (im Unterschied zu manchen kultischen Feiern in anderen Religionen), dass das Ereignis geschichtlich einmalig ist und diese Einmaligkeit beibehält und zugleich Gegenwart (d. h. als Geschehenes bleibend gültig) ist und dass der Mensch die Gegenwart dieses Ereignisses in seiner Zeit zu aktualisieren vermag (über ein subjektives Erinnern hinaus).«[463] Anamnese ist keineswegs nur ein liturgisches Geschehen, es ist theologisch hochgradig »aufgeladen« und bedeutsam.

»Glaube ist keine Antiquitätensammlung«

Der »garstig breite Graben« bleibt: Ich bin nun einmal kein Zeitgenosse Jesu. Trotzdem gibt es – das ist auch meine eigene Erfahrung in Geistlichen Übungen – Zeitgenossenschaft, Gleichzeitigkeit, Gegenwart: durch Vergegenwärtigung über Raum und Zeit hinaus. Diese Erfahrung wird wieder und wieder gemacht. Sie lockt Menschen und motiviert in weiterer Folge, sich auf Jesus einzulassen, sein eigenes Leben für ihn in die Waagschale zu werfen, sich in einer verbindlichen Lebensform auf ihn einzulassen. Weil er als gegenwärtig erfahren wurde!

Die Gegenwart Jesu – anders gesagt: Ewigkeit im Augenblick – ist nicht nur sakramental in der Eucharistie möglich, wo dann von »Realpräsenz« gesprochen wird. Andere fachtheologische Stichworte wären »Gleichzeitigkeit«, »Gegenwart«, »Anamnese« oder »Mysterien«. Man kann es auch anders ausdrücken. Karl Rahner sinniert in einer Folge von Betrachtungen in »Heilige Stunde und Passionsandacht«(1949) über »Die Gegenwart Jesu und seines Lebens«: »Dein irdisches Leben und Sterben ist vergangen, aber was darin wurde, ist in dir Ewigkeit und ist darum unter uns Gegenwart«[464].

In seiner Homilie bei der Ostervigil am 3. April 2021 brachte es Papst Franziskus wieder einmal auf den Punkt: »Viele – auch wir – leben einen ›Erinnerungs-Glauben‹, so als ob Jesus eine Gestalt aus der Vergangenheit wäre, ein inzwischen fernstehender Jugendfreund, ein Ereignis, das vor langer Zeit geschah, als man als Kind den Religionsunterricht besuchte. Ein Glaube bestehend aus Gewohnheiten, aus Dingen der Vergangenheit, aus schönen Kindheitserinnerungen, der mich nicht mehr berührt, der mich nicht mehr herausfordert. (…) Der Glaube ist keine Antiquitätensammlung, Jesus ist nicht eine Gestalt, die längst überholt ist. Er *lebt, hier und jetzt.* Er begleitet dich jeden Tag – bei der Situation, die du gerade erlebst, bei der Prüfung, die du durchmachst, bei den Träumen, die du hegst. Er eröffnet neue Wege, wo du meinst, es gäbe keine, er bringt dich dazu, dagegen anzukämpfen, dem Vergangenen nachzuweinen oder alles als ›schon dagewesen‹ abzutun.«[465]

Glaube: keine Antiquitätensammlung, Jesus: keine Gestalt der Vergangenheit! Ein Satz von Gottfried Bachl geht mir seit langem nach: »Der, von dem wir reden, hört selbst zu.«[466]

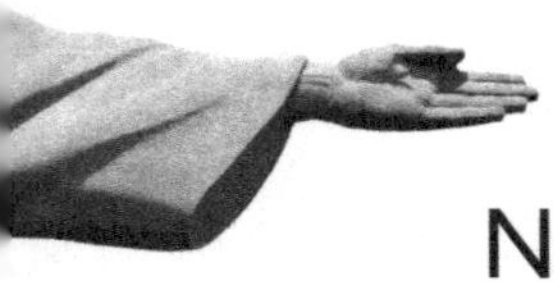

25

Nachahmen und nachfolgen

Für wen gehst du? Und für was? Für wen brennst du? Und für was? Und warum? Eine Zeit lang? Oder für immer? Solche Fragen stellen sich in fast jedem Leben, früher oder später, mehr oder weniger intensiv. Wer sich an einen Menschen bindet, stellt solche Fragen. Wer es mit Jesus zu tun bekommt auch. Wer ihn sucht, wer ihn gefunden hat, wer ihm begegnet ist, kommt irgendwann an den Punkt, an dem es ohne Stellungnahme nicht mehr geht. Stellungnahme heißt Standpunkt: Wo stehe ich? Wie verhalte ich mich gegenüber jemandem? In gewissen Momenten ist die Zeit reif, fällig für eine Stellungnahme. Sie drängt sich nicht auf. Aber ausweichen lässt sich ihr auch nicht, jedenfalls nicht auf Dauer. Es ist die Frage nach »Nachfolge« und wie sie verstanden und gelebt werden will.

So sein wollen wie ...

Vor über 50 Jahren, bei den Bibelstunden im Kindergarten, wollte ich »so einer« sein: wie ein Jünger Jesu, ganz in seiner Nähe. Als ich im September 1981 in Innsbruck ins Priesterseminar eintrat, wollte ich Priester werden. Das hieß zwar, wenn auch noch sehr unbestimmt, »ein Jünger Jesu« werden. Vor allem war ich damals jedoch ein wissbegieriger Studiosus und ein »braver« Seminarist. Ich dachte, wenn ich meinen Alltag, meine Woche, jeden Monat und das Jahr so gestalte, wie Papst Johannes XXIII. es in seinem Tagebuch beschreibt, dann werde ich sozusagen auf der Direttissima »ein heiligmäßiger Priester«. Pure Imitation war das damals bei mir: So sein wollen wie …

Wie tröstlich: Es ist Ignatius nicht anders ergangen, als er sich nach seiner schweren Verwundung am Pfingstmontag des Jahres 1521 im »Bericht des Pilgers« erinnert: »Bei der Lektüre des Lebens unseres Herrn und der Heiligen machte er sich nämlich Gedanken und überlegte bei sich: Wie wäre es, wenn ich all das täte, was der heilige Franziskus getan hat, oder das, was der heilige Dominikus tat? (…) Seine ganze Überlegung bestand darin, dass er zu sich selber sagte: Der heilige Dominikus hat dies getan, also muss auch ich es tun; der heilige Franziskus hat jenes getan, also muss auch ich es tun.« (BP 7) »Trost« empfand er dann bei der Vorstellung, »barfuß nach Jerusalem zu gehen« (BP 8). Hier liegen jedenfalls die Ursprünge dessen, was später unter einem Stichwort manifest wurde: »Und als er später die Exerzitien verfasste, begann er von hier aus Klarheit über die Lehre von der Verschiedenheit der Geister zu gewinnen.« (BP 8) Oft braucht es eine Zäsur (eine Krankheit, eine innere Erschütterung, eine Begegnung), die – wie bei Ignatius – dazu führt, »ernster über sein vergangenes Leben nachzudenken« (BP 9).

Konkret wurde Jesusnachfolge für mich erst im Frühjahr 1984 in Israel. Erschaudert, gezittert habe ich bei meinem Ordenseintritt 1985 bei dem Gedanken, mich damit »in Gesellschaft Jesu« zu begeben, (noch) nicht. Das dauerte. Bis ich meinen Primizspruch fand, der mir eigentlich »zugewachsen« ist bei Exerzitien: »Euer ganzes Leben ist mit Christus zusammen verborgen in Gott« (Kol 3,3). In mein Tagebuch schrieb ich damals: »Zusammen mit Jesus vor dem Allmächtigen, dem fernen und nahen Gegenüber.«

»So einer wie«: Im Terziat in den USA, bei den Großen Exerzitien (Oktober 2004) mit ihren schmerzlichen Momenten, in denen ich aber eine Art »Zugeselltwerden« verspürte, erlebte ich es dann. Und seitdem ich im April 2014 in die Jesuitenkommunität von St. Michael in der Münchner Fußgängerzone gezogen bin: Das omnipräsente IHS in der zwischen 1583 und 1597 erbauten Jesuitenkirche wurde zum Imperativ, zum Ausrufezeichen. Es lockte und lockt. Es erinnert: »Iesum Habemus Socium« – Wir haben Jesus zum Gefährten. Ich habe Jesus zum Gefährten! Wirklich? Folge ich ihm nach? Oder nur meiner Einbildung? Meiner frommen Fantasie?

Eine »Nachfolge« macht Karriere

Wenige (fromme) Bücher gehören zum Kanon der Weltliteratur. Die als »Nachfolge Christi« (»Imitatio Christi«) bekannt gewordenen »Vier Bücher der Nachfolge Christi« von Thomas von Kempen († 1471), zuerst anonym um das Jahr 1418 auf Latein erschienen, gehören dazu: Das Andachtsbuch wurde und wird weltweit gelesen und gilt mit über 3000 Ausgaben als eines der am weitesten verbreiteten christlichen Bücher der Welt.

So unterschiedliche Persönlichkeiten wie Papst Johannes XXIII., UN-Generalsekretär Dag Hammarskjöld, Dietrich Bonhoeffer oder Alfred Delp hielten viel davon. Über den Berliner Mithäftling Delps, Victor von Gostomski, der auch Bibliothekar im Hinrichtungsgefängnis Plötzensee war, erfuhren Interessierte, dass Delp, als er am 31. Januar von Tegel aus dorthin überstellt wurde, um die »Nachfolge Christi« bat. Zwei Tage später wurde Delp gehängt: »In der Todeszelle lagen auf dem Tischchen eine zerbrochene Brille, ein Rosenkranz und ›Die Nachfolge Christi‹.«[467] Auch Bonhoeffer las in der Haft im November/Dezember 1943 darin und berichtete seinem Freund Eberhard Bethge davon[468]. Eines seiner Bücher trägt den schlichten Titel »Nachfolge«. Im Vorwort fragt er: »Wohin wird der Ruf in die Nachfolge diejenigen führen, die ihm folgen? Welche Entscheidungen und Scheidungen wird er mit sich bringen? Wir müssen mit dieser Frage zu dem gehen, der allein die Antwort weiß. Jesus Christus, der Nachfolge gebietet, weiß allein, wo der Weg hingeht. Wir aber wissen, dass es ganz gewiss ein über alle Maßen barmherziger Weg sein wird. Nachfolge ist Freude.«[469]

Interessanterweise taucht Thomas von Kempen aber auch im Exerzitienbuch des Ignatius auf: »Für die zweite Woche und die folgenden ist es sehr nützlich, zuweilen in den Büchern der Nachfolge Christi oder in den Evangelien und den Leben der Heiligen zu lesen.« (EB 100) Die »Nachfolge Christi« war Pflichtlektüre in Noviziaten. Sie favorisiert jedoch das »innere Leben« und die Eucharistie gegenüber der Betrachtung des Lebens Jesu. Wenn Ignatius den Übenden mit dem Leben Jesu konfrontiert, beabsichtigt er damit nicht die Nachahmung eines idealen Lebens im Sinne der bei Thomas und der Devotio moderna geläufigen Stilisierung. Für ihn kommt das Leben Jesu dem Übenden nicht als Historie oder als (nur) nachahmenswerte Biografie entgegen. Es geht ihm um eine existenzielle Bewegung.

Nachahmen und nachfolgen

Im Exerzitienbuch fällt genau an der Stelle, an der sich Ignatius über das Beten mit den fünf Sinnen des Leibes äußert (vgl. EB 247-248), das Verb »nachahmen«: »und wer im Gebrauch der Sinne Unsere Herrin nachahmen möchte …« (EB 248) – und zwar in allen geläufigen Übersetzungen. In Zusammenhang mit der in der Theologie der Exerzitien wie des Ordens eminent wichtigen, sogenannten »Anwendung der Sinne« (*applicatio sensuum*) gab Josef Sudbrack – auf Studien von Hugo Rahner aufbauend[470] – einen wichtigen Hinweis: »Es heißt ›nachahmen‹ (*ymitar*) und nicht ›nachfolgen‹. Die Genauigkeit der ignatianischen Diktion (auch die lateinischen

Versionen sprechen von ›nachahmen‹) zwingt dazu, den strengen Wortsinn ernst zu nehmen: Aber nicht (nur) sinnenhaft *den* Jesus meditieren, sondern (auch) wie der Jesus die geistlichen Sinne pflegen. Ignatius empfiehlt, mit Jesu Augen auf die biblischen Szenen zu blicken, zu ›riechen, tasten, schmecken‹, wie es Jesus (Maria) tat, und darin zu beten. Es gehört also zu den Exerzitien, die ›geistlichen‹ Sinne zu schärfen, um so tiefer den ›geistlichen‹ Sinn der Schrift zu erspüren. Der Exerzitant soll sich nach dem Beispiel (*imitatio*, Nachahmung) Jesu und seiner Mutter einüben in das ›geistliche Schmecken, Riechen, Sehen, Ertasten‹.«[471]

»Nachahmen« und »nachfolgen« sind Verben: Tunwörter, wie ich in meiner Grundschulzeit lernte. Fraglos handelt es sich bei diesen Verben auch um zentrale Begriffe für die Frömmigkeit im Allgemeinen und den christlichen Lebensvollzug im Besonderen. Ob sie einfach synonym aufzufassen sind, war sogar Gegenstand ausführlicher Studien, etwa von dem Benediktiner Anselm Schulz[472].

Für mich lohnt es sich immer wieder, bei Karl Rahner nachzuschlagen. Der Mensch, der seinen Blick auf das Leben Jesu richtet, solle »nicht eigentlich Jesus in seinem Leben zu kopieren und zu reproduzieren«[473] versuchen. Jeder Mensch führt sein eigenes Leben, als Original und nicht als Kopie des Lebens eines anderen. Auch Rahner bringt die Unterscheidung christlicher Spiritualität zwischen »Nachfolge und Nachahmung (trotz des schillernden Wortes der ›imitatio Christi‹)« in Erinnerung, die »nicht einfach synonyme Begriffe sind«: »Wir leben in einer anderen geschichtlichen Situation als Jesus selbst, wir haben eine andere, je einmalige Aufgabe, die er gerade in seiner auch geschichtlich bedingten und begrenzten Existenz nicht hatte (…). Von daher dürfen wir sicher, richtig verstanden, sagen, die Christen seien Nachfolger, nicht Nachahmer des Gekreuzigten«[474]. Das ist für ihn aber »nicht die ganze Wahrheit«, weil so »eben doch die Gefahr gegeben (wäre), dass praktisch der Imperativ der Nachfolge Jesu als des Gekreuzigten sich in abstrakte moralische Prinzipien verwandeln würde, die in sich selber allein einsichtig wären und Jesus, sein Leben und seinen Tod herabdrücken würden zu einem bloß illustrierenden Beispiel für eine sittliche Maxime, die auch unabhängig von ihnen bestehen könnte.«[475]

Sein älterer Bruder Hugo Rahner († 1968) drückte es in einem Ferienkurs für junge Priester im niederösterreichischen Benediktinerstift Altenburg im Sommer 1937 so aus: »Das Leben Jesu in seiner ganz einmaligen, konkreten Geschichtlichkeit, die als solche unwiederholbar ist, die unter ganz bestimmten geschichtlichen, sozialen und geographischen Umständen sich gestaltete, ist also die Urform für *unser* Christenleben. Nicht zunächst im Sinne der Nachahmbarkeit, sondern im sakramental-theologischen Sinn des sich in den Christen fortsetzenden Mysteriums des Leibes Christi, dessen Schicksale im irdischen Leben Jesu selbst geheimnisvoll vorgebildet sind.«[476]

Nachfolger, nicht Bewunderer

Was ist ein »Phrasenschwein«, dessen Bauch sich aufgrund ständig wiederholter Sätze füllt? Sehr oft wird von Kierkegaard ein Text zitiert, der aphoristisch durchs Internet geistert und (meist ohne Quellenangabe) gern in Predigten verwendet wird: »Jesus will keine Bewunderer, sondern Nachfolger. Die Bewunderer rühmen die großen Taten Jesu in der Welt von gestern. Die Nachfolger wissen, dass Jesus in der Welt von heute anwesend sein will. Die Bewunderer gehen einer letzten Entscheidung für Jesus geschickt aus dem Wege. Die Nachfolger verbinden ihr Schicksal vorbehaltlos mit dem Schicksal Jesu. Die Bewunderer sind heute begeistert von Jesus und morgen von einem anderen. Die Nachfolger können ihren Herrschaftswechsel nicht mehr rückgängig machen. Bewunderer fragen: Was habe ich von Jesus? Die Nachfolger fragen: Was hat Jesus von mir? Die Bewunderer sonnen sich gerne und oft im Glanze Jesu. Die Nachfolger wenden sich gerne willig dem Elend der Welt zu. Nein – Jesus will keine Bewunderer; auf sie kann er verzichten. Auf Nachfolger nicht.«

In seiner Schrift »Einübung im Christentum« von 1850, vier Jahre nach den »Philosophischen Brocken« erschienen, unterscheidet Kierkegaard zwischen Nachfolgern und Bewunderern Jesu: »Es ist nun bekannt genug, dass Christus fort und fort von ›ihm nachfolgen‹ spricht; er redet nie davon, dass er Bewunderer, anbetende Bewunderer, Anhänger, begehre; und wenn er das Wort ›Jünger‹ braucht, erklärt er es stets so, dass man sieht: er versteht Nachfolgende darunter, solche, die nicht einer Lehre anhängen, sondern einem Leben nachfolgen«[477]. Er erläutert später: »Was ist denn nun der Unterschied zwischen ›einem Bewunderer‹ und ›einem Nachfolgenden‹? Ein Nachfolgender *ist* oder strebt, das zu *sein*, was er bewundert; ein Bewunderer hält sich für seine Person aus dem Spiel; bewusst oder unbewusst: er entdeckt nicht, dass das Bewunderte eine Forderung an ihn enthält, die, das Bewunderte zu sein oder doch danach zu streben, es zu sein.«[478] Judas sei ebenso ein »Bewunderer« Jesu gewesen wie Nikodemus. Kierkegaard meint, dass sich die Unterscheidung mit der Zeit verflüchtigt habe: »Die Gefahr, die einstmals damit verknüpft war, Christus zu bekennen, sie kam abhanden, da wir ja alle Christen sind; und soweit kam auch der Unterschied: ›Bewunderer – Nachfolger‹ abhanden.«[479] Das führte in seinen Augen dazu, dass »die bestehende Christenheit eine Sammlung von Leuten« wurde, »die man Ehren-Christen nennen könnte, im gleichen Sinne wie man von Ehren-Doktoren spricht, welche ja den Grad erhalten, ohne disputiert zu haben.«[480] Nenn-Christen seien damit produziert worden – wir würden heute Taufscheinchristen sagen. »Nun, aber eine Unterscheidung muss man ja doch haben«, wendet Kierkegaard ein: »als daher die Unterscheidung: ›Bewunderer – Nachfolgender‹ abhanden gekommen war, führte man eine neue Unterscheidung ein: die Bewunderer wurden die wahren, echten Christen, und diese Freidenker u. dgl. wurden die unwahren, unechten, schlechten Christen, immerhin doch auch Christen. Unleugbar, sogar den ›Bewunderern‹ gegenüber sind diese Nicht-Christen schlechte Christen. Hier sieht man wieder, wie das Christentum in der Christenheit abgeschafft worden ist. Mit der Bestimmung ›Nachfolgender‹ muss gesiebt werden, wo wahr vom Christentum gesprochen werden soll, der ›Nachfolgende‹ ist der wahre Christ. (…) Allein der Nachfolgende ist der wahre Christ. Der ›Bewunderer‹ nimmt eigentlich ein heidnisches Verhältnis zum Christentum ein; und daher brachte auch die Bewunderung mitten in der Christenheit ein neues Heidentum zur Welt: die christliche Kunst.«[481]

Man muss Kierkegaard nicht in allen Details folgen und schon gar nicht allen Schlussfolgerungen, die er zieht. Aber die Unterscheidung zwischen Bewunderern und Nachfolgern ist in meinen Augen eine gültige. Auf den Punkt gebracht, am Ende seiner Betrachtung im Abschnitt VI. seiner »Einübung im Christentum«, die zunächst unter dem Pseudonym Anti-Climacus erschienen war: »Aber der Bewunderer ist ja im strengen Sinne kein wahrer Christ, das ist allein der Nachfolgende.«[482]

Die Gemeinschaft derer, die Jesus nachgehen, sich auf ihn einlassen, mit ihrem Leben als Getaufte sein Leben weiterschreiben, ist kein Fanklub. Auf Follower, die in Sozialen Medien den »Like«-Button anklicken, kommt es nicht an. Nicht ums Schwärmen, Bewundern, »Liken« geht es. Es geht um Nachfolge. Ob Konfuzius, Buddha, Mohammed oder Jesus: Vom Interesse, von der Faszination braucht es einen nächsten Schritt. »Nachfolge« im christlichen Kontext ist nach Guardini in einem Text von 1938 »ausdrücklich gefordert«; (…) in ihr »vollzieht sich religiöse Entscheidung.«[483]

26

Unterm Kreuz: »Zugesellt werden«

Alle Beteuerungen, Jesus »durch dick und dünn« nachzufolgen, nutzten nichts: Die Treueschwüre der Jünger waren nicht viel wert, als es darauf ankam. Nach dem Letzten Abendmahl, als Jesus mit seinen Jüngern in den Garten Getsemani auf dem Ölberg hinausgeht, verschlafen die Jünger. Sie sind erschöpft und von der Schwere des Abends erledigt. Selbst Petrus und die beiden Zebedäussöhne Jakobus und Johannes, die Jesus mit sich nimmt (vgl. Mk 14, 32-42), schlafen ein. Gleich drei Mal! Und nach der Gefangennahme Jesu verleugnet ausgerechnet Petrus Jesus wiederholt, wie alle vier Evangelisten übereinstimmend berichten (vgl. Joh 18, 25-27). Aber nur die drei Synoptiker ergänzen, dass sich Petrus nach dem dreimaligen Krähen des Hahnes daran erinnert, dass Jesus diese Verleugnung vorausgesagt hat – und er weint, »bitterlich« (πικρός), wie nur Matthäus und Lukas ergänzen (Mt 26,75 u. Lk 22,62).

Kreuztragend? Zuschauend? Unter dem Kreuz?

Und unterm Kreuz? Da ist überhaupt nur ein einziger Jünger anzutreffen: Johannes, der »Lieblingsjünger« Jesu. Zusammen mit drei Frauen: Maria, der Mutter Jesu, deren Schwester, die als Frau des Klopas genannt ist, und Maria Magdalena. Davon wissen die

Synoptiker nichts, nur Johannes berichtet davon (vgl. Joh 19, 25-30).

Auf mich hat diese Szene im Oktober 2004 bei Geistlichen Übungen im Gonzaga Eastern Point Retreat House der Jesuiten in Gloucester (Massachusetts), direkt an der Atlantikküste, mitten während eines malerischen Indian Summer in New England, einen sehr großen, tiefen Eindruck gemacht – derart, dass manches davon bis heute in mir nachhallt.

Ich machte, nach Mai 1986, zum zweiten Mal die sogenannten Großen, also die Dreißigtägigen Exerzitien. Nach zwei Wochen geriet ich in eine schwere Krise. Ich kam keinen Schritt weiter. Zwar wollte ich mich geistlich mit Jesus auf den Leidensweg nach Jerusalem machen. Aber es ging plötzlich nichts mehr. Ich fühlte mich wie vor einem Stadttor: Ich schaute durch, aber der Weg blieb mir versperrt. Erst, nachdem ich mich meinen inneren Widerständen stellte – im Rückblick würde ich sagen: einer lange verdrängten Wahrheit meines Lebens nicht länger auswich – und mithilfe meines ebenso diskreten wie einfühlsamen Begleiters William A. Barry († 2020) konnte ich mich auf den Weg nach Golgota machen. Bill ermutigte mich fachkundig, mich zu fragen, ob ich Jesus das Kreuz wirklich abnehmen und zur Hinrichtungsstätte tragen wolle oder ob ich, zwar beteiligt, aber eingeschüchtert vom Geschehen, wie viele andere – ängstlich, abwartend, wie auch immer – als Zuschauer am Weg stünde, wenn nicht gar als Voyeur.

Von Bibliodrama verstehe ich nicht viel. Aber ich meinte damals, den Blick Jesu spüren zu können, der schwitzend den schweren Balken schleppt und unter seiner Last, geschwächt von vorangegangener Folter, immer wieder in die Knie geht. Es war ein stummer Blick. Kein Wort fiel dabei. Aber der Blick traf mich: Hilf mir! Hilf mir, das Kreuz zu tragen! Schau nicht weg, greif zu! Das hat mich stundenlang beschäftigt. Manchmal kommt es mir vor, als sei es gestern gewesen. Eine der »Sternstunden« meines geistlichen

Lebens vielleicht? – Und dann, ein zweiter Moment, nicht weniger dicht und intensiv als der erste. Meine Meditation: Jesus, ans Kreuz genagelt, mit den drei Frauen, darunter seine Mutter, und Johannes. »Frau, siehe, dein Sohn!« Und: »Siehe, deine Mutter!« (Joh 19,27) sagt Jesus zu Maria und zu Johannes. Der Sterbende vertraut seine Mutter seinem Lieblingsjünger an, und den weist er darauf hin: Maria ist jetzt deine Mutter!

Natürlich hätte ich mir in Erinnerung rufen können, dass Ignatius das Gespräch mit dem am Kreuz hängenden Christus empfiehlt, auf das ich ganz am Anfang dieses Buches eingegangen bin. Was mich lange Zeit gefangen nahm, war diese Übergabe.

Der Diasporajude Simon von Zyrene am Wegrand und der Jünger Johannes unterm Kreuz: Die beiden sind mir seither, obwohl das über fünfzehn Jahre her ist, sehr nahe. Identifikationsgestalten? Die Alternative ist keine künstliche, und man wird ein Leben lang nicht damit fertig: Bin ich ein Kreuzträger? Ein unbeteiligter Zuschauer? Bin ich peinlich berührt? Schaue ich weg? Schaue ich hin? Ergreife ich die Initiative? Beteilige ich mich? Halte ich es aus, unterm Kreuz? Wortlos? Oder muss ich reden, beten – weil ich das langsame, qualvolle Sterben Jesu, das im Ersticken endet, nicht aushalte? Meide ich die Agonie Jesu? Habe ich Angst, dabei möglicherweise etwas zu entdecken, das mein »Bild« von Jesus durcheinanderbringt, irritiert, stört?

Der Weg zum Kreuz, das Stehen unter dem Kreuz sind für mich seitdem »Orte« geworden. Orte jenseits vieler bekannter Darstellungen von Menschen, die kunstgeschichtlich beeindrucken, aber manchmal keine Kraft mehr entwickeln, weil sie nicht wirklich unter die Haut gehen. So umstritten, so drastisch, so einseitig die Evangelienverfilmung »Die Passion Christi« (2004) von Mel Gibson auch ist, sie zeigt die letzten Lebenstage und -stunden Jesu in nahezu unerträglichen, brutalst überzeichneten Bildern, die Action-Filmen von Arnold Schwarzenegger in nichts nachstehen – und dementsprechend abstoßen[484]. Der Ölberg, nach Hollywood verlegt. Aber eben nicht in romantischen Bildern und Einstellungen wie im Vierteiler »Jesus von Nazareth« (1977) von Franco Zeffirelli. Mel Gibson liefert einen Horrorfilm.

Es geht blutig zu auf dem Weg zum Kreuz und am Kreuz. Das »Wie wenn ich mich gegenwärtig fände« (EB 114) aus dem Exerzitienbuch des Ignatius hat Gibson auf seine Art und Weise ernst genommen. Millionen von Zuschauern haben sich darauf eingelassen.

Jesus zugesellt werden: die Vision von La Storta

Hier ist eine kleine Zeitreise ins 16. Jahrhundert fällig: in eine kleine Kapelle vor den Toren Roms. Der Marsch dauerte fast zwei Wochen: Von Venedig aus machte sich Ignatius von Loyola mit einigen Gefährten im März 1537 auf den Weg nach Rom, um vom Papst die Reiseerlaubnis für ihre Pilgerfahrt ins Heilige Land einzuholen. Diese wurde ihnen in einer Audienz am 3. April von Paul III. erteilt. Er überreichte der Gruppe sogar eine beachtliche Spende für ihre Reisekosten. In die Lagunenstadt zurückgekehrt, wurde Ignatius am 24. Juni 1537 zusammen mit weiteren Gefährten zum Priester geweiht.

Ihre Pläne, erneut ins Heilige Land zu reisen, zerschlugen sich wegen der gefährlichen Verhältnisse. Kein venezianisches Schiff wagte sich aufs Mittelmeer, ein Krieg mit den Türken stand unmittelbar bevor. Ignatius war als Seelsorger tätig und gab Exerzitien. Für einige Wochen zog er sich in ein verfallenes Kloster in Vivarolo bei Vicenza zurück.

Mit der ersten, selbst zelebrierten Messe wollte er, anders als die anderen Neugeweihten, die im September Primiz feierten, warten – aus Gründen der Pietät. Sie fand dann erst am 25. Dezember 1537 in Santa Maria Maggiore statt – in jener Kapelle, wo die Krippe mit dem Jesuskind steht, quasi als Ersatz für Bethlehem, dem Wunschort, der nicht zustande kam. Über ein Jahr später berichtet Ignatius davon in einem Brief vom 2. Februar 1539 seinem Bruder Martín García (von dem er nicht wusste, dass er am 29. November 1538 verstorben war) und dem Neffen Beltrán de Loyola[485]. Im »Bericht des Pilgers«, seiner Autobiografie, die er seinem Sekretär Luís Gonçalves da Câmara diktieren wird, wird Ignatius später von sich in der dritten Person als Pilger sprechen: »Er hatte sich vorgenommen, nach der Priesterweihe noch ein Jahr bis zur Feier der Primiz zu warten, um sich darauf vorzubereiten und zu unserer Lieben Frau zu beten, sie möchte ihn ihrem Sohne zugesellen.« (BP 96)

Ein für die Gesellschaft Jesu bedeutsames, auch für mich persönlich wichtig gewordenes Stichwort ist hier gefallen: »zugesellen«, manchmal auch mit »stellen« übersetzt.

Auf die Priesterweihe folgten in den kommenden Monaten Einsätze an mehreren Orten Oberitaliens. Nach mehreren Denunziationen musste sich Ignatius in Venedig einem Prozess stellen. Danach kehrte er Mitte Oktober, zusammen mit Peter Faber und Diego Laínez, nach Rom zurück. Auf dem Weg dorthin, an der Via Cassia betete Ignatius in einer verlassenen Kapelle: »Was dort geschah, gehört zu der kleinen Reihe seiner elementaren Grunderfahrungen. *La Storta* ist ein Meilenstein wie Loyola und Manresa.«[486] Die Begebenheit ist im »Bericht des Pilgers« festgehalten: »Als er eines Tages einige Meilen vor der Ankunft in Rom in einer Kirche weilte und dort betete, hat er eine solche Umwandlung in seiner Seele verspürt und so deutlich eine Schau gehabt, wie Gott der Vater ihn Christus seinem Sohn zugesellte, dass er daran überhaupt nicht mehr zu zweifeln wagen konnte, Gott der Vater habe ihn Seinem Sohne zugesellt (*lo metteva con Cristo, suo figliuolo*).« (BP 96)

Diese Vision – nach André Ravier wäre es angemessener, im Plural von »den Visionen von La Storta (zu) sprechen«[487] – ist von verschiedenen Vertrauten über ein Dutzend Mal berichtet worden.

»Zugesellt«: Die Vokabel (»zum Sohn stellen« / »dem Sohn zugesellen«) ist in der Tradition der Gesellschaft Jesu hochgradig kontaminiert. Die Namensgebung des Ordens wird auf dieses Ereignis zurückgeführt: »Von dieser Vision her hat es Ignatius begründet, dass er seinen neuen Orden als ›Gesellschaft Jesu‹ benannt wissen wollte, und zwar in dem Sinne, dass die einzelnen wirklich *socii Iesu* seien, solche, ›die mit Jesus zusammen sind‹«[488]. Es ist bedeutsam, dass in dieser Vision Christus kreuztragend erscheint. Nachdem Gott, der Vater, Ignatius Christus zugesellt hat, sagt dieser: »Ich werde mit euch sein« (nach anderer Lesart: »Ich werde euch gnädig sein«)[489]. Stefan Kiechle schreibt dazu: »Die große subjektive Gewissheit des Gründers und seine tiefe Erschütterung durch das Erlebnis waren für die junge Ordensgemeinschaft Grund genug, die Vision von La Storta als eine Art Gründungsmythos zu betrachten: Gott selbst bestätigte ausdrücklich die Gemeinschaft und seinen Auftrag an sie. Dass das Kreuz in der Vision einen zentralen Platz einnahm, deutete darauf hin, dass im Selbstverständnis und in der Spiritualität der Gruppe dieser Aspekt der gänzlichen Hingabe an Gott identitätsstiftend sein würde.«[490]

Mich Jesus zugesellen als Treugeselle

Ein Sprung auf der Zeitschiene zurück ins 20. Jahrhundert: Das allererste Wort, das Alfred Delp am 1. Januar 1945 in die Welt setzt, ist: »Jesus«. »Diesen Namen des Herrn und meines Ordens«, schreibt er in einem Brief an eine der beiden »Mariannen« (die ihn im Gefängnis Berlin-Tegel mit Kleidung und anderen Utensilien versorgten), »will ich groß an den Anfang des neuen Jahres schreiben.«[491] Und was heißt das für den Ende Juli 1944 verhafteten Jesuiten, der in Berlin auf seinen Prozess wartete, der am 11. Januar 1945 mit dem (schon vorher feststehenden) Todesurteil endete, auf die am 2. Februar in Berlin-Plötzensee die Hinrichtung folgte: »Ich will mich Jesus zugesellen als ein Treugeselle und Liebender.«[492] Diese Bemerkungen fügen sich nahtlos an die bereits erwähnte Predigt von 1943 oder 1944 an: »Bekenntnis zu Jesus«.

In dem Text »Das Schicksal der Kirchen«, eine ebenso prägnante wie schonungslose Analyse von 1943/44, nimmt Delp das Motiv von der anderen Seite her auf. Er fordert darin »eine Rückkehr der Kirchen in die Diakonie: in den Dienst der Menschheit«[493]. »Rückkehr in die ›Diakonie‹ habe ich gesagt«, wiederholt er später und ergänzt vor einer messerscharfen Kritik an der »Pfarrer- und Prälatenbesoldung«: »Damit meine ich das Sich-Gesellen zum Menschen in allen seinen Situationen mit der Absicht, sie ihm meistern zu helfen, ohne anschließend irgendwo eine Spalte und Sparte auszufüllen. Damit meine ich das Nachgehen und Nachwandern auch in die äußersten Verlorenheiten und Verstiegenheiten des Menschen, um bei ihm zu sein genau und gerade dann, wenn ihn Verlorenheit und Verstiegenheit umgeben.«[494]

Delp hatte im September 1938, etwas mehr als ein Jahr nach seiner Priesterweihe in München, im ordenseigenen Exerzitienhaus Rottmannshöhe am Starnberger See sein »Terziat« begonnen, einige Monate der geistlichen Formung am Ende der Grundausbildung, bei dem ein Jesuit sozusagen den letzten spirituellen »Schliff« erhält. In einem Ordenshaus im Vorarlbergischen Feldkirch machte er vom 8. Oktober bis 6. November 1938 die Dreißigtägigen Exerzitien. Tagebuchaufzeichnungen, in denen »Erkenntnisse« und »Gebetsfrüchte« festgehalten sind, blieben erhalten. Vier Tage vor Abschluss notierte er am 3. November: »Freude haben an Christus. Persönliche Freude. Dies ist doch das letzte Wort. Persönliche Hingabe und Kameradschaft halten. Das habe ich sehr versäumt. Christus nicht als Ideal, sondern als Person, als Freund und Bruder und Träger der Gottheit.«[495]

Jesus, der dem Jesuiten zum »Freund und Bruder« werden soll! Nicht nur zu einem interessanten Forschungsobjekt. Mindestens die Sehnsucht danach flammte hier wieder, mit dem Eingeständnis eines Defizits, einer im Studium offenbar verloren gegangenen, vernachlässigten, nicht gepflegten Sehnsucht wieder auf: Das hat mit dem Zugeselltwerden unter dem Kreuz zu tun. Für Delp wurde das sehr konkret, endgültig: Einen Monat, nachdem er sich am 1. Januar 1945 vornahm, sich neu »Jesus zugesellen« zu wollen »als ein Treugeselle und Liebender«, endete sein Leben am Galgen.

Jesusbaby und Jesusleiche

Gottfried Bachl hat darauf hingewiesen, dass in der Kunstgeschichte vor allem zwei Jesusdarstellungen dominieren: »das Jesusbaby und die Jesusleiche«, beide wehrlos »im Mutterschoß«[496]. »Jesus ist beide Male der Unmündige«, schreibt er: »das Baby, das ohne Mutter noch gar nicht leben könnte, ohne sie noch niemand wäre, und die Leiche, die hilf- und bewegungslos ist, ein lebloses Ding, ohne Selbst, ganz ausgeliefert.«[497] Die Beobachtung hat es in sich: »Die weitaus meisten Bilder zeigen ihn so, wenn sie ihn mit seiner Mutter vorführen. Die unmündige Ohnmachtsgestalt, nicht der Mann der großen Absichten kommt heim. Jesus ist zum Muttersohn geworden. Der Marienkult enthält neben vielem anderen auch die Geschichte der *symbolischen Infantilisierung Jesu*«[498]. Ironisch fragt er: »Und ist es nicht schön, dass man mit diesem kleinen und toten Jesus tun kann, was man will?«[499]

Wenige Kunstwerke sind vermutlich weltweit so bekannt wie die im Petersdom hinter einer schützenden Glasscheibe ausgestellte Pietà von Michelangelo von 1498/99. Von Schweiß, blutenden Wunden, Todesangst und -schmerz spürt man, aus ästhetischer Distanz die weiße Marmorskulptur bewundernd, nichts. Interessanterweise gibt es für dieses Sujet überhaupt keinen biblischen Beleg. Aber: »Die andächtige Legende hat es nicht erlaubt, wie die Evangelien Kreuzabnahme und Begräbnis Jesu ohne Maria geschehen zu lassen. Sie schiebt das Bild der trauernden Mutter ein und gibt der christlichen Seele ein Symbol ungemeiner Kraft und Innigkeit, das über die längste Zeit der Tradition ein Asyl der Gefühle und ein großes Trostzeichen war.«[500]

Behutsam muss man mit solchen Hinweisen umgehen, denn mit diesen »Bildern« sind viele Gefühle verbunden: der Andacht, des Suchens, der Sehnsucht, Jesus nahe zu sein. Krippe und Kreuz sind zwei bevorzugte, wenn auch oft ambivalente Orte der Erfahrung und Begegnung mit Jesus.

27

Jesus freilassen

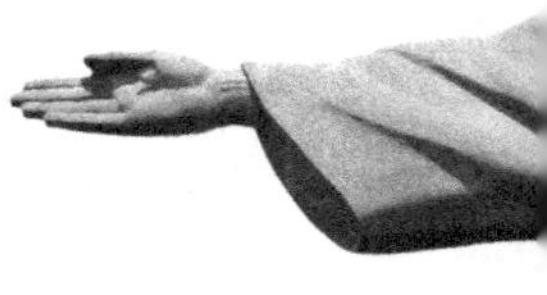

Am Ende seiner Vorlesungen bei den Salzburger Hochschulwochen 1994 formulierte Gottfried Bachl ein ungewöhnliches »Plädoyer für die *Freilassung Jesu*«[501]. Angedeutet ist damit, dass Jesus ein »Gefangener« ist, der befreit werden müsse. Gefangengesetzt in Begriffskäfigen, in die Zwangsjacke theologischer Kategorien gesteckt, festgelegt auf den Wortlaut christologischer Formeln, eingepasst in kirchliche Strukturen. Ein ungewöhnlicher Gedanke, gewiss, aber der Dogmatikprofessor wird sehr konkret.

Zehn Hinweise gibt Bachl dazu, die ich hier verkürzt wiedergebe. »Jesus freilassen hieße«, schreibt er als eine Art Resümee: »froh sein, dass es einen gibt von seiner Radikalität, dem der ganze Kulturbetrieb gleichgültig ist«; »mit ihm leben statt auf ihn aufzupassen, sich freuen, wenn er immer noch Geschichten auslöst«; »Jesus zumuten, dass er heute seine Sprache findet, jenseits der ängstlichen Geschmacksangebote des kleinbürgerlichen Gemütes und der Diözesankunsträte«; »die Konstruktionen der Theologie beiseite setzen oder Löcher in sie schneiden«; »der Gelassenheit Jesu zustimmen, der den glimmenden Docht nicht auslöscht, sich aus den niedrigsten Motiven berühren lässt«; »die Umklammerung des Schönheitsbetriebs lockern, der ihm die ausgesuchtesten Meßgewänder verpasst, die ihn von den Plätzen des Unordentlichen, der Cholera und der Krätze vertreiben«; »mit ihm die Bilder Gottes auf den Markt- und Arbeitsplätzen suchen, nicht in den Nischen kirchlicher Kunstkammern«; »ihm ausbrechen helfen aus der Demuthöhle der Leute, die dauernd ihre wehleidige Stimmung mit dem christlichen Glauben verwechseln«; »Jesus aus der Hand derer erlösen, die ihn als Waffe gebrauchen«; »ihn fortgehen sehen aus der Bevormundung durch die Mutter Maria und die Mutter Kirche, die in Bild und Leben so tun, als wäre er immer noch das Baby oder die Leiche«[502].

Hinter Bildern und Begriffen: eine Karikatur

Ein Plädoyer ist für gewöhnlich – wie der Schlussvortrag verschiedener Instanzen vor Gericht – eine mit Entschiedenheit bestimmt vorgetragene Rede im Sinne von engagierter Befürwortung. Hat Jesus so etwas nötig? Bachl meinte offensichtlich: ja! Ich auch, auf ganz andere Weise, sonst hätte ich dieses Buch nicht geschrieben. Die Gefahr, dass Jesus verschwindet – hinter Bildern, hinter Begriffen, hinter Vergleichen, hinter Zeremonien – ist real. Auch bei einem Jesuiten.

Warum auch sollte ausgerechnet ich davor bewahrt bleiben? Ich muss mir nur vor Augen halten, wie ich Jesus im Laufe meines bisherigen Lebens angeschaut, wie ich ihn angesprochen, wie ich zu ihm gebetet habe: als Kind in den 1960er-Jahren, als Pubertierender in den 1970er-Jahren, als Seminarist (1981), als Novize (1985/87), wie zum Zeitpunkt meiner Priesterweihe (1993), wie im Terziat in den USA (2004/05), wie als Krebspatient (2017/19) im Angesicht des Todes, wie jetzt, kurz vor Vollendung meines fünften Lebensjahrzehnts. Der Lehrer, der Kumpel, der Freund, der Herr und Kyrios – schon die Anrede hat sich in diesen Jahrzehnten immer wieder geändert. Ich fand Christologie wahnsinnig spannend und gerate ins Schwärmen, wenn ich erzählen soll, was auf den Konzilien in Nizäa oder Chalzedon definiert wurde und warum. Aber auch ein Jesuit macht die Erfahrung: All dieses Wissen, das sich im Laufe eines Theologenlebens anhäuft, garantiert keineswegs, dass es zu einer Begegnung kommt und wenn, dass sich die Erfahrung solcher Begegnung als tragfähig erweist. Es bleibt ein lebenslanges Suchen, ein ständiges Ringen. Wer damit je aufhört, hat Jesus zum Gefangenen gemacht – von Bildern und Begriffen.

Deswegen irritiert mich auch Bachls »Phantasieexperiment« nicht, das er zuvor »nicht flüchtig, nicht nur im Seitenblick, sondern mit ausdauernder Anschaulichkeit« vorschlägt. »Wir sollten uns«, heißt es da, »Jesus in den amtlichen Kleidern seiner Kirchen vorstellen, Jesus als römischer Papst, im großen Ornat dieses Amtes, mit der Tiara, der Mitra, dem Hirtenstab, dem Fischerring am Finger, im weißen Talar, im Glanz des Primates und der Unfehlbarkeit, Jesus als Metropolit, als Ökumenischer Patriarch, als Superintendent, als Erzbischof, als Hausprälat, als Monsignore, Jesus als Kardinal, Jesus als Titelträger: Hochwürden Jesus, seine Heiligkeit Jesus, seine Exzellenz, seine Eminenz, der Geistliche Rat Jesus.«[503]

Wer möchte sich einen solchen Jesus wirklich vorstellen? Ist er dann nicht eine Karikatur seiner selbst? Was haben diese Titel und Zuordnungen mit der Bergpredigt zu tun? Wer da nicht still wird, wer da nicht betroffen bemerkt, wie sehr sich Kirche und Theologie von ihrem Ursprung – also von einer Person: Jesus von Nazareth – wegbewegt, sich dem entfremdet haben, auf den angeblich alles zurückgeht, auf den sich alle berufen (eine in Konfessionen und Denominationen gespaltene und damit unglaubwürdige Christenheit), muss sich seines oder ihres Jesusglaubens schon sehr sicher sein! Suchen wir, suche ich wirklich Jesus, immer wieder, immer wieder neu, immer wieder sehnsüchtig, oder suchen wir, suche ich (nur) ein Bild von ihm?

Alle Bilder immer wieder loslassen, immer wieder freigeben, immer wieder kritisch nachfragen – darauf kommt es in einem

Christenleben auch an, und mit weniger darf ich mich nicht zufriedengeben. Bachls allerletzter Satz in seinem Buch ist eine Liebeserklärung, die sich nicht einfach beiseiteschieben lässt. Sie ist nämlich keine literarische Würdigung, nicht nur eine theologische Erkenntnis oder eine intellektuelle Einsicht, sondern ein Bekenntnis: »Denn Jesus ist das Abenteuerlichste, Aufrechteste, Brennendste und Liebenswürdigste, das im Christentum zu finden ist.«[504]

Ein Gefangener seiner Kirche – und der Theologie?

Das Motiv des Freilassens findet sich auch in den Tagebuchaufzeichnungen von Fridolin Stier. Am 28. April 1970 notierte er: »Keiner hätte es so schwer, wenn er wiederkäme, sich als den zu präsentieren, der er ist, wie jener Mann von Nazareth, dessen Geschick es ist, nicht vergessen worden zu sein. Er müsste sich aus vielen Überkleidungen herausschälen, in die er von den Seinen, gerade denen, die ihn nicht vergessen haben, ihm anhängen und ihn lieben, gesteckt worden ist. Und wie viele, zum Teil vollendet schöne Bilder und Statuen, unter denen sein Name steht, müsste er von den Wänden und Konsolen entfernen, traurig erstaunt: ›Ach, so seht ihr mich?‹«[505] Tags darauf eine ergänzende Notiz: »Dem Nazarener zu Hilfe kommen, ihn aus den Geröllhalden des über ihn Geredeten und Geschriebenen herausbaggern, ihn herausziehen aus dem Schwemmsand der erbaulichen Sprache, um ihn, der nicht aufs Gesicht der Menschen schaute (Mk 12,14), *kat'idian*, abseits zu führen, wo er Aug' in Aug' mit seinen Jüngern spricht ... Was nicht in ihm war, sich den Menschen bequem zu machen, seine Gläubigen haben es besorgt. Gingen nicht schon die Evangelien daran, dem Grenzensprenger Grenzen zu setzen, den nicht Ergreifbaren in Griff zu nehmen? Aber noch lebt in ihnen der Unbewältigte. Hier ragt er noch hoch über die Verständnisse hinaus, in denen man ihn zu erfassen versuchte.«[506]

Am stärksten kommt die Notwendigkeit der Freilassung Jesu vielleicht zum Ausdruck in einer »Geschichte«, die Stier unter dem Datum vom 14. Dezember 1968 verfasst hat und der er selbst den Titel »Das Wort Gottes kommt in die Stadt« gegeben hat. Stier beschreibt darin das in einer Stadt umlaufende »Gerücht«, das Wort Gottes sei unterwegs. Beschrieben ist, wie das Wort Gottes tatsächlich kommt und verschiedene Besuche macht und jeweils abblitzt: bei einer Frau, die den Besucher für jemand von der Trinkerfürsorge hält, die eigentlich ihren Mann betreut, bei einem Politiker, einem Manager und einem Arzt. Schließlich wird das Wort Gottes doch in die Kirche eingeladen: »Es war Sonntag. Das Wort Gottes kam in die Kirche der Stadt. Die Geistlichkeit bereitete ihm einen feierlichen Empfang. Ein Thron war bereitgestellt, und das Wort Gottes nahm Platz. Man brannte ihm Weihrauch. Und dann hob der Prediger an, das Wort Gottes zu preisen, und sagte, das Wort Gottes rede in einer alten Sprache und habe sich die Zunge der Prediger geliehen, um sich allen verständlich zu machen. Und so sprach er darüber, aber das Wort Gottes kam selbst nicht zu Worte. Die Leute merkten es, sie fanden die Rede des Predigers schal und fingen an, nach dem Wort zu rufen. Das Wort, schrien sie, das Wort! Aber das Wort Gottes war nicht mehr in der Kirche. Es war weitergegangen. Auf dem Thron lag ein altes Buch … Es hatte sich zu einem Wort-Gottes-Gelehrten begeben. ›Ach, da sind Sie ja‹, sagte der Theologe, ›ich habe auf Sie gewartet, ich habe nämlich eine Frage an Sie.‹ ,Fragen Sie, sagte das Wort Gottes, ›ich freue mich, Sie sind der erste, seit ich hier bin, der mich etwas fragen will, die anderen haben über mich, über mich hin geredet.‹ ›Ich frage Sie also‹, sagte der Gottesgelehrte, ›was Sie bei mir zu suchen haben, ausgerechnet bei mir, der ich Sie durch und durch kenne. Sie kennen doch gewiss meinen Traktat über Sie – fehlt da was?‹ ›Nichts als das Wichtigste: Ich! Ich selbst bin nicht drin. Sie haben mich untersucht und eine ganze Menge über mich herausgefunden; aber mich gesucht haben Sie nie. Sie haben mir nachgeforscht, Sie haben nicht nachgelassen, die diversen Probleme, die ich Ihnen und Ihresgleichen immer von neuem stelle, mutig anzupacken und ihrer manches klug zu lösen. Aber immer wenn ich Sie und Ihre Zunftgenossen über mich sprechen höre, über meinen Ursprung, meine Gestalten, meine Wander- und Wirkgeschichte, dann komme ich mir selbst etwas fremd vor.‹«[507]

Das Wort Gottes, der Logos, Jesus – kommt sich fremd vor, erkennt sich nicht wieder in dem, was es über sich selbst hört, es wundert sich über die akademische Distanz, mit der ein Gelehrter es sich quasi vom Hals und erst recht vom Herzen hält! Der Dialog zwischen dem Theologen und dem Wort Gottes geht noch einige Zeit hin und her. Am Ende bemerkt dieses: »›Zum Objekt machen Sie mich, machen sich über mich her, und Sie erfreuen sich der Lust, mich mit Wahrheiten über mich zu bewältigen. Aber an Sie selbst lassen Sie mich nicht heran. Und gerade darauf habe ich es abgesehen. Ja, ich möchte Ihnen und allen Ihresgleichen zu Leibe rücken. Sie sprechen über mich, ich aber, ich, Gottes Wort, ich spreche mich Ihnen an, ich spreche mich in Sie hinein, dazu bin ich gekommen. Was ich bei Ihnen zu suchen habe, fragen Sie mich, jetzt wissen Sie es: Sie, ich suche Sie! Und wenn Sie noch mehr wissen wollen: Ich möchte, dass ich durch Sie hindurchspräche.‹ – ›Aber das wäre doch Prophetie‹, wehrte sich der Mann, ›wo bliebe da die Theologie‹? – ›Da sehen *Sie* zu‹, sprach das Wort Gottes, sprach's und ging.«[508]

Nicht weniger drastisch, ja knallhart auf den Punkt gebracht ist die Fremdheit und damit auch das theologische Exil des Wortes in einer »späteren Fassung« dieses Besuches, noch zum Tagebucheintrag vom selben Tag gehörend: »Und dann kam das Wort Gottes zu einem namhaften Bibelgelehrten, dessen Buch *Vom Wesen und*

Wirken des Wortes Gottes demnächst erscheinen sollte. ›Sie kommen mir höchst gelegen‹, sagte der Professor, ›von meinem Buch haben Sie wohl schon gehört? Ich läse Ihnen gern einiges vor.‹ Das Wort Gottes nickte: ›Lesen Sie, Herr Professor, ich bin ganz Ohr.‹ Er las, es schwieg. Als er zu Ende gelesen, das Manuskript weggelegt hatte, sah er auf, und da sah er den Blick ... Er wagte nicht zu fragen. Endlich sprach das Wort Gottes: ›Meisterhaft, Herr Professor, mein Kompliment! Aber – ob Sie es wohl verstehen? Wissen Sie, als Objekt betrachtet, besprochen, beschrieben, wird mir seltsam zumute, grad als ob ich meine eigene Leiche sähe ... Einmal schreiben Sie, und das finde ich sehr treffend, ich wolle nicht primär Wahrheiten offenbaren (für wahr zu haltende Wahrheiten, sagten Sie), ich wolle vielmehr den Menschen selbst. Das wär's, Herr Professor, das!‹ Und da war wieder der Blick. Das Wort Gottes erhob sich und schritt zur Tür. ›Was wollen Sie von mir?‹ schrie ihm der Professor nach. ›Sie will ich‹, sagte das Wort Gottes, ›Sie!‹ Die Tür schloss sich leise.«[509]

Das Wort Gottes, das sich vorkommt, als sähe es seine eigene Leiche! Jesus im Leichenhaus der Theologie – aus dem er zu befreien und herauszuholen wäre. Von wem? Wann? Und wie?

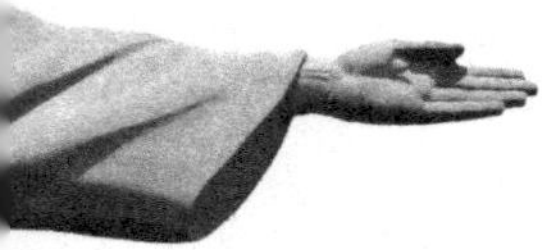

28

Jesus für Atheisten?

»Nietzsche für Christen« nannte der Religionsphilosoph Eugen Biser ein Buch von 1983, das den Untertitel »Eine Herausforderung« trug. »Jesus für Atheisten« von 1972 klingt ungewohnter: Unter diesem Titel veröffentlichte der tschechische Philosoph Milan Machovec († 2003), der wegen seiner Teilnahme am Prager Frühling seine Professur verlor und später zu den Unterzeichnern der Charta 77 zählte, ein Jesusbuch. Machovec war beides: bekennender Marxist und ein suchender Intellektueller (katholisch sozialisiert), der deswegen »zugleich über Jesus mit einer positiven Leidenschaft schreibt«[510]. Geht das? Offenbar ja. Schließlich gehörte Machovec auch zu den aktivsten Teilnehmern des Dialogs zwischen Marxismus und Christentum, die sich in den 1960er-Jahren in der Paulusgesellschaft sammelten. In ihr engagierten sich auch Theologen wie Karl Rahner, Herbert Vorgrimler oder Johann Baptist Metz sehr stark.

Machovec betont im ersten, dem mit dem Titel des Buches identischen, aber mit Fragezeichen versehenen Kapitel »Jesus für Atheisten?«, er wolle »keine direkte Projektion allgemeiner, notorisch bekannter marxistischer Thesen und Stereotypen«[511] wiederholen. Er schaue vielmehr durch die Brille des marxistischen Philosophen auf Jesu Botschaft, ihre Quellen, die jüdische Religion, auf Jesus als den Christus und die »Sache Jesu«, bevor er abschließend sogar einen Forschungsbericht über die Leben-Jesu-Forschung abliefert. Die »langjährige, freundschaftliche, Früchte bringende Zusammenarbeit« mit verschiedenen Gelehrten (es fallen die Namen von Karl Rahner, Johann Baptist Metz, Helmut Gollwitzer und Jürgen Moltmann, aber auch Erich Fromm, Ernst Bloch oder Roger Garauday und etliche andere) hat Machoveč beflügelt.

»Christologie des Christus inkognito«?

Der Innsbrucker Fundamentaltheologe Walter Kern († 2007), mein hochverehrter Lehrer, zog den Hut vor Machoveč: Er besitze »entschieden das Entscheidende, das tausenden propagandistischen Broschüren (...) fast immer fehlte: Kenntnisse!«[512] Kern analysierte weitere marxistische Jesusdeutungen, etwa von Ernst Bloch, Vítězslav Gardavsky oder Leszek Kołakowski, und ging auch tiefenpsychologischen Deutungen im Gefolge von Sigmund Freud, etwa bei Erich Fromm, C. G. Jung oder René Girard nach, um zusammenfassend zu der Bilanz zu gelangen: »Die Begründungsmomente, die in den marxistischen Jesusdeutungen angeführt werden für die bleibende Maßgeblichkeit jenes Mannes aus Nazaret, variieren, aber sie zielen im Grunde doch insgesamt auf das Paradox der Liebe, die mit ihm in die Welt kam.«[513] Angesichts früherer Generalverdächtigungen, die jegliche Jesusforschung als »bourgeois« denunzierte, ist das kein zu magerer Befund! Bereits etwas früher hatte Thomas Pröpper versucht, in seinem Buch »Der Jesus der Philosophen und der Jesus des Glaubens« ein »theologisches Gespräch mit Jaspers, Bloch, Kołakowski, Gardavsky, Machoveč, Fromm, Ben-Chorin« aufzunehmen[514].

Auch wenn bei marxistischen Autoren Dogmatisches oft ausgeklammert wird, stellt sich die Frage: »Aber ist unterschwellig nicht doch noch ein verschwiegenes Mehr am Werk in den marxistischen und analytischen Jesusdeutungen, die sich versagen, der in der Praxis Jesu implizierten Christologie nachzuspüren und deshalb ihr gar betont widersprechen zu müssen meinen? Gewiss: sie holen den Christus des Dogmas nicht ein und berühren ihn kaum einmal ausdrücklich auf positiv bedeutsame Weise. Aber sie markieren Ansatzpunkte und Zugangswege, Jesus zu hören und zu sehen, die für die fundamentaltheologische Verantwortung des christlichen Glaubens von Nutzen sein können. – Ihre ›Christologie des Christus inkognito‹ ist durch das hier von Ihnen Aufgenommene nicht ausgelotet.«[515]

Anders als in den 1960er- und 1970er-Jahren ist heute eine marxistische oder tiefenpsychologische Deutung Jesu, die oft viel zu schnell als atheistisch bezeichnet wurde, gar nicht mehr akut. Längst haben viele erkannt: Christen können von Marxisten und Tiefenpsychologen lernen! Wer Berührungsängste kultiviert, wer auf Defizite fixiert ist, dem entgehen vielleicht wichtige Erkenntnisse, die das eigene Jesusbild bereichern können. Auch weil sie infrage stellen, kritisch hinterfragen, nicht jeden »frommen Spruch« für bare Münze nehmen.

Jesus – ein ungebetener Gast

Der Schweizer Pastor und Schriftsteller Kurt Marti hat einmal vom »liturgischen Atheismus« gesprochen. Knotenpunkte, Lebenswenden wie Geburt und Sterben, Reifezeit und Hochzeit werden mit sakralen Feiern behübscht. Man bestellt Sakramente wie ein Menü auf der Speisekarte. Und man erhält, was man wünscht, vielleicht aus Angst vor Konflikten bzw. vor Öffentlichkeit. Martis drastische Karikatur: »Repräsentative Hochzeit Erster Klasse, sakraler Kundendienst für die Wohlstandsgesellschaft«, bei dem »sanft wie im Kino Liturgie surrt, der Herr aber ist ein ungebetener Gast«[516].

Das »riecht« mindestens nach anonymem Atheismus. Karl Rahner wies bereits in den 1950er-Jahren auf eine andere, damit verwandte Gefahr hin: »Trachtenvereinschristentum«[517], garniert mit viel frommer Folklore.

»Woran glaubt, wer nicht glaubt?« war ein in Italien (Originaltitel: »In cosa crede chi non crede?«, 1996) breiter als hierzulande beachtetes Buch, in dem Dialoge zwischen Kardinal Carlo Maria Martini († 2012), dem Mailänder Erzbischof, und dem Schriftsteller und Semiotiker Umberto Eco († 2016) abgedruckt wurden, die zuvor im Vierteljahresrhythmus in einer Zeitschrift erschienen waren[518]. Das war 1998, als Umberto Eco mit »Der Name der Rose« längst einen Weltbestseller veröffentlicht hatte.

Von solchen Dialogen und Gesprächen habe ich manchmal mehr gelernt als von sogenannten frommen (Jesus-)Büchern, die gerne mehr behaupten als begründen. Ich könnte auch das »Unglaubensgespräch«[519] zwischen dem »nicht ganz gläubigen« Christen und Germanisten Hermann Kurzke (dem bekannten Thomas-Mann-Spezialisten) und dem »nicht ganz ungläubigen« Atheisten Jacques Wirion (dem Präsidenten des Luxemburgischen Germanistenverbandes) nennen, die hochkarätig über »Nutzen und Nachteil der Religion für das Leben« plaudern.

Atheisten oder Agnostiker haben herkömmliche Berührungsängste mit Jesus längst verloren – und wundern sich manchmal über die Selbstverständlichkeit, mit der Christen über Jesus reden oder schreiben. Jesus ist eine Bezugsgestalt, die auch bei ihnen nicht fehlen darf. Oft ist es aber so: Alles glaubt, wer (angeblich) nichts glaubt. Vor allem jeden möglichen Unsinn. Vernunft ohne Glauben war für Rahner leer, Glaube ohne Vernunft blind. Ein genialer Buchtitel von Gabriela Grunden bringt es auf den Punkt: »Wer glaubt, fragt«.[520]

Jesus – von Marxisten und Christen verraten

Fridolin Stier notierte am 28. November 1971 in sein Tagebuch: »›Marx an die Uni!‹ (Losungswort der SEW-Studenten, Berlin). ›Jesus an die Front!‹ – aber beide sind von ihren Gläubigen verraten. ›Marx‹ steht auf den roten Fahnen derer, die unten sind und nach oben wollen (…). Und Jesus? Oft kommt es mir so vor, als sei der Befreier ein Gefangener seiner Kirche, von seinen Gläubigen aus der Welt, aus dem Jetzt und Hier hinausgehimmelt, als habe die Stiftung den Stifter, die Stellvertretung den Vertretenen geschluckt …«[521].

Jesus – verraten von den einen wie von den anderen: den Frommen ebenso wie den Ungläubigen, von Christen ebenso wie von Atheisten? Einer, der »hinausgehimmelt« wurde?

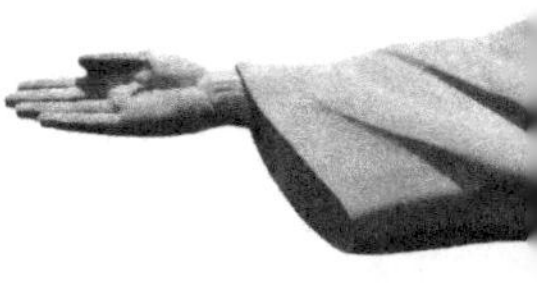

29

In Gesellschaft Jesu

Zum Jesuitenorden zu gehören und sich dementsprechend als »Gefährte Jesu« zu wissen, ist Anspruch und Verpflichtung zugleich. Wie mein Ordensvater Ignatius bei seiner Vision in einer kleinen Kapelle in La Storta darf ich mich Jesus »zugesellt«, zu ihm dazugestellt wissen. »Sozius Jesu« sein bedeutet, mit Jesus zusammen sein – und das ist ganz und gar wörtlich zu nehmen: zum »erweiterten« Jüngerkreis zu zählen. Es geht um Gefährtenschaft.

Widerstand gegen die Ordensbezeichnung

Gegen die Ordensbezeichnung »Gesellschaft Jesu« (SJ) hatte sich seinerzeit energischer Widerstand in einflussreichen Teilen der römischen Kurie formiert. Ignatius lag immens viel daran, trotzdem bei dieser Bezeichnung zu bleiben. Einwände eines ihm wohlgesonnenen Kardinals, »Gesellschaft Jesu« könne den Neid und die Eifersucht der »alten« Orden provozieren und als überheblich empfunden werden, wies er energisch zurück. Anders als Benediktiner, Dominikaner, Franziskaner und andere Ordensgemeinschaften oder Kongregationen sah sich Ignatius nicht als Gründer oder Stifter an und wollte unter keinen Umständen so gelten. Zeitweise freilich kursierte auch der Ausdruck »les Yñigues«, allerdings nicht für Jesuiten, sondern für »fromme Frauen« in Manresa (Spanien), wegen ihrer Verbundenheit mit Ignatius[522]. Auch die Bezeichnungen »Iñiguistas«, »Ignatiani« oder »Compañía de los sacerdotes de Jesús«, »pauperes Christi sacerdotes« waren gebräuchlich. Aber das »tiefste Wesen ihrer Gemeinschaft drückt der Name, ›Gesellschaft Jesu‹ aus«[523].

Statt »Gesellschaft« (*compagnia*) könne man vielleicht »Kongregation« oder »Orden Jesu« wählen, aber der Name Jesu dürfe unter keinen Umständen fehlen, befand Ignatius stur. In den beiden »Formulae Instituti«, den von den Päpsten Paul III. (1540) und Julius III. (1550) mit den Apostolischen Schreiben »Regimini militantis Ecclesiae« und »Exposcit debitum« bestätigten Leitbildern des Ordens heißt es: »Wer immer in unserer Gesellschaft, von der wir wünschen, dass sie mit dem Namen Jesu bezeichnet werde …«. Obwohl der Terminus Gesellschaft (span. »compañía, ital. »compagnia«, lat. »societas«) einen militärischen Beigeschmack hat und der Orden in der Geschichte oft als eine Art »Kampftruppe« oder, neudeutsch, als »Special Forces« des Papstes verstanden wurde, geht es in erster Linie um den Namen Jesu! Unter Papst Sixtus V. († 1590) gab es noch einmal einen Versuch, beim damaligen Ordensgeneral Aquaviva zu erwirken, dass der Name geändert werde: »Allerdings starb Sixtus V. vor Ausfertigung des bereits entworfenen und von ihm gebilligten Schreibens, und sein Nachfolger Gregor XIV. bestätigte den Orden auch mit dessen Namen wieder in vollem Umfang.«[524]

Die Bezeichnung »Gesellschaft Jesu« und das Ordenskürzel SJ für »Societas Iesu« sind letztlich »kein einschränkender oder abgrenzender Ordensname, sondern eine Bezeichnung für das universale Programm dieses Ordens«[525]: »Die Kirche selbst ist als die eigentliche ›Gesellschaft Jesu‹ zu verstehen. Der Orden als die kleine Gesellschaft Jesu will der Kirche als der großen Gesellschaft Jesu dienen.«[526]

Die »große« und die »kleine« Gesellschaft Jesu

Und das gilt noch in einem zweiten Sinn: Der Jesuitenorden kann – und muss – sich als die »kleine« und immer kleiner werdende Gesellschaft Jesu verstehen. Im Blick auf meine eigene Lebens- und Ordensgeschichte wird das deutlich: Bei meinem Ordenseintritt vor 36 Jahren (September 1985) waren wir in Österreich etwas über 190 Jesuiten, heute knapp unter 60. Der gesamte Orden hatte damals in etwa 25.000 Mitglieder, heute weniger als 15.000. Das ist schon ein Aderlass! Jesuiten sind – im Vergleich mit dem historischen Höchststand von 36.000 Mitgliedern im Jahr 1965, zehn Jahre später bereits nur mehr 29.500 – eine *societas minima* geworden, Tendenz fallend.

Es gibt aber auch die große Gesellschaft Jesu: die universale Kirche in aller Welt. Und die größere Gesellschaft Jesu: die Gemeinschaft all derer, die das Leben Jesu mit ihrem Leben als Getaufte weiterschreiben, weil ihnen das Leben Jesu zur Orientierung geworden ist, zur Norm, zur Richtschnur, ja zum Maß aller Dinge. Sie wissen oder ahnen, dass das stimmt, dass das trägt, dass das gültig ist – und wert, dafür und damit zu leben: *IHS – Iesum Habemus Socium* – Wir haben Jesus zum Gefährten. Jesuiten haben kein Exklusivrecht darauf. Es ist ein Angebot an alle Christen. Kraft ihrer Taufe lassen sich wieder und wieder Menschen auf Jesus und seinen Weg ein, in einem zweiten Schritt erst kraft ihrer Zugehörigkeit zu einem Orden, der sich ausdrücklich auf Jesus als Gründer beruft. Der Gedanke hat mich schon oft getröstet! Gesellschaft Jesu – das ist nämlich »zugleich Programm zum Verständnis des Christseins«[527] überhaupt: Wir sind die Gemeinschaft derer, die mit Jesus zu tun haben und zu tun haben wollen.

Si cum Jesuitis, non cum Jesu itis?

Jesuitenpolemiken gibt es, seitdem es den Orden gibt. Giftmischer und politische Aufwiegler sollen Jesuiten gewesen sein. Sie wurden schnell mit dem Containerbegriff »Pharisäer« belegt. Bis heute ist das Adjektiv »jesuitisch« ein Äquivalent für »listig«, »intrigant« oder »verschlagen«. Es gibt stattliche Sammlungen mit Jesuitenfabeln, wenig schmeichelhafte Klischees sind in Legionenstärke überliefert. Blaise Pascal, Voltaire, D'Alembert, Hegel, Fichte, Novalis, Schopenhauer, Heinrich Heine, um nur einige prominente Namen zu nennen, pflegten ihre Vorurteile – und sorgten auch für deren Verbreitung. Bücher wie »Macht und Geheimnis der Jesuiten« (René Fülöp-Miller, 1929) oder »Die Jesuiten – Legende und Wahrheit der Gesellschaft Jesu« (Manfred Barthel, 1982) gelten als »Klassiker« und bestimmen direkt oder unterschwellig das Bild zwischen hemmungsloser Verteufelung und kritikloser Bewunderung.

Als am 13. März 2013 zum ersten Mal in der Kirchengeschichte überhaupt ein Jesuit zum Papst gewählt wurde, der sich – auch das ein Novum – Franziskus nannte, machte die Mär von der jesuitischen Weltverschwörung schnell wieder die Runde: Die Jesuiten hätten jetzt nicht nur den wegen seiner sagenhaften Machtfülle und seines einfachen schwarzen Talars »papa nero« (schwarzer Papst) genannten Ordensgeneral. Sie stellten nun auch den »papa bianco« (weißer Papst), hätten die Kirche also »ganz in ihrer Hand«. Gewählt wurde der Erzbischof von Buenos Aires, Jorge Mario Bergoglio SJ, von einer Mehrheit – unter der kein einziger Jesuit war. Denn außer Bergoglio war nur ein weiterer Jesuitenkardinal zum Konklave zugelassen, der jedoch alters- und krankheitsbedingt gar nicht erst angereist war: der emeritierte Erzbischof von Jakarta (Indonesien), Julius Riyadi Darmaatmadja.

In einem Interviewbuch mit Dominique Wolton, einem französischen Intellektuellen, Laizisten und Experten für Kommunikation, das auf zwölf Begegnungen mit Papst Franziskus zwischen Februar 2016 und Februar 2017 beruht, sagt dieser, er habe zeitlebens den Ratschlag eines alten Jesuiten ignoriert: »Hör mal, wenn du weiterkommen willst, dann musst du klar denken und dich unklar ausdrücken.« Lakonischer Kommentar von Franziskus zu dieser Karikatur von jesuitischer Taktik: »Aber ich gebe mir immer Mühe, mich klar auszudrücken.«[528]

Es ist schon bezeichnend, dass zu den beißendsten Jesuitenpolemiken die Behauptung gehört, wer es mit Jesuiten zu tun bekäme, hätte nichts mit Jesus zu tun. Da tröstet auch nicht die Tatsache, dass diese Verzeichnung ein lateinisches Wortspiel ist: »Si cum Jesuitis, non cum Jesu itis.« Angeblich soll dieser Spruch als Graffito im Jahr 1845 an eine Wand des Innsbrucker Jesuitenkollegs geschmiert worden sein. Das Epigramm geht auf Dominikaner (»canes Domini«) zurück, in eine Zeit wachsender Rivalität zwischen den beiden Orden. Und es existiert in vielen Sprachen: »Se andate con gesuiti, non andate con Gesù«, »Si andas (caminas) con jesuitas, no andas (caminas) con Jesús« »If you walk with the Jesuits, you don't walk with Jesus«.

Mich schmerzt diese Polemik sehr. Gerade weil die auf das Wortspiel »Jesuiter – Jesuwider« zurückgehende Formel das blanke Gegenteil von dem ist, was es bedeutet, »Sozius« oder »Sozia« Jesu zu sein.

Pedro Arrupe († 1991), für den seit 1995 ein Seligsprechungsverfahren läuft, war von 1965 bis 1983 Generaloberer der Gesellschaft Jesu und eine der markantesten kirchlichen Persönlichkeiten der unmittelbaren Nachkonzilszeit. Sein Charisma wirkt bis heute unter Jesuiten nach. Seit August 1981 durch einen Schlaganfall amtsunfähig, aber erst im September 1983 durch einen neuen Generaloberen, Peter-Hans Kolvenbach ersetzt, nachdem Papst Johannes Paul II. zuvor interveniert und dem Orden zwei (dem Orden angehörenden) Delegaten aufgezwungen hatte, konnte ich ihm einmal –

bei einem Treffen junger Jesuiten Ende Dezember 1988 – durch einen Türspalt in seinem Zimmer auf der Krankenstation der Jesuitenkurie in Rom zuwinken.

In einem zwischen Weihnachten 1980 und Ostern 1981, also über mehrere Monate hinweg, geführten Interview sagte er auf die Frage, was ihm Jesus Christus bedeute, zunächst, fünf Jahre zuvor sei er schon einmal mit dieser Frage »überrumpelt« worden, und er habe »damals ganz spontan geantwortet: ›Für mich ist Jesus Christus alles.‹ Und heute gebe ich Ihnen dieselbe Antwort mit noch stärkerer Betonung und Klarheit. Für mich ist Jesus Christus *alles*. Nur so kann ich ausdrücken, was Jesus Christus in meinem Leben bedeutet: alles. (...) Ich denke, es ist nicht nötig, viel zu erklären, was das heißt: Nehmen Sie Christus aus meinem Leben, und alles wird zusammenstürzen, wie ein Körper, dem man das Skelett, den Kopf und das Herz wegnimmt.«[529]

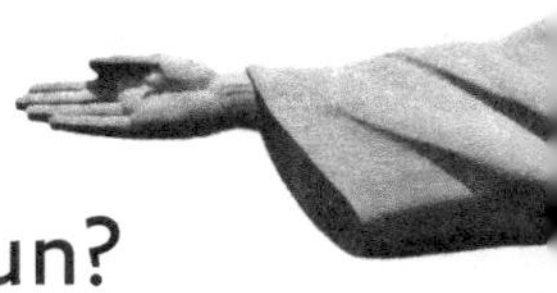

30

WWJD: Was würde Jesus tun?

Als ich 2004/05 neun Monate lang den letzten Ausbildungsabschnitt als Jesuit in den USA verbrachte, in der Nähe von Boston (Massachusetts) und vier Monate als Pfarrer in South Dakota bei Oglala Sioux-Indians (Native Americans) arbeitete, bin ich dem Kürzel das erste Mal begegnet: WWJD. Ausbuchstabiert bedeutet das: »What Would Jesus Do?« Der Slogan ist allerdings nicht absolut eindeutig, weil manche WWJD auch so lesen: »Walk With Jesus Daily«; oder, in Anspielung auf den populären Basketball-Star Michael Jordan: »What Would Jordan Do?«

Modeschmuck oder Gewissensfrage?

»Was würde Jesus tun?« Der amerikanische Ausdruck ist einem Roman von Charles Monroe Sheldon, einem Führer der Social Gospel Bewegung, entnommen: »In His Steps« (1896). Ein Geschäftsmann stellt sich darin diese Frage vor schwerwiegenden Entscheidungen. Ein amerikanischer Pastor der Wesleyan Church of Holland bat im Jahr 1989 Geschäftsleute, Anstecker mit dem Slogan herzustellen. Diese produzierten zusätzlich dazu Armbänder, die ein Verkaufshit wurden, vielleicht auch nur eine Modeerscheinung, vor allem unter jugendlichen evangelikalen Christen.

Ich gebe zu: »WWJD« wirkte auf mich zuerst einmal recht ungewohnt. Es »roch« nach – ja, wie? Fundamentalistisch. Andererseits bleibt Glaube abstrakt, wenn er nicht alltags- und krisentauglich ist. Christlicher Glaube muss nicht nur auskunftsfähig und auskunftswillig sein, sondern auch argumentativ belastbar.

Fragen, was Jesus in einer ganz bestimmten Situation tun würde: Das kann man als kindisch abtun. Dem lässt sich ausweichen. Aber die Frage bleibt: Hilft die Berufung auf Jesus, um in ganz konkreten Entscheidungsfindungssituationen zu guten Entschlüssen zu gelangen? Ist es realistisch, danach zu fragen, wie Jesus in dieser oder jener Situation reagiert, wie er entschieden hätte? Bewahrt mich der Gedanke an Jesus vor Dummheiten? Vor falschen Entscheidungen?

Anfang Dezember 2020: Das Cover des Magazins der »Süddeutschen Zeitung« zeigte ein Kruzifix, davor ein Schwarzer. Der Titel, der meine Aufmerksamkeit erregte: »Glaube, Liebe, Hoffnung. Was würde Jesus heute tun? Vielleicht das Gleiche wie Yvan Sagnet – sagt Yvan Sagnet. Aktivist und Schauspieler.« Das ist die WWJD-Frage: Wer wäre Jesus heute? Was würde er heute tun? Für welche Anliegen würde er eintreten? Das fragte sich auch der Schweizer Regisseur und Theaterintendant Milo Rau. Und er hörte von dem in Rom lebenden Migranten und Aktivisten Yvan Sagnet: »Ihn, einen schwarzen Nicht-Schauspieler, der aus Kamerun stammt, machte Rau zu seinem Jesus, der im weißen Gewand mit seinen Jüngern das Abendmahl einnimmt, aber auch in Jeans und T-Shirt auf dem Marktplatz Reden gegen die Ausbeutung der Geflüchteten hält.« Rau bot Sagnet die Rolle des Jesus in seinem Film »Das neue Evangelium« an, der als »Kino on Demand« ab 17. Dezember 2020 verfügbar war. Der Film lief im September 2020 im Sonderprogramm der Filmfestspiele in Venedig. Sagnet engagiert sich gegen die Ausbeutung von Erntehelfern auf italienischen Tomatenfeldern. In einem Interview gab sich der 35-Jährige überzeugt: »Heute träte Jesus für Migranten ein, für die Geflüchteten, für die Rechtlosen.« Was er vermitteln möchte, ist: »Die Botschaft auch an Christen, dass es nicht reicht, die Bibel zu lesen und sich zu bekreuzigen«. Der Titel des Interviews: »Heute wäre Jesus auf einem Boot im Mittelmeer.«[530] Wer nicht nur auf romantische Weise von Jesus schwärmt, sondern die Frage stellt: »Was würde Jesus tun?«, erdet auch sein Jesusbild, wird realistischer, religiös bodenständig.

Taugt Jesus für Politik?

Friedensnobelpreisträger Al Gore, von 1993 bis 2001 US-Vizepräsident unter Bill Clinton und bei der Wahl am 4. November 2000 gegen George W. Bush unterlegen, erklärte im Wahlkampf, als Baptist frage er sich in vielen Situationen: »Was würde Jesus tun?« In Amerika scheint das für viele Politiker die Gretchenfrage zu sein, anders als im aufgeklärten Europa, wo es (bis auf den Vatikan) in den wenigsten Ländern üblich sein dürfte, eine Kabinettssitzung mit einem Gebet zu beginnen.

Mein Heimatbischof Benno Elbs (Feldkirch), ein ausgebildeter Psychotherapeut und in der Österreichischen Bischofskonferenz Referatsbischof für Caritas, kommentierte die Weigerung der österreichischen Bundesregierung, nach einem Großbrand im griechischen Flüchtlingslager Moria auf Lesbos im September 2020 Flüchtlinge aufzunehmen, so: Christlich-soziale Politik müsse sich »die gleiche Frage stellen, wie auch ein christlicher Priester oder Bischof, nämlich: Was würde Jesus an meiner Stelle tun?« Für eine an der Bibel orientierte Politik sei Matthäus 25,40 maßgeblich: »Was ihr einem meiner geringsten Brüder und Schwestern getan habt, das habt ihr mir getan.« Menschen in akuter Not müsse individuell und konkret, aber auch nachhaltig geholfen werden. Trotz aller moralischen Dilemmata, vor die sich Europa gestellt sähe, gelte es, neben einer abschreckenden, auf Verhinderung ausgerichteten Symbolpolitik auch eine »Symbolpolitik der Menschlichkeit und Humanität« zu überlegen. Mitgefühl sei und bleibe die »christliche Muttersprache«[531]. Bundeskanzler Sebastian Kurz, vormals Außenminister, zeigte sich wenig beeindruckt.

Von einem Politiker erwartet man nicht unbedingt ein Buch über Jesus. Heiner Geißler († 2017), zusammen mit Norbert Blüm († 2020) über Jahre hinweg so etwas wie »das Gewissen« der CDU, hat 2004 ein vielfach aufgelegtes Bändchen mit dem Titel »Was würde Jesus heute sagen?« veröffentlicht. Natürlich ist der Titel suggestiv. Was Jesus heute zu ganz bestimmten ethischen Fragen, etwa zu Migration und Armutsbekämpfung oder zum Klimaschutz sagen würde, wissen wir nicht wirklich. Aber wer gern den »Geist Jesu« oder die »Gesinnung Jesu« bemüht, wer ein »C« im Parteinamen hat oder sich christlich-sozial nennt, muss sich schon fragen, ob konkrete Entscheidungen der Tagespolitik kompatibel sind mit dem, was in der Heiligen Schrift steht.

Die Weltgerichtsszene im Matthäusevangelium führt für Geißler zu diesen Fragen: »Wen wird er wohl gemeint haben, als er in der metaphorischen Prophetensprache von Verfluchten sprach, die in die Hölle gehörten? Vielleicht die Konzernleitungen, die in sogenannten ›Zonas francas‹ wie in Nicaragua Frauen mit Hungerlöhnen und einem Zwölf-Stunden-Tag Textilien herstellen lassen? Die Wirtschafts- und Finanzminister, die es zulassen, dass Börsenspekulanten die Währungen von Ländern ruinieren und so Millionen von Menschen ins Unglück stürzen? Christliche Gemeindemitglieder, die Vorbestrafte, die in ihrem Dorf wohnen, ausgrenzen? EU-Kommissare, die mit subventioniertem Rübenzucker den Rohrzucker der Campesinos aus Mittelamerika und den Philippinen vom Weltmarkt verdrängen? Gesundheitspolitiker, die in England alten Menschen mit geringem Einkommen die Bypass-Operation und das künstliche Hüftgelenk vorenthalten? Amerikaner und Europäer, die mit subventionierten Textil-, Leder- und Agrarprodukten die Arbeitsplätze in Bangladesch und Indien zerstören? Die deutschen Innenminister, die so genannten nicht staatlich Verfolgten einen gesicherten Rechtsstatus verweigern? Mafiabossen, die hungrige Kinder in die Kriminalität und Prostitution zwingen? Hitler, Stalin, Pol Pot, Karadžić, ihre Schergen und Folterknechte? Hexenverbrenner, Inquisitoren, Terroristen und Mullahs, die Ehebrecherinnen bis über die Hüfte im Sand eingraben und steinigen lassen?«[532]

Die Namen, die Vorgänge, die Anlässe sind austauschbar – und heute durch andere zu ergänzen. Bequem sind solche Fragen nie. Aber nicht nur von Geißler erwähnte Menschen wie Franz von Assisi, Edith Stein, Maximilian Kolbe, Dietrich Bonhoeffer oder Martin Luther King haben danach gehandelt – und gezeigt, dass sich mit der Botschaft Jesu reale Politik machen und gegensteuern lässt. Sie verlangt nach Geißler »Realisierung in *dieser* Welt«[533].

Politik, die Jesus und seine Botschaft in die Kirchen verbannt, kapituliert vor dem Faktischen, das als unabänderlich gilt. Papst Franziskus hat mit seinem Apostolischen Schreiben »Evangelii gaudium« (2013) und seinen beiden Sozialenzykliken »Laudato si'« (2015) und »Fratelli tutti« (2020) dieser Einstellung vehement widersprochen. »Unsere Welt – nicht nur die Kirche – dürstet nach Visionen«[534], meint der Gründer der Gemeinschaft »Sant'Egidio«, der italienische Historiker Andrea Riccardi, der 2009 den Aachener Karlspreis erhielt. Er nutzte eine Chance und war von 2011 bis 2013 Minister (ohne Portefeuille) für Internationale Zusammenarbeit und Integration im Kabinett Mario Monti. »Gerade hierin«, gibt er sich überzeugt, »besteht das Christentum: eine Perspektive, keine Retrospektive.«[535]

Das »Passwort« benutzen: Jesus in mein Leben übersetzen

Im Nationalheiligtum Maipú in Santiago de Chile erinnerte Papst Franziskus während seines Pastoralbesuches in Chile und Peru im Januar 2018 Jugendliche an den chilenischen Nationalhelden Alberto Hurtado († 1952). Der populäre chilenische Jesuit gründete das Obdachlosenprojekt »El Hogar de Cristo« (Das Haus Christi) und kümmerte sich intensiv um Kinder und Marginalisierte, die er von der Straße holte. 2005 wurde er heiliggesprochen.

Bei einer Begegnung mit Jugendlichen sagte Franziskus am 17. Januar 2018, Hurtado habe ein »Passwort« (*la contraseña*) gehabt, um die Verbindung mit Jesus aufzunehmen: »Hurtado fragt sich – und dies ist das Passwort: ›Was würde Jesus an meiner Stelle tun?‹« Und Franziskus forderte die Jugendlichen auf, ihre Smartphones zu nehmen und zu googeln, nachdem er zuvor (leicht ironisch) auf die Jugendkultur zu sprechen kam, für welche die Handy-Benutzung so selbstverständlich ist: »Wer kann, soll es eingeben. ›Was würde Christus an meiner Stelle tun?‹ ,Was würde Christus an meiner Stelle tun, in der Schule, an der Universität, auf der Straße, zu Hause, mit den Freunden, bei der Arbeit, vor den Angebern: ›Was würde Jesus an meiner Stelle tun?‹ Wenn ihr zum Tanzen geht, wenn ihr Sport macht oder ins Stadion geht: ›Was würde Jesus an meiner Stelle tun?‹ Das ist das Passwort, die Energie, die unser Herz entflammt, die unseren Glauben entflammt und den Funken in unseren Augen. (…) Da wo du bist, mit wem auch immer du zusammen bist, egal zu welcher Stunde: ›Was würde Jesus an meiner Stelle tun?‹ Habt ihr das Passwort gespeichert? [Antwort der Jugend: ›Ja!‹]. Und die einzige Möglichkeit, ein Passwort nicht zu vergessen, besteht darin, es zu benutzen, sonst passiert das – das ist jetzt natürlich eher etwas aus meiner Zeit, nicht aus eurer, aber dann wisst ihr es auch – was mit den drei Verrückten in diesem Film passiert ist, die ein Delikt, einen Diebstahl, das Knacken eines Safes geplant hatten. Sie hatten an alles gedacht, an alles! Und als sie dann dort ankamen, hatten sie das Passwort, die Kombination des Safes vergessen. Wenn ihr das Passwort nicht benutzt, werdet ihr es vergessen. Speichert es im Herzen! Wie war das Passwort nochmal? [A: ›Was würde Christus an meiner Stelle tun?‹] Ich kann es nicht hören … Wie war es? [Sie wiederholen es] Das ist das Passwort. Wiederholt es, benutzt es, benutzt es! Was würde Christus an meiner Stelle tun? Man sollte es jeden Tag benutzen. Irgendwann werdet ihr es wissen; und der Tag wird kommen, an dem, ohne dass ihr es merkt, ein jeder von euch den gleichen Herzschlag hat wie Jesus.«[536]

Der Papst ist sich dessen sehr bewusst, dass theoretisches Wissen oder religiöse Unterweisung nicht ausreichen. Er sprach es dann direkt an: »Das, was wir wollen, ist: so zu leben, wie Jesus gelebt hat. Was würde Christus an meiner Stelle tun? Jesus in mein Leben übersetzen.« Natürlich kann man einwenden, dass diese Art von Katechese dem Augenblick geschuldet war, dass nämlich die Jugendlichen die Ansprache des Papstes durch Klatschen und andere Gesten kommentierten, Franziskus darauf reagierte und – wie so oft vom Redemanuskript abweichend – in eine Art Dialog eintrat.

Die (Gewissens-)Frage, was Jesus an meiner Stelle täte, wie er in dieser oder jener Situation reagieren, was er sagen, wie er entscheiden würde, taugt auch für Erwachsene – und Verantwortungsträger in Politik und Gesellschaft, die Entscheidungen zu treffen haben.

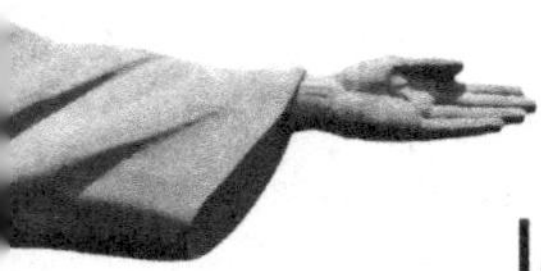

31

Jesus bleibet meine Freude

»Wohl mir, dass ich Jesum habe« und »Jesus bleibet meine Freude« sind die Anfangszeilen der beiden wohl bekanntesten Choralbearbeitungen von Johann Sebastian Bach († 1750) für die Kirchen-Kantate »Herz und Mund und Tat und Leben« (BWV 147), komponiert für Soli, vierstimmigen Chor, Trompete, Oboen, Streicher und Basso continuo. Für seinen ersten Leipziger Kantatenjahrgang griff der Orgel- und Cembalovirtuose des Barocks 1723/24 hauptsächlich auf ältere Kompositionen zurück: »Herz und Mund und Tat und Leben« entstand für das Fest Maria Heimsuchung am 2. Juli, das – liturgisch gesehen – den Rang eines Sonntags hatte. Er erweiterte dafür eine wohl im Jahr 1716 entstandene Adventskantate[537]. Die zwei Teile mit zehn Sätzen wurden vor und nach der Predigt aufgeführt. Der zweite Teil (10. Satz) endet, wie der erste Teil (6. Satz) und musikalisch mit diesem identisch, mit einem Choral: »Jesus bleibet meine Freude«. Auch die englische Fassung (»Jesu, Joy of Man's Desiring«) ist enorm populär. Wer diese Musik einmal gehört hat, kann sich ihrer Faszination nicht entziehen: »Jesus« sozusagen als musikalischer Ohrwurm.

Und diese Musik wirkt! Wie viel Trost sie zu spenden vermag, welche Gefühle sie selbst in schlimmsten Situationen wecken kann, welche Erinnerungen sie aufzurufen imstande ist, zeigt sich eindrucksvoll in dem Kriegsdrama »To End All Wars – Die wahre Hölle« (2001) von David L. Cunningham, der US-amerikanisch-britisch-thailändischen Verfilmung des 1962 erschienenen autobiografischen Buches »Through The Valley of the Kwai« (»Im Tal des Kwai«) von Ernest »Ernie« Gordon.

Darin verarbeitete Gordon († 2002), der im Zweiten Weltkrieg als Offizier der 93. Division der Argyll & Sutherland Highlanders mit seiner Einheit 1942 in japanische Kriegsgefangenschaft geriet, seine Erfahrungen beim Bau der sogenannten Todeseisenbahn, die sich durch den Dschungel von Siam und Burma (heute: Myanmar und Thailand) fräste – mit dem Ziel Indien. In einem Lager im thailändischen Urwald interniert, erlebt er schreckliche Grausamkeiten und Demütigungen. Die Japaner ignorieren die Genfer wie die Haager Konvention. Viele Gefangene sterben an Krankheiten, Unterernährung, Erschöpfung oder an den Folgen der Folter. Der charismatische Captain gründet im Geheimen die »Dschungel-Universität«. Sie soll den geplagten Kameraden, denen vor allem der sadistische Sergeant Ito zu schaffen macht, Würde geben. Gordon bringt ihnen zum Beispiel Platos Ansichten über Gerechtigkeit näher. Im »Sterbehaus« eingerichtet, das von den Japanern gemieden wird, bleibt die »Universität« trotzdem nicht unbemerkt: Sie wird von Major Ian Campbell, der seine Kameraden dadurch von Ausbruchsplänen abgelenkt sieht, an die Japaner verraten. Als diese jedoch erkennen, dass die Arbeiten an der Bahnlinie mit »motivierten« Gefangenen schneller voranschreiten, erlauben sie die nach wiederholten Ausbruchsversuchen verbotene »Universität« wieder.

Die erste Abschlussfeier, bei der »akademische Grade« vergeben werden sollen, naht. Eine Shakespeare-Aufführung und ein Konzert sind dabei vorgesehen. Während der abendlichen Graduierungsfeier, an der auch die japanischen Bewacher teilnehmen und während derer Major Campbell mit einigen Kameraden einen erneuten Ausbruchsversuch unternimmt, spielt das »Orchester« mit provisorisch zusammengebastelten Instrumenten genau dieses Bach-Stück: »Jesus bleibet meine Freude«. Es klingt, gelinde gesagt, fürchterlich (»bloody terrible«). Aber das stört niemanden in diesem Moment. In ihren Herzen hören die Feiernden, was die Musik sein könnte. Manche bekommen feuchte Augen. Andere unterdrücken ihre Tränen nicht länger.

Die Musik von Bach löst unter den ausgelaugten, bis auf die Knochen abgemagerten Gefangenen, die keinerlei Aussicht auf Befreiung oder Linderung ihrer Lage haben, etwas aus: Es mögen Erinnerungen an Kinder- und Jugendtage sein, an die ferne Heimat, vielleicht an so etwas wie Sonntagskultur – was auch immer. Die Szene ist ungeheuer dicht. Dann wird die »Katzenmusik« stumm geschaltet. Aus dem Off hört man einen Choral mit der echten Bach-Musik: Vor dem geistigen Auge erscheint gleichsam ein unsichtbarer Chor: »Jesu, Joy of Man's Desiring«. Etwas passiert dabei. Auch der Dolmetscher Takashi Nagase, der wegen mangelnder physischer Eignung (zur Schande seiner Familie) hierher strafversetzt ist, schließt die Augen – und hört die perfekte Musik. Er hat in Oxford studiert, er kennt und schätzt die britische Kultur, zu der Bachs Musik gehört.

Simultan zu den wunderschönen Tönen, in scharfem Kontrast dazu, erstechen Major Campbell und seine Ausbruchskumpanen zwei Wachposten. Dabei werden sie von Sergeant Ito bemerkt. Er löst Alarm aus – und die Graduiertenfeier geht jäh zu Ende. Im Gegenzug für die Ermordung der zwei Wachposten werden vier Gefangene erschossen. Als Sergeant Ito auch Major Campbell liquidieren will, mit seinem Samurai-Schwert, bietet sich für diesen nach dem Bushidō-Codex stellvertretend Dusty Miller an, der seinen Kameraden oft aus der Bibel vorgelesen und zur Nächstenliebe angestiftet hat. Ito hat immer wieder in dessen Bibel geblättert und Darstellungen der Kreuzigung Jesu betrachtet. Miller wird außerhalb des Lagers auf ein riesiges Holzkreuz gelegt. »Aberglaube« (*superstition*), murmelt Ito, bevor die Wachposten die Nägel in Dustys Arme und Beine treiben und das Kreuz aufrichten – eine barbarische Szene, die mit dem Verbrennen des Kreuzes endet. Dieser qualvolle Tod demoralisiert die Gefangenen. An seinem Grab erinnert sich Ernie Gordon an Dustys Worte aus dem Johannesevangelium (Joh 12,24), die er bei der Beerdigung ihres von den Japanern erschossenen Kommandeurs Colonel Stuart McLean gesprochen hat: »Wenn das Weizenkorn nicht in die Erde fällt und stirbt, bleibt es allein; wenn es aber stirbt, bringt es reiche Frucht.«

Der Abspann des Filmes bringt eine historische Filmaufnahme: 55 Jahre nach der Befreiung des Lagers durch amerikanische Truppen trafen sich die realen ehemaligen Kontrahenten, Ernest Gordon und der Übersetzer Takashi Nagase, die sich immer respektvoll begegnet waren, auf dem Soldatenfriedhof der Todeseisenbahn (»Kanchanaburi War Cemetery«). Zwei alte Männer gehen die Reihen der Gräber durch und sprechen über die Namen der Verstorbenen. Durch Einblendungen erfährt man: Ernest Gordon war 26 Jahre lang Dekan der Universitätskapelle in Princeton, Takashi Nagase wurde ein buddhistischer Mönch. Der Choral von Johann Sebastian Bach hat in ihnen damals etwas ausgelöst. Die entsprechende Szene im Film arbeitet ohne Worte, die Kamera schwenkt von Gesicht zu Gesicht, und der Zuseher kann darin lesen: »Jesus bleibet meine Freude« (»Jesu, Joy of Man's Desiring«).

Trauer und Trost

Im August 2004 habe ich diesen Film zum ersten Mal gesehen – und erlebte Trost, als ich den Bach-Choral hörte. Ein Freund hatte mich in die USA begleitet, wo ich Mitte September das sogenannte Terziat in der Nähe von Boston absolvieren sollte. Neun Monate der spirituellen Erneuerung, vier Monate davon in der Seelsorge. Nach drei gemeinsamen Urlaubswochen in New York und Milwaukee trat mein Freund von New York aus die Heimreise an. Auf dem Weg zum John F. Kennedy-Flughafen wurde ich immer stiller. Mir wurde bewusst: Jetzt bist du monatelang auf dich gestellt! Am liebsten wäre ich ebenfalls in den Flieger nach Zürich gestiegen. Auf der Rückfahrt nach Manhattan, wo ich im *America House*, dem Schriftstellerhaus der Jesuiten, untergebracht war, fühlte ich mich elend. Um mich abzulenken, griff ich zu einer DVD – es war »To End All Wars«.

Als die Szene mit dem Choral aus der Bach-Kantate kam, liefen mir sofort Tränen übers Gesicht. Zuerst, weil diese ungemein dichte Atmosphäre im Film zutiefst bewegen kann. Dann aber merkte ich, dass ich, neben der Trauer und der Angst vor der ungewissen Zukunft der nächsten Monate, auch so etwas wie Trost verspürte. Warum? Weil ich begriff, dass auch für mich gilt, dass auch mir zugesprochen ist, was da so wundervoll gesungen wird: »Jesus bleibet meine Freude«. Bach bewegt. Und tröstet. Weil Jesus bewegt und tröstet.

»Gelt Sophie, Jesus«

Als Student habe ich in den 1980er-Jahren mehrmals Eugen Biser bei Vorträgen in der Katholischen Hochschulgemeinde in Innsbruck erlebt. Er war ein faszinierender Redner. Worauf er in einem Vortrag aufmerksam machte, konnte man später in seinem spannenden Buch »Der Freund« nachlesen, das in der »Serie Piper« (Band 981) erschien: In Udo Zimmermanns Kammeroper »Weiße Rose« von 1986 wird auch die letzte Begegnung von Sophie Scholl († 1943) mit ihrer Mutter im Vollstreckungsgefängnis München-Stadelheim thematisiert.

Diese wusste bei dieser Begegnung nicht, dass ihre Tochter kurz darauf unters Fallbeil gelegt werden sollte. Denn noch am Tag darauf schrieb sie Sophies Freund Fritz Hartnagel († 2001), der im Oktober 1945 Sophies ältere Schwester Elisabeth (»Lisel«) im fensterlosen Ulmer Münster heiraten sollte, einen Brief, in dem sie ihn bat, ein Gnadengesuch für ihre beiden Kinder Sophie und Hans einzureichen[538], die zu diesem Zeitpunkt bereits tot waren. Mit Datum vom 25. Februar 1943 schrieb sie einen zweiten Brief an Hartnagel, in welchem sie ihm davon berichtet, dass sie tags zuvor zusammen mit ihrem Mann ihre beiden Kinder auf dem in unmittelbarer Nachbarschaft zu Stadelheim gelegenen Friedhof im Perlacher Forst habe beisetzen lassen können. In diesem Brief geht sie auf diese letzte Begegnung mit ihrer Tochter Sophie ein: »Ich sagte in den letzten Minuten, als ich ihrem lächelnden Gesicht ganz nahe war: Aber gelt, Jesus, da sagte sie überzeugend: Ja, aber du auch.«[539]

Genau diese, historisch gesicherte Szene hat der deutsche Komponist und Intendant in seine Oper über die Widerstandsgruppe »Weiße Rose« eingebaut. »Seinen bewegenden Höhepunkt«, so Biser, »erhält das Werk, wenn Sophie Scholl sich vor ihrem Gang in den Tod den Zuspruch der Mutter vergegenwärtigt, um ihn schließlich selbst wieder an die Mutter als letzten Trost zurückzugeben:

Gelt Sophie, Jesus …
Jesus, Jesus …
Aber auch du, Mutter …
Aber auch du … (XII)

Dieser Zuspruch kommt einer Handreichung gleich, die über die bereits erreichte Todesgrenze hinweggreift, um dort den Halt einer letzten, unverbrüchlichen Identifikation zu gewähren, wo alle weltlichen Daseinssicherungen hinfällig geworden sind.«[540]

»Zuspruch« und »Handreichung«: Wer »Sophie« gegen seinen eigenen Namen austauscht, erhält ebenfalls einen – indirekten – Zuspruch, und dieser begleitet mich, seitdem ich diese Stelle bei Biser gelesen habe, seit über 30 Jahren. In schwierigen Lebenssituationen, wie auf dem Weg in den Operationssaal im Januar 2018, als mir ein bösartiger Tumor entfernt wurde, habe ich mich ganz automatisch daran erinnert: »Gelt Andreas, Jesus«. Ein stummer Imperativ! Pathetisch mag diese literarische Anleihe klingen. Ist sie es? Sie half jedenfalls – und hilft, immer wieder: die Erinnerung daran, dass Jesus für mich da ist.

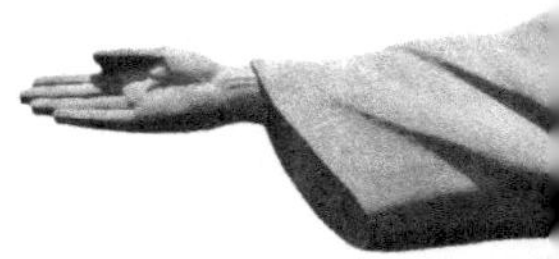

32

»Christus, der Erlöser«

Weltkulturerbe: Fünfzig Jahre lang, von 1931 bis 1981, war der 38 Meter hohe »Cristo Redentor« (Christus, der Erlöser) auf dem 710 Meter hohen Berg Corcovado im Süden von Rio de Janeiro die höchste Christus-Statue der Welt. Mittlerweile ist sie auf Rang sechs abgefallen, zusammen mit dem segnenden Christus von Manado in Indonesien. Der imposante brasilianische Christus mit ausgestreckten Armen blickt seit bald einem Jahrhundert auf den Zuckerhut (Pão de Açúcar), den weltberühmten, steil aufragenden Felsen auf der Halbinsel Urca. Allein die Spannweite der Arme beträgt 28 Meter. Man kann sich des Eindrucks nicht entziehen: Christus umarmt diese wunderbare Stadt, in der sich bittere Not in den Favelas ebenso findet wie Luxus in den Flaniermeilen. Und pulsierendes Leben auf dem vier Kilometer langen Sandstrand der Copacabana.

Die geöffneten Arme ...

Im Vergleich mit anderen monumentalen Statuen in aller Welt – der »Statue der Einheit« in Indien (182 Meter), dem Zhongyuan- oder Lushan-Buddha in der chinesischen Provinz Lushan, der auch unter der englischen Bezeichnung *Spring Temple Buddha* bekannt ist (108 Meter), der Freiheitsstatue (*Statue of Liberty*) im Hafen von New

York (92,99 Meter) oder der »Mutter-Heimat-Statue« auf dem Mamajew-Hügel im südrussischen Wolgograd (85 Meter) – nimmt sich die brasilianische Christus-Statue fast wie ein Zwerg aus.

1931 im Art-Déco-Stil errichtet, misst sie »nur« 30 Meter und steht auf einem acht Meter hohen Sockel, in dem sich eine Unserer Lieben Frau von Aparecida geweihte Kapelle befindet. Ursprünglich sollte die Statue zum 100-jährigen Jubiläum der Unabhängigkeit Brasiliens von Portugal im Jahr 1822 vollendet sein, die von der ehemaligen Kolonialmacht erst 1825 endgültig akzeptiert wurde. Aber der Bau der von dem brasilianischen Ingenieur Heitor da Silva Costa in Zusammenarbeit mit dem französischen Kollegen Albert Caquot entworfenen Statue begann überhaupt erst 1922. Und Finanzierungsprobleme verzögerten die Fertigstellung fast um ein Jahrzehnt. Wären nicht die Erzdiözese Rio de Janeiro, der Heilige Stuhl und Frankreich finanziell eingesprungen, hätte es bis zur Einweihung am 12. Oktober 1931 noch länger gedauert. Genau 75 Jahre später, 2006, wurde die von einem beliebten Nationalpark umgebene Christus-Statue zum Wallfahrtsort deklariert.

Fünf Monate lang waren im Jahr 2020 wegen der Corona-Pandemie etliche Touristenattraktionen in Rio geschlossen, darunter die Christus-Statue, die jährlich bis zu zwei Millionen Besucher anzieht. Im Mai wurde sie mit einem Mundschutz illuminiert, um die Menschen daran zu erinnern, sich gegen das Virus zu schützen: eine Maske aus Licht. »Wieder einmal«, so Omar Raposo, Priester und Verwaltungsdirektor der Statue in der Erzdiözese Rio, sei die Christus-Statue »das herausragende Symbol einer Kampagne für das Leben«. Mit 3,2 Millionen Infizierten und weit über einer halben Million Toten war Brasilien nach den USA das am stärksten betroffene Land weltweit. Als die coronabedingte Schließung im August 2020 aufgehoben wurde – von der auch andere Attraktionen wie die Seilbahn auf den Zuckerhut, das Aquarium *AquaRio* oder das Riesenrad *Rio Star* betroffen gewesen waren –, sagte Umweltminister Ricardo Salles, die Wiedereröffnung der Christus-Statue stehe für »die Wiedereröffnung in Brasilien für den Tourismus«. Auch wenn Besucher vorerst Masken tragen und Abstand halten mussten und sich beim Fotografieren nicht auf den Boden legen durften, sollte damit ein Zeichen gesetzt werden: Das Leben geht weiter!

Der katholisch getaufte, ultrakonservative und rechtspopulistische Präsident Jair Bolsonaro, der selbst an Covid-19 erkrankt war und seit Jahren Gottesdienste bei den Baptisten besucht, rief in einer Rede vor den Vereinten Nationen am 22. September 2020 in New York die internationale Gemeinschaft dazu auf, sich für Religionsfreiheit einzusetzen und »gegen Christophobie« anzugehen. Wie wunderlich, dass die Erzdiözese Rio de Janeiro und die staatliche Umweltbehörde ICMBio seit August 2020 einen gerichtlichen Streit über die administrative Verantwortung für die weltberühmte Christus-Statue der Metropole austrugen! Die Umweltbehörde will die Touristenshops und Restaurants am Fuße des von der Kirche verwalteten Monuments an die Privatwirtschaft übertragen.

Ein stummer Zeuge – oder ein lautstarkes Bekenntnis?

Welche Rolle spielt da noch Jesus? Der Christus mit den weit ausgespannten Armen steht da wie ein stummer Zeuge. Übersehen kann man ihn nicht. Hat er heute noch eine Botschaft? Denkt man darüber nach? Oder gehört er einfach zur einzigartigen Silhouette der Stadt, egal ob man nun vom Atlantik her auf sie zufährt oder auf den Ozean schaut? Welche Glaubensausstrahlung hat das bekannteste Denkmal Brasiliens?

Dieselbe Frage kann man an die Kreuze richten, die uns hierzulande auf Berggipfeln erwarten. Wovon erzählen sie? An wen erinnern sie? Oder Wegkreuze: Welche Botschaft richten sie aus? Wozu laden sie ein? Kreuze oder Rosenkränze als Modeschmuck: Wer stellt die Verbindung her zu dem, der da hängt? Kreuze in Gerichten und öffentlichen Gebäuden? Wer unterscheidet noch zwischen Kreuz und Kruzifix? Warum brach seinerzeit ein veritabler Kruzifixstreit aus, der sogar den Bundesverfassungsgerichtshof beschäftigte?

»Cristo Redentor« – Christus, der Erlöser: Er steht da, in Rio. Und umarmt die Stadt und die Menschen, die hier leben. Trotzt Sturm und Wind. Reparaturen waren in all den Jahren immer wieder nötig. Zuletzt wurde kurz im Oktober 2020 wieder mit Renovierungsarbeiten begonnen, um das Wahrzeichen aus Stahlbeton und Speckstein, dem Blitzeinschläge immer wieder zusetzen, für die 90-Jahr-Feier am 12. Oktober 2021 fit zu machen. Die Christus-Statue gehört zum Stadtbild. Ist sie nur ein Denkmal?

Bei wichtigen Ereignissen spielt »Cristo Redentor« nach wie vor eine Rolle, die nicht zu unterschätzen ist, auch wenn es manchmal an Populismus grenzt: In der dritten Januarwoche 2021 haben in Rio die landesweiten Massenimpfungen begonnen: symbolträchtig direkt unter der weltberühmten Christusstatue hoch über der Stadt. Die ersten Impfdosen, die Brasilien per Privatjet erreichten, wurden mit einem Helikopter direkt an den Corcovado-Berg zur Christusstatue transportiert.

Jesus begegnen – und uns freuen: unsere Bestimmung

Die Geste der ausgebreiteten Arme – sie kann auch an das Ende aller Tage, ans Ende der Welt erinnern, an den Weltenrichter aus dem 25. Kapitel im Matthäusevangelium. Daran, dass mich – so christliche Hoffnung – am Ende meines Lebens ein barmherziger Gott erwartet und aufnimmt: »Aber erwarten wir noch, erwartet zu werden?«[541] Kann ich glauben, dass es dann Gemeinschaft mit

Jesus gibt, für immer? Dass die Suche aufhört, weil er mich gefunden hat? Im Gespräch mit dem Gefängnis-Seelsorger Don Marco Pozza Ende September 2019 über das Glaubensbekenntnis verwendete Papst Franziskus ein interessantes Bild vom Gericht am Ende der Zeit: »Ich weiß es nicht … ich habe das Jüngste Gericht noch nie erlebt … Wenn ich mir vorstelle, wie dieses Gericht sein mag, dann denke ich an eine *Umarmung*. Der Herr drückt mich an sich und sagt zu mir: ›Hier warst du treu, hier weniger. Aber komm trotzdem, wir wollen feiern, weil du angekommen bist‹. Er wird die Fehler verzeihen, die ich begangen habe – dessen bin ich sicher. (…) Ich stelle mir seine Umarmung vor und meinen Blick, der sich zu ihm erhebt. Ich würde nicht wagen, ihn anzusehen, ohne zuvor seine Umarmung gespürt zu haben. Ich weiß nicht, aber ich glaube, dass das Jüngste Gericht so vonstatten gehen wird. Vielleicht ist das ja reine Fantasie, aber ich glaube daran.«[542]

Franziskus räsonierte dabei auch über das Ewige Leben und über Auferstehung: »Wir glauben, dass Jesus auferstanden ist, dass Jesus in diesem Moment lebt. Glaubt ihr denn, dass Jesus lebt? Und wenn er lebt, glaubt ihr, dass er uns sterben lassen, uns nicht auferwecken würde? Nein! Er erwartet uns, und weil er auferstanden ist, wird die Kraft seiner Auferstehung auch uns erwecken.«[543] Der Papst schöpft »Hoffnung« aus dem Gedanken: »Wir sind auf dem Weg zur Auferstehung. Jesus sehen, Jesus begegnen: Das ist unsere Freude! Wir werden alle zusammen sein – nicht hier auf dem Petersplatz, aber an einem anderen Ort – und uns mit Jesus freuen. Das ist unsere Bestimmung!«[544]

Apropos: Seit dem Frühjahr 2021 bekommt der »Cristo Redentor« Konkurrenz im eigenen Land: Auf dem Morro das Antenas (Antennenhügel) der 22.000-Einwohner-Stadt Encantado entsteht der »Cristo Protector de Encantado« (Christus, Beschützer von Encantado). Er soll das Wahrzeichen von Rio um fünf Meter übertreffen. Kopf, Arme und Gerüst sind bereits erkennbar.

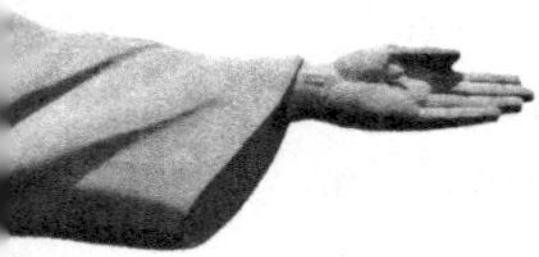

33

IHS: Jesus als Gefährte

Wenn ich in der Jesuitenkirche St. Michael am Altar stehe, geht mein Blick über das im Jahr 1818 ins Querschiff (Ostwand) verbannte, im März 2016 wieder in die Mitte zurückgeholte Kruzifix von Giambologna[545] unter die Orgelempore. Dort ist ein kleines Jesuskind mit Weltkugel zu sehen. Darunter die Sonnenscheibe mit dem IHS-Medaillon in Gips. Darauf richte ich mich innerlich aus. Denn darauf kommt es mir als Jesuit an – und das möchte ich mitteilen und verkündigen: Wir haben Jesus zum Gefährten!

Das »IHS« in St. Michael ist unübersehbar. Es gehört, ganz bewusst, zum theologischen Programm der ersten Renaissancekirche nördlich der Alpen, die ihr Vorbild in der Mutterkirche des Ordens, in Il Gesù in Rom, hat: unter der Empore, an der Decke im Querschiff, und ganz oben im Hochaltar im Hochchor. Der Lebensweg Jesu vom Kind über den Gekreuzigt-Auferstandenen im Schnittpunkt von Längs- und Querschiff bis zum wiederkommenden Weltenrichter, dem Pantokrator, an der Spitze des Hochaltars ist damit markiert. Für mich ist das »IHS« ein Imperativ geworden – aber einer, der mehr erinnert und tröstet als mahnt: Denk daran! Vergiss nicht die Botschaft: Du hast Jesus zum Gefährten!

An vielen Orten, und längst nicht nur in Kirchen, auf Bibeln des Mittelalters etwa und an anderen Stellen, begegnet das Kürzel »IHS«. Es leitet sich von den ersten drei Buchstaben des Namens Jesu ab, in griechischen Großbuchstaben: I H S O Y S (das Sigma ist allerdings durch ein lateinisches S ersetzt). Das Christusmonogramm wird verschieden ausbuchstabiert. Eine volkstümliche Variante liest zum Beispiel »Jesus, Heilig, Seligmacher«, eine lateinische »Iesus Hominum Salvator« (Jesus, Erlöser der Menschen). Jesuiten deuten das Monogramm[546] auch so: »Iesum Habemus Socium«: Wir haben Jesus zum Gefährten. Papst Franziskus führt das IHS in seinem Wappen, bereits seit 1992, als er zum Weihbischof berufen wurde.

Jesus, der Freund, der Gefährte, der Kumpel, der »G'span«, derjenige, mit dem man »um die Häuser zieht«. Die vielen Titel, die er im Lauf der über 2000-jährigen Geschichte zugesprochen bekommen hat, sind demgegenüber zweitrangig, wenn auch nicht unwichtig: Messias, Kyrios, Herr, Meister, Lehrer, Erlöser, Hirt, Richter, König, Lamm ... Zisterziensisch-franziskanische Hymnen, Anrufungen und Antifonen oder wunderschöne Litaneien zeugen von dieser Vielfalt, und Poesie bringt oft viel besser als Theologie ins Wort, worum es geht[547]. Auch zeitgenössische Dichter und Poeten lassen sich von Jesus inspirieren.

Jesus zum Gefährten haben: Das erschreckt mich immer wieder, auch nach 36 Ordensjahren. Welcher Anspruch! Aber es tröstet auch: Ich darf damit rechnen, dass da einer an meiner Seite ist! Dass er zu mir steht! Und es ist auch tröstlich, dass die »kleine« Gesellschaft Jesu, mein Orden, in der »größeren« Gesellschaft Jesu, der Gemeinschaft aller Getauften, aufgeht. Sich auf diese Gefährtenschaft einzulassen, Jesus als Wegbegleiter für alle Lebenslagen zu entdecken – das ist das pastorale (und das theologische) Angebot der Gesellschaft Jesu.

Und das versuche ich, so gut ich kann, als Jesuit und Priester weiterzugeben. Ich bin davon überzeugt: Es lohnt sich, Jesus heute zu entdecken, um ihm zu begegnen. Um ihn, in einem weiteren Schritt, zu bekennen. Aber das ist – und bleibt – eine lebenslange Einübung.

Epilog

»Jesus. Diesen Namen des Herrn und meines Ordens will ich groß an den Anfang des neuen Jahres schreiben. Er besagt, was ich erbete, glaube und hoffe: die innere und äußere Erlösung. Die Lösung der egoistischen Krämpfe und Engen in den freien Dialog mit Gott, die freie Partnerschaft, die vorbehaltlose Hingabe. Und die baldige Erlösung aus diesem elenden Eisen. Die Situation ist lügenhaft. Das, was ich weder getan noch gewusst habe, hält mich hier fest. Dieser Name besagt weiterhin, was ich in der Welt und bei den Menschen noch will. Erlösend, helfend beistehen. Den Menschen gut sein und Gutes tun. Ich bin manchen vieles schuldig geblieben. Und schließlich ist damit mein Orden gemeint, der mich nun endlich an sich und in sich aufgenommen hat. Er soll in mir Gestalt werden. Ich will mich Jesus zugesellen als ein Treugeselle und Liebender. Letztlich aber soll der Name eine Leidenschaft bezeichnen: des Glaubens, der Hingabe, des Strebens, des Dienstes.«

Alfred Delp SJ (1. Januar 1945)

»Wir Christen haben den Mut, diesen Gesuchten als gefunden zu glauben. Er ist Jesus von Nazareth.« (Karl Rahner SJ, 1967)

»Man sieht – ob man es ausdrücklich weiß oder nicht – immer Gott und den Menschen in einem. Wer Christ ist, glaubt, dass er in Jesus von Nazareth beide als einen findet.« (Karl Rahner SJ, 1965/67)[548]

Danksagung

Uwe Globisch vom Kösel-Verlag hat dieses Buch angeregt. Michaela Breit und Sigrid Fortkord (Verlagsleitung) haben den Übergang zur neuen Lektorin Dr. Luise Ritter organisiert, die das Projekt – ihren »Erstling« in neuer Position – überaus aufmerksam, engagiert und fachkundig zu Ende gebracht hat. Dr. Astrid Schilling danke ich für das Lesen der Korrekturfahnen – auf ihr »Adlerauge« ist Verlass!

Literatur

Die Bibel. Einheitsübersetzung der Heiligen Schrift. Stuttgart 2016.

Bücher:

- Arrupe, Pedro: Mein Weg und mein Glaube. Ein Gespräch mit Jean-Claude Dietsch SJ. Mit einem Nachwort v. Karl Rahner SJ. Ostfildern 1983.
- Augstein, Rudolf: Jesus Menschensohn. Hamburg [2]1999.
- Bachl, Gottfried: Der schwierige Jesus. Innsbruck 1994.
- ders.: Gottesbeschreibung. Reden und Lesestücke. Innsbruck 1990.
- Batlogg, Andreas R.: Der evangelische Papst. Hält Franziskus, was er verspricht? München 2018.
- ders.: Die Mysterien des Lebens Jesu bei Karl Rahner. Zugang zum Christusglauben (ITS 58). Innsbruck [2]2003 (2001).
- ders.: Durchkreuzt. Mein Leben mit der Diagnose Krebs. Innsbruck 2019.
- ders. – Delgado, Mariano – Siebenrock, Roman A. (Hg.): Was den Glauben in Bewegung bringt. Fundamentaltheologie in der Spur Jesu Christi (Festschrift für Karl H. Neufeld SJ). Freiburg 2004.
- ders. – Rulands, Paul –Schmolly, Walter – Siebenrock, Roman A. – Wassilowsky, Günther – Zahlauer, Arno: Der Denkweg Karl Rahners. Quellen – Entwicklungen – Perspektiven. Mainz [2]2004 (2003).
- ders. – Zulehner, Paul M.: Der Reformer. Von Papst Franziskus lernen – ein Appell. Würzburg [2]2020 (2019).
- Ben-Chorin, Schalom: Bruder Jesus. Der Nazarener in jüdischer Sicht. München 1977.
- Benedikt XVI.: Letzte Gespräche. Mit Peter Seewald. München 2016.
- Bergoglio, Jorge Mario – Papst Franziskus: Offener Geist und gläubiges Herz. Freiburg [2]2013.
- Bethge, Eberhard: Dietrich Bonhoeffer. Theologe, Christ, Zeitgenosse. München 1967.
- Beutler, Johannes: Das Johannesevangelium. Kommentar. Freiburg 2013.
- Biesinger, Albert: Kinder nicht um Gott betrügen. Warum religiöse Erziehung so wichtig ist. Freiburg [16]2019.
- ders.: Wenn die Enkelkinder nach Gott fragen. Eine Ermutigung für Großeltern. Stuttgart 2016.
- ders.: Wo Kinder sind, ist Gott schon da. Überraschungen und Entdeckungen in der Familie. Ostfildern 2020.
- Biser, Eugen: Der Freund. Annäherungen an Jesus (Serie Piper 981). München 1989.
- ders: Der inwendige Lehrer. Der Weg zur Selbstfindung und Heilung (Serie Piper 1852). München 1993.

– Bleistein, Roman: Alfred Delp. Geschichte eines Zeugen. Frankfurt 1989.
– Bock, Peter F.: Christus-Bilder der Nähe Gottes. Das wahre Jesusbild. Einführung: Hans Küng, Josef Sudbrack. München 1981.
– Bonhoeffer, Dietrich: Widerstand und Ergebung. Briefe und Aufzeichnungen aus der Haft. Hg. v. Eberhard Bethge. Gütersloh [22]2016.
– Borghesi, Massimo: Papst Franziskus. Sein Denken, seine Theologie. Darmstadt 2020.
– Bulst, Werner – Pfeiffer, Heinrich: Das Turiner Grabtuch und das Christusbild. Bd. 2: Das echte Christusbild. Frankfurt 1991.
– Cuypers, Hubert: Teilhard Wörterbuch (Carnets Teilhard 3). Olten 1965.
– Deck, Allan Figuera: Francis, Bishop of Rome: The Gospel for the Third Millennium. Mahwah, NJ 2016.
– Decker, Gunnar: Franz von Assisi. Der Traum vom einfachen Leben. München 2016.
– Delgado, Mariano – Waldenfels, Hans (Hg.): Evangelium und Kultur. Begegnungen und Brüche (Festschrift für Michael Sievernich). Stuttgart 2010.
– Delp, Alfred: Gesammelte Schriften. Bd. 1: Geistliche Schriften. Hg. v. Roman Bleistein. Frankfurt [2]1985.
– ders.: Gesammelte Schriften. Bd. 3: Predigten und Ansprachen. Hg. v. Roman Bleistein. Frankfurt [2]1985.
– ders.: Gesammelte Schriften. Bd. 4: Aus dem Gefängnis. Hg. v. Roman Bleistein. Frankfurt [2]1985.
– Daecke, Sigurd M. – Sahm, Peter R. (Hg.): Jesus von Nazareth und das Christentum. Braucht die pluralistische Gesellschaft ein neues Jesusbild? Neukirchen-Vluyn 2000.
– Denzinger, Heinrich – Hünermann, Peter: Enchiridion symbolorum definitionum et declarationum de rebus fidei et morum / Kompendium der Glaubensbekenntnisse und kirchlichen Lehrentscheidungen. Freiburg [45]2017.
– Der schwarze Christus. Wege afrikanischer Christologie (Theologie der Dritten Welt 12). Freiburg 1989.
– Dirnbeck, Josef: Falsches Zeugnis wider Jesus. Jesusfälscher auf dem Prüfstand. Salzburg 2002.
– Dostojewskij, Fjodor: Der Großinquisitor. Eine Phantasie. Übersetzt v. Hermann Röhl. Nachwort v. Arthur Luther (Universal-Bibliothek 6256). Stuttgart 1995.
– Dürr, Alfred: Johann Sebastian Bach. Die Kantaten. München [11]2013.
– Erasmus von Rotterdam: Opera omnia (ed. Johannes Clericus). Bd. 5. Hildesheim 1962.
– ders.: Ausgewählte Schriften (ed. W. Welzig). Bd. 3: Übersetzt, eingeleitet und mit Anmerkungen versehen v. Gerhard B. Winkler. Darmstadt 1967.
– Faber, Peter: Memoriale. Das geistliche Tagebuch des ersten Jesuiten in Deutschland. Nach den Manuskripten übersetzt und eingeleitet v. Peter Henrici (Christliche Meister 38). Trier [2]1989.
– Falkner, Andreas – Imhof, Paul (Hg.): Ignatius von Loyola und die Gesellschaft Jesu 1491–1556. Würzburg 1990.
– Franziskus, Papst: Ich glaube. Wichtige Lebensfragen neu interpretiert. München 2020.
– ders.: »Mit Frieden gewinnt man alles«. Im Gespräch mit Dominique Wolton über Politik und Gesellschaft. Freiburg 2019.
– Kiechle, Stefan: Ignatius von Loyola. Leben – Werk – Spiritualität. Würzburg 2010.
– Kreidler-Kos, Martina – Kuster, Niklaus: Christus auf Augenhöhe. *Das Kreuz von San Damiano*. Kevelaer 2008.
– Geißler, Heiner: Was würde Jesus heute sagen? Die politische Botschaft des Evangeliums. Reinbek bei Hamburg [11]2010.
– Gemmingen, Eberhard von: Wenn wir die Heiligen fragen könnten. Was sie uns heute sagen würden. Freiburg 2018.
– Gertler, Thomas – Kessler, Stephan Ch. – Lambert, Willi (Hg.): Zur größeren

Ehre Gottes. Ignatius von Loyola neu entdeckt für die Theologie der Gegenwart. Freiburg 2006.
– Gollwitzer, Helmut – Lapide, Pinchas: Ein Flüchtlingskind. Auslegungen zu Lukas 2. München 1981.
– Gonçalves da Câmara, Luis: Memoriale. Erinnerungen an unseren Vater Ignatius. Übersetzt v. Peter Knauer. Frankfurt 1988.
– Grunden, Gabriela: Wer glaubt, fragt (Ignatianische Impulse 37). Würzburg 2010.
– Guardini, Romano: Das Wesen des Christentums / Die menschliche Wirklichkeit des Herrn. Beiträge zu einer Psychologie Jesu (Romano Guardini Werke). Mainz 1991.
– ders.: Der Herr. Betrachtungen über die Person und das Leben Jesu Christi Glauben (Romano Guardini Werke). Mainz [7]1989.
– ders.: Religiöse Gestalten in Dostojewskijs Werk. Studien über den Glauben (Romano Guardini Werke). Mainz [17]1997.
– ders.: Unterscheidung des Christlichen. Gesammelte Studien 1923–1963. Hg. v. Hans Waltmann. Mainz [2]1963.
– ders.: Wurzeln eines großen Lebenswerks. Aufsätze und kleine Schriften. Bd. 1 (Romano Guardini Werke). Mainz 2000.
– Häring, Hermann (Hg.): »Jesus von Nazareth« in der wissenschaftlichen Diskussion (Wissenschaftliche Paperbacks 30). Berlin 2008.
– HGK: Jedin, Hubert – Repgen, Konrad (Hg.): Handbuch der Kirchengeschichte. Bd. 7. Freiburg 1979.
– Halík, Tomáš: Berühre die Wunden. Über Leid, Vertrauen und die Kunst der Verwandlung. Freiburg 2013.
– ders.: Nicht ohne Hoffnung. Glaube im postoptimistischen Zeitalter. Freiburg 2014.
– Hoeren, Jürgen – Kutschki, Norbert (Hg.): Kleines Credo für Verunsicherte. Freiburg 1993.
– Holl, Adolf: Jesus in schlechter Gesellschaft (Neuauflage). Stuttgart 2000.
– Homolka, Walter – Striet, Magnus: Christologie auf dem Prüfstand. Jesus der Jude – Christus der Erlöser. Freiburg 2019.
– Ignatius von Loyola: Briefe und Unterweisungen. Übersetzt v. Peter Knauer (Deutsche Werkausgabe 1). Würzburg 1993.
– ders.: Gründungstexte der Gesellschaft Jesu. Übersetzt v. Peter Knauer (Deutsche Werkausgabe 2). Würzburg 1998.
– Jens, Walter: Einspruch. Reden gegen Vorurteile. München 1992.
– ders.: Pathos und Präzision. Texte zur Theologie. Stuttgart 2002.
– Jesus der Offenbarer II. Frühe Neuzeit bis Gegenwart. Bearbeitet v. Franz-Josef Niemann (Texte zur Theologie. Fundamentaltheologie 5,2). Graz 1990.
– Kapellari, Egon: Und haben fast die Sprache verloren. Fragen zwischen Kirche und Kunst. Graz 1995.
– ders.: In und Gegen. Gespräche über Gott, Mensch und Welt. Wien 2010.
– Kasper, Walter: Das Feuer des Evangeliums. Mein Weg mit Papst Franziskus. Ostfildern 2016.
– ders. – Augustin, George (Hg.): Christsein und die Corona-Krise. Das Leben bezeugen in einer sterblichen Welt. Ostfildern 2020.
– Kern, Walter: Disput um Jesus und um Kirche. Innsbruck 1980.
– Kierkegaard, Søren: Einübung im Christentum (Søren Kierkegaard Werke. 26. Abteilung). Gütersloh [2]1986.
– Knauer, Peter: Hinführung zu Ignatius von Loyola. Freiburg 2006.
– Koch, Ludwig (Hg.): Jesuiten-Lexikon. Die Gesellschaft Jesu einst und jetzt. Paderborn 1934.
– Kollas, Karlheinz (Hg.): Hirtenbriefe. Aachen 1994.
– Kollmann, Bernd: Die Jesus-Mythen. Sensationen und Legenden. Freiburg 2009.
– Körtner, Ulrich H. J. (Hg.), Jesus im 21. Jahrhundert. Bultmanns Jesusbuch und die heutige Jesusforschung. Neukirchen-Vluyn 2002.

– Kramp, Igna Marion: Begegnung mit den Geheimnissen des Lebens Jesu. Zur biblischen Hermeneutik der Exerzitien (Studia Oecumenica Friburgensia 94). Münster 2020.
– Krantz, Gisbert (Hg.): Lexikon der christlichen Weltliteratur. Freiburg 1978.
– Krischel, Roland – Morello, Giovanni – Nagel, Tobias (Hg.): Ansichten Christi. Christusbilder von der Antike bis zum 20. Jahrhundert. Köln 2005.
– Kroll, Gerhard: Auf den Spuren Jesu. Sein Leben – Sein Wirken – Seine Zeit. Leipzig [12]2002.
– Kummer, Christian: Der Fall Darwin. Evolutionstheorie contra Schöpfungsplan. St. Ottilien [2]2011.
– Küng, Hans: Christ sein. München 1974.
– ders.: Credo. Das Apostolische Glaubensbekenntnis – Zeitgenossen erklärt. München 1992.
– Kurzke, Hermann – Wirion, Jacques: Unglaubensgespräch. Vom Nutzen und Nachteil der Religion für das Leben. München 2005.
– Kuschel, Karl-Josef (Hg.): Der andere Jesus. Ein Lesebuch moderner literarischer Texte. Zürich 1983.
– ders.: Im Spiegel der Dichter. Mensch, Gott und Jesus in der Literatur des 20. Jahrhunderts. Düsseldorf 1997.
– ders.: Jesus im Spiegel der Weltliteratur. Eine Jahrhundertbilanz in Texten und Einführungen. Düsseldorf 1999.
– ders.: Jesus in der deutschsprachigen Gegenwartsliteratur (Serie Piper 627). München/Zürich 1978.
– Lambert, Willi: Gott umarmt uns durch die Wirklichkeit. Ostfildern 2010.
– Langenhorst, Georg: Jesus ging nach Hollywood. Die Wiederentdeckung Jesu in Literatur und Film der Gegenwart. Düsseldof 1998.
– Lohfink, Norbert: Das Jüdische am Christentum. Eine verlorene Dimension. Freiburg 1987.
– Lubac, Henri de: Pierre Teilhard de Chardin. Missionar und Wegbereiter des Glaubens. Kevelaer 1969.
– ders.: Teilhard de Chardins religiöse Welt. Freiburg 1969.
– Ludolf von Sachsen: Das Leben Jesu Christi. Ausgewählt und eingeleitet von Susanne Greiner, aus dem Lateinischen übertragen v. Susanne Greiner und Martha Gisi (Christliche Meister 47). Einsiedeln 1994.
– Lüdemann, Gerd: Jesus nach 2000 Jahren. Was er wirklich sagte und tat. Lüneburg 2000.
– Maier, Hans: Die christliche Zeitrechnung. Ihre Geschichte – ihre Bedeutung. Freiburg 2008.
– ders.: Welt ohne Christentum – was wäre anders? Freiburg [6]2016.
– Maron, Gottfried: Ignatius von Loyola. Mystik – Theologie – Kirche. Göttingen 2001.
– Martini, Carlo Maria – Eco, Umberto: Woran glaubt, wer nicht glaubt? Mit einem Vorwort v. Kardinal Franz König. Wien 1998.
– Mayer, Anton: Der zensierte Jesus. Soziologie des Neuen Testaments. Olten 1983.
– Mayeur, Jean-Marie (Hg.): Die Geschichte des Christentums. Religion – Politik – Kultur. Bd. 12. Deutsche Ausgabe erarbeitet u. hg. v. Kurt Meier. Freiburg 1992.
– Metz, Johann Baptist: Gespräche, Interviews, Antworten. Eine Auswahl (JBMGS 8). Hg. v. Johann Reikerstorfer. Freiburg 2017.
– ders.: Glaube in Geschichte und Gesellschaft. Studien zu einer praktischen Fundamentaltheologie. Mainz [5]1980 (JBMGS 3/1). Freiburg 2016.
– ders.: Gott in Zeit. Eine Auswahl (JBMGS 5). Hg. v. Johann Reikerstorfer. Freiburg 2017.
– ders.: Memoria passionis. Ein provozierendes Gedächtnis in pluralistischer Gesellschaft. Freiburg [4]2011.
– Meuser, Bernhard – Hartl, Johannes – Wallner, Karl (Hg.): Mission Manifest. Die Thesen für das Comeback der Kirche. Freiburg 2018.
– Müller, Jörg: Don Camillo spricht mit Jesus. Stuttgart [7]1994.

– Mußner, Franz: Traktat über die Juden. München 1979.
– MySal III/1 = Mysterium Salutis. Bd. 3/1. Hg. v. Johannes Feiner – Magnus Löhrer. Einsiedeln 1970.
– MySal III/2 = Mysterium Salutis. Bd. 3/2. Hg. v. Johannes Feiner – Magnus Löhrer. Einsiedeln 1969.
– MySal. Ergbd. = Mysterium Salutis. Ergänzungsband. Arbeitshilfen und Weiterführungen. Hg. v. Magnus Löhrer – Christian Schütz – Dietrich Wiederkehr. Einsiedeln 1981.
– Nadal, Jerónimo: Der geistliche Weg. Erfahrung und Lehre nach seinem Notizbuch »Orationis observationes«. Übersetzt und gestaltet v. Josef Stierli (Christliche Meister 42). Einsiedeln 1991.
– Das Neue Testament und frühchristliche Schriften. Übersetzt und kommentiert v. Klaus Berger und Christiane Nord. Frankfurt [6]2003.
– Neuner, Josef: Mein Leben mit Christus gestalten. Eine Anleitung zu den Geistlichen Übungen des Ignatius von Loyola. Würzburg 1988.
– Nothelle-Wildfeuer, Ursula – Striet, Magnus (Hg.): Einfach nur Jesus? Eine Kritik am »Mission Manifest« (Katholizismus im Umbruch 8). Freiburg 2018.
– O'Malley, John O.: Die ersten Jesuiten. Würzburg 1995.
– Ohlig, Karl-Heinz: Fundamentalchristologie. Im Spannungsfeld von Christentum und Kultur. München 1986.
– Oosterhuis, Huub: Ich steh vor dir. Meditationen, Gebete und Lieder. Hg. v. Cornelis Kok. Freiburg 2004.
– ders.: Das Huub Oosterhuis Lesebuch. Hg. v. Cornelis Kok. Freiburg 2013.
– O'Reilly, Bill – Dugard, Martin: Killing Jesus. Die wahre Geschichte. München 2014.
– Paul VI., Papst: Christus und der Mensch von heute. Wien 1968.
– Perez, Nissan N.: Corpus Christi. Christusdarstellungen in der Fotografie. Heidelberg 2003.
– Pesch, Rudolf – Stachel, Günter (Hg.): Augstein's Jesus. Zürich 1972.
– Petzel, Paul – Reck, Norbert (Hg.): Von Abba bis Zorn Gottes. Irrtümer aufklären – das Judentum verstehen. Ostfildern [2]2017.
– Pröpper, Thomas: Der Jesus der Philosophen und der Jesus des Glaubens. Ein theologisches Gespräch mit Jaspers, Bloch, Kołakowski, Gardavsky, Machoveč, Fromm, Ben-Chorin. Mainz 1976.
– ders.: Erlösungsglaube und Freiheitsgeschichte. Eine Skizze der Soteriologie. München 1985.
– Raffelt, Albert (Hg.): Begegnung mit Jesus? Was die historisch-kritische Methode leistet. Düsseldorf 1991.
– Rahner, Hugo: Eine Theologie der Verkündigung. Freiburg [2]1939.
– ders.: Ignatius von Loyola als Mensch und Theologe. Freiburg 1964.
– Rahner, Karl: Heilige Stunde und Passionsandacht. Freiburg 1955.
– ders.: Glaube, der die Erde liebt. Christliche Besinnung im Alltag der Welt. Freiburg [5]1971.
– ders.: Ich glaube an Jesus Christus. Einsiedeln 1968.
– ders.: Schriften zur Theologie. Bd. 1. Einsiedeln 1954.
– ders.: Schriften zur Theologie. Bd. 3. Einsiedeln 1956.
– ders.: Schriften zur Theologie. Bd. 8. Einsiedeln 1967.
– ders.: Schriften zur Theologie. Bd. 9. Einsiedeln 1970.
– ders.: Schriften zur Theologie. Bd. 10. Einsiedeln 1972.
– ders.: Was heißt Jesus lieben? Freiburg [2]1984.
– ders.: Sendung und Gnade. Beiträge zur Pastoraltheologie. Innsbruck [5]1989.
– ders.: Grundkurs des Glaubens. Einführung in den Begriff des Christentums. Freiburg [12]2008.
– ders. – Vorgrimler, Herbert: Kleines theologisches Wörterbuch. Freiburg 1961.
– Rainer, Michael J. (Red.): »Dominus Iesus«. Anstößige Wahrheit oder anstößige Kirche? Dokumente, Hintergründe, Standpunkte und Folge-

rungen (Wissenschaftliche Paperbacks 9). Münster 2001.
– Ratzinger, Joseph: Gott und die Welt, in: ders.: Gesammelte Schriften. Bd. 13/2: Im Gespräch mit der ZEIT. Freiburg 2016, 461–838.
– ders.: Salz der Erde, in: ders.: Gesammelte Schriften. Bd. 13/1: Im Gespräch mit der ZEIT. Freiburg 2016, 207–458.
– ders. – Benedikt XVI.: Jesus von Nazareth. Bd. 1. Freiburg 2007.
– ders. – Benedikt XVI.: Jesus von Nazareth. Bd. 2. Freiburg 2011.
– ders. – Benedikt XVI.: Jesus von Nazareth. Prolog. Freiburg 2012.
– Ravier, André: Ignatius von Loyola gründet die Gesellschaft Jesu. Würzburg 1982.
– Reck, Norbert: Der Jude Jesus und die Zukunft des Christentums. Zum Riss zwischen Dogma und Bibel. Ein Lösungsvorschlag. Ostfildern 2019.
– Riccardi, Andrea: Alles kann sich ändern. Gespräche mit Massimo Naro. Würzburg [2]2019.
– Ring-Eifel, Ludwig (Hg.): Die Interviews mit Papst Franziskus. Freiburg 2016.
– Rodríguez, Gabriele: Namen machen Leute. Wie Vornamen unser Leben beeinflussen. München/Grünwald 2017.
– Rombold, Günter: Der Streit um das Bild. Zum Verhältnis von moderner Kunst und Religion. Stuttgart 1988.
– Ruh, Ulrich (Hg.): Das Jesusbuch des Papstes – Die Debatte (Herder spectrum 5938). Freiburg 2008.
– ders.: Edward Schillebeeckx. Leben und Denken. Freiburg 2019.
– Rutishauser, Christian M.: Christsein im Angesicht des Judentums (Ignatianische Impulse 28). Würzburg 2008.
– Sander, Hans-Joachim: nicht verleugnen. Die befremdende Ohnmacht Jesu. Würzburg 2001.
– Schierse, Franz-Joseph: Christologie (Leitfaden Theologie 2). Düsseldorf [5]1987.
– Schillebeeckx, Edward: Christus und die Christen. Die Geschichte einer Lebenspraxis. Freiburg 1977.
– ders.: Das Evangelium erzählen. Düsseldorf 1983.
– ders.: Jesus. Die Geschichte von einem Lebenden. Freiburg [2]1975.
– Schlingensiepen, Ferdinand: Dietrich Bonhoeffer. 1906–1945. Eine Biographie. München 2005.
– Schmidinger, Heinrich (Hg.): Jesus von Nazaret. Graz 1995.
– Schmidkonz, Theo: Kreuzweg-Erfahrungen. Mit Bildern von Sieger Köder. Kreuzweg in der Kirche St. Stephanus zu Wasseralfingen. Ostfildern [7]2015.
– Schnackenburg, Rudolf: Das Johannesevangelium. II. Teil. Kommentar zu Kap 5–12 (HthK 4). Freiburg 1971.
– ders.: Das Johannesevangelium. III. Teil. Kommentar zu Kap. 13–21 (HthK4). Freiburg 1975.
– ders.: Die Person Jesu Christi im Spiegel der vier Evangelien (HthK. Supplementband 4). Freiburg 1993/1998.
– ders.: Freundschaft mit Jesus. Freiburg [2]1996.
– Schneider, Michael: »Unterscheidung der Geister«. Die ignatianischen Exerzitien in der Deutung von E. Przywara, K. Rahner und G. Fessard (ITS 11). Innsbruck [2]1987.
– Scholl, Sophie – Hartnagel, Fritz: Damit wir uns nicht verlieren. Briefwechsel 1937–1943. Hg. v. Thomas Hartnagel. Frankfurt 2005.
– Schönborn, Christoph: Die Christus-Ikone. Eine theologische Hinführung. Schaffhausen 1984.
– ders.: Die Lebensschule Jesu. Anstöße zur Jüngerschaft. Hg. v. Hubert Philipp Weber. Freiburg 2013.
– Schürmann, Heinz: Jesus. Gestalt und Geheimnis. Hg. v. Klaus Scholtissek. Paderborn 1994.
– Schulz, Anselm: Nachfolgen und nachahmen. Studien über das Verhältnis der neutestamentlichen Jüngerschaft zur urchristlichen Vorbildethik (StANT 6). München 1962.
– Schwank, Benedikt: Evangelium nach Johannes erläutert für die Praxis. St. Ottilien 1996.
– Schweitzer, Albert: Von Reimarus zu Wrede. Eine Geschichte der Leben-Je-

su-Forschung. Tübingen 1906 (seit [2]1913: Geschichte der Leben-Jesu-Forschung).
– Seewald, Peter: Benedikt XVI. Ein Leben. München 2020.
– Seibel, Vitus (Hg.): Was bedeutet Dir Jesus Christus? 85 Jesuiten geben eine persönliche Antwort (Ignatianische Impulse 33). Würzburg 2008.
– Sievernich, Michael – Switek, Günter (Hg.): Ignatianisch. Eigenart und Methode der Gesellschaft Jesu. Freiburg 1990.
– Siller, Hermann Pius: Letzte Erfahrungen. Vom Licht der Unbegreiflichkeit. Würzburg 2012.
– Skeb, Matthias: Karl Rahners Kurzformeln des Glaubens. Ihr dogmatisches Genus und ihre theologischen Implikationen. Frankfurt 1992.
– Söding, Thomas (Hg.): Der Weg zu Jesus. Schlüssel zu einem tieferen Verständnis des Papstbuches. Freiburg 2007.
– ders. (Hg.): Tod und Auferstehung Jesu. Theologische Antworten auf das Buch des Papstes (Theologie kontrovers). Freiburg 2011.
– Spaemann, Heinrich: Orientierung am Kinde. Meditationsskizzen zu Mt 18,3. Düsseldorf 1967 (Freiburg [10]2011).
– Stier, Fridolin: Vielleicht ist irgendwo Tag. Aufzeichnungen. Freiburg [3]1982.
– ders.: An der Wurzel der Berge. Aufzeichnungen II. Aus dem Nachlass hg. v. Karl Heinz Seidl. Freiburg 1984.
– Stock, Alex: Kurzformeln des Glaubens. Zur Unterscheidung des Christlichen bei Karl Rahner. Einsiedeln 1969.
– ders.: Keine Kunst. Aspekte der Bildtheologie. Paderborn 1996.
– ders.: Poetische Dogmatik. Christologie. Bd. 1: Namen. Paderborn 1995.
– ders.: Poetische Dogmatik. Christologie. Bd. 2: Schrift und Gesicht. Paderborn 1996.
– ders.: Keine Kunst. Aspekte der Bildtheologie. Paderborn 1996.
– ders.: Poesie und Liturgie. Zur Sprache des Gottesdienstes. Kevelaer 2010.
– ders.: Andacht. Zur poetischen Theologie von Huub Oosterhuis (Spuren. Essays zu Kultur und Glaube). St. Ottilien 2011.
– Strauß, Botho: Die Fehler des Kopisten. München [2]2009.
– Teilhard de Chardin, Pierre: Der göttliche Bereich. Ein Entwurf des innern Lebens (Pierre Teilhard de Chardin Werke 2). Olten [3]1963.
– ders.: Mein Glaube (Pierre Teilhard de Chardin Werke 10). Olten 1972.
– Theißen, Gerd: Der Schatten des Galiläers. Historische Jesusforschung in erzählender Form. München [9]1990.
– Theißen, Gerd – Merz, Annette: Der historische Jesus. Ein Lehrbuch. Göttingen [2]1997.
– Tellechea, Ignacio: Ignatius von Loyola. »Allein und zu Fuß«. Eine Biographie. Solothurn [2]1995.
– Teresa von Ávila, Werke und Briefe. Gesamtausgabe. Bd. I: Werke. Hg. v. Ulrich Dobhan – Elisabeth Peters. Freiburg 2015.
– Terstriep, Dominik: Peter Faber. Freund – Wanderer – Mystiker (Ignatianische Impulse 73). Würzburg 2016.
– Theobald, Michael: Das Evangelium nach Johannes. Kapitel 1–12 (Regensburger Neues Testament). Regensburg 2009.
– Thiede, Werner: Wer ist der kosmische Christus? Karriere und Bedeutungswandel einer modernen Metapher. Göttingen 2001.
– Thomas von Kempen: Die Nachfolge Christi. Hg. und erläutert von Josef Sudbrack. Kevelear [2]2010.
– Tück, Jan-Heiner (Hg.): Annäherungen an »Jesus von Nazareth«. Das Buch des Papstes in der Diskussion. Ostfildern 2007.
– ders. (Hg.): Die Beschneidung Jesu. Was sie Juden und Christen heute bedeutet. Freiburg 2020.
– ders. (Hg.): Passion aus Liebe. Das Jesus-Buch des Papstes in der Diskussion. Ostfildern 2011.
– Viller, Marcel – Rahner, Karl: Aszese und Mystik in der Väterzeit. Ein Abriss der

frühchristlichen Spiritualität. Unveränderte Neuausgabe mit einem Vorwort v. Karl H. Neufeld. Freiburg 1989.
– Waldenfels, Hans: Christus und die Religionen. Regensburg 2002.
– ders.: Sein Name ist Franziskus. Der Papst der Armen. Paderborn 2014.
– Widmann, Gertrud (Hg.): Die Bilder der Bibel von Sieger Köder. Erschließende und meditative Texte. Ostfildern [5]2016.
– Wilmer, Heiner: Gott ist nicht nett. Ein Priester auf der Suche nach Sinn. Freiburg [2]2018.
– Wohlmuth, Josef: Jesu Weg – unser Weg. Kleine mystagogische Christologie. Würzburg 1992.
– Wolf, Hubert: Der Unfehlbare. Pius IX. und die Erfindung des Katholizismus im 19. Jahrhundert. *Biographie*. München 2020.
– Wolff, Klaus: Das Problem der Gleichzeitigkeit des Menschen mit Jesus Christus bei Søren Kierkegaard im Blick auf die Theologie Karl Rahners (Bonner dogmatische Studien 8). Würzburg 1991.
– Zwick, Reinhold: Evangelienrezeption im Jesusfilm. Ein Beitrag zur internationalen Wirkungsgeschichte des Neuen Testaments (STPS 25). Würzburg 1997.
– Zwick, Reinhold – Lentes, Thomas (Hg.): Die Passion Christi. Der Film von Mel Gibson und seine theologischen und kunstgeschichtlichen Kontexte. Münster 2004.

Artikel:

– Bachl, Gottfried: Andacht zum erwachsenen Jesus (Mk 3,20-21.31-35), in: ders.: Gottesbeschreibung, 86–88.
– ders.: Jesus, ein Übermensch?, in: ders.: Gottesbeschreibung, 89–91.
– ders.: Jesustraum, in: ders.: Gottesbeschreibung, 95-97.
– Bacht, Heinrich: Das »Jesus-Gebet« – seine Geschichte und Problematik, in: *Geist und Leben* 24 (1951) 326–338.
– Balthasar, Hans Urs von: Mysterium Pascale, in: Feiner, Johannes – Löhrer, Magnus (Hg.): Mysterium Salutis. Grundriss heilsgeschichtlicher Dogmatik Bd. III/2. Einsiedeln 1969.
– Barth, Hans-Martin: Domine Iesu!, in: Rainer (Red.): »Dominus Iesus«, 256–259.
– Batlogg, Andreas R.: Alltags-Antisemitismus, in: *Stimmen der Zeit* 231 (2013) 721–722.
– ders.: Franz Michel Willam als Leben-Jesu-Schriftsteller, in: *Stimmen der Zeit* 221 (2003) 97–109.
– ders.: Jesuiten und Juden – eine historische Hypothek, in: *Stimmen der Zeit* 221 (2003) 418–419.
– ders.: Mit Jesus blutsverwandt. Ignatius von Loyola als Philosemit – eine Verpflichtung für die Gesellschaft Jesu?, in: Delgado – Waldenfels: Evangelium und Kultur, 489–500.
– ders.: Karl Rahner: Was heißt Jesus lieben? Zum Schicksal einer Veröffentlichung aus den 80er-Jahren, in: *Geist und Leben* 67 (1994) 90–101.
– ders.: Karl Rahners Projekt einer Theologie der Mysterien des Lebens Jesu, in: Gertler – Kessler – Lambert: Zur größeren Ehre Gottes, 349–367.
– ders.: Wieviel Jesus braucht die Fundamentaltheologie? Zur Relevanz des (unterschätzten) Lebens Jesu – eine Problemanzeige, in: Batlogg – Delgado – Siebenrock (Hg.): Was den Glauben in Bewegung bringt, 402–422.
– ders.: Vom Mut, Jesus um den Hals zu fallen: Christologie, in: ders. – Ru-

lands – Schmolly – Siebenrock – Wassilowsky – Zahlauer: Der Denkweg Karl Rahners, 277–299.
– Benz, Wolfgang: Israelkritik und Antisemitismus, in: *Stimmen der Zeit* 230 (2012) 755–763.
– Bleistein, Roman: Die Christusnachfolge des P. Alfred Delp. Zu seinem 50. Todestag am 2. Februar, in: *Geist und Leben* 68 (1995) 24–37.
– Beutler, Johannes: Die Rolle der Heiligen Schrift im geistlichen Werden des Ignatius, in: Sievernich – Switek: Ignatianisch, 42–53.
– Böhnke, Michael: Der gekündigte Konsens. Zum Artikel des emeritierten Papstes über das Verhältnis von Juden und Christen, in: *Herder Korrespondenz* 72 (2018/9) 50–51.
– Delgado, Mariano: Juden und Christen in Spanien. Anmerkungen zu einem wichtigen Kapitel europäischer Geschichte, in: *Stimmen der Zeit* 194 (1996) 111–123.
– Delp, Alfred: Tagebuch der Großen Exerzitien, in: Gesammelte Schriften 1, 245–261.
– ders.: Briefe und Notizen, in: ders., Gesammelte Schriften 4, 19–147.
– ders.: Das Schicksal der Kirchen, in: ders., Gesammelte Schriften 4, 318–323.
– Dobhan, Ulrich – Peters, Elisabeth: Das Buch meines Lebens. Einführung, in: Teresa von Ávila, Gesamtausgabe I.
– Drobinski, Matthias, Stoßgebete, in: *Süddeutsche Zeitung*, 27. / 28.3.2020, 4.
– Egan, Harvey D.: Konkrete Mystik. Die historische Wirklichkeit als heilsgeschichtliche Quelle, in: *Geist und Leben* 61 (1988) 241 f.
– Eichmann-Leutenegger, Beatrice: Ein Haus voller Geschichten, voller Leben: jüdische Kindheiten seit 1945 – eine Ausstellung im Jüdischen Museum Hohenems, in: *Orientierung* 68 (2004), 92–94.
– Erasmus von Rotterdam: Ratio seu methodus compendio perveniendi ad veram theologiam, in: ders., Opera omnia 5, 75–138.
– Erasmus von Rotterdam: Ausgewählte Schriften 3, 117–495, 274/275.
– Falkner, Andreas: Was las Iñigo de Loyola auf seinem Krankenlager? Zum Prooemium der »Vita Chris -ti«, in: *Geist und Leben* 61 (1988) 259–265.
– Feiner, Johannes – Löhrer, Magnus: Die Mysterien des Lebens Jesu, in: MySal III/2, 1-2.
– Finger, Evelyn: Gottes Influencer. Schrumpfen die deutschen Kirchen wirklich unaufhaltsam? Junge Pfarrer und YouTuber hätten da noch ein paar neue Ideen, in: *Die Zeit*, 6.6.2019, 50.
– Florin, Christiane: Surfer auf der Welle des Gebets, in: Nothelle-Wildfeuer – Striet: Einfach nur Jesus?, 97–103.
– Fouilloux, Étienne: Die Kultur der katholischen Kirche, in; Mayeur: Die Geschichte des Christentums 12, 175–216.
– Gerhartz, Johannes G.: Von Jerusalem nach Rom. Der Weg des Ignatius zu seiner Kirchlichkeit, in: Falkner – Imhof: Ignatius von Loyola, 93–104.
– Gordan, Paulus: . Ich will Jesus sehen, in: *Erbe und Auftrag* 71 (1995) 87–88.
– Gräßer, Erich: Die historisch-kritische Methode als Verstehenshilfe. Beispiel: Die Leben-Jesu-Forschung, in: Raffelt, Begegnung mit Jesus?, 29–41.
– Guardini, Romano: Die Daseinsgestalt Jesu, in: ders.: Unterscheidung des Christlichen, 611–620.
– ders.: Ein Gespräch vom Reichtum Christi, in: ders.: Wurzeln eines großen Lebenswerks, 259–274.
– Haas, Adolf: Welt in Christus – Christus in Welt. Darstellung und Deutung der geistlichen Lehre bei Teilhard de Chardin, in: *Geist und Leben* 37 (1964) 358-375.
– Hemmerle, Klaus: Ich wünsche uns Osteraugen, in: Kollas, Hirtenbriefe, 113.
– Henrici, Peter: Die Beschaulichkeit eines Rastlosen, in: *Jesuiten*. Nachrichten der österreichischen Jesuiten 69 (1996) Heft 3, 8–10.

– Herpell, Gabriela: »Heute wäre Jesus auf einem Boot im Mittelmeer«. Interview mit Yvan Sagnet, in: *Süddeutsche Zeitung Magazin*, Nr. 49, 4.12.2020, 15–20.
– Hoeren, Jürgen – Kutschki, Norbert, Vorwort, in: dies., Kleines Credo für Verunsicherte, 7–8.
– Hoff, Gregor Maria: Das Echo der Stille. Wie der leere Petersplatz mit Papst und Pestkreuz zur Kulisse der Welt wurde. Eine Bildbetrachtung, in: *Christ & Welt* Nr. 15, 2.4.2020, 2.
– Homolka, Walter – Striet, Magnus: Vorwort, in: dies., Christologie auf dem Prüfstand, 7-9.
– Homolka, Walter: Der historische Jesus aus jüdischer Sicht, in: ders. – Striet, Christologie auf dem Prüfstand, 11-70.
– Iserloh, Erwin: Innerkirchliche Bewegungen und ihre Spiritualität, in: HKG 7, 301–337.
– Jens, Walter: Erasmus von Rotterdam. Die Vision vom Frieden, in: ders.: Einspruch, 13–34.
– Kasper, Walter: Die ökumenische Bedeutung der Nachfolge Christi des Thomas von Kempen, zitiert nach: www.kardinal-kasper-stiftung.de/de/aktuelles/vortraege/vortragstexte/bedeutung-des-werkes-nachfolge-christi-von-thomas-von-kempen/
– Kehl, Medard: [Rezension:] Bachl, Gottfried, Der schwierige Jesus, in: *Stimmen der Zeit* 214 (1996) 354 f.
– Kiechle, Stefan: Die Orte Jesu besuchen. Die Pilgerfahrt nach Jerusalem (1523), in: Falkner – Imhof: Ignatius von Loyola, 65–70.
– Klein, Nikolaus: Entschiedenes Nein zur Judenmission, in: *Orientierung* 73 (2009) 85–87.
– ders.: Wenn ein Konzil umgedeutet wird, in: Rainer (Red.): »Dominus Iesus«, 246–250.
– Knauer, Peter: Kleine und große Gesellschaft Jesu. Wie der Name des Ordens entstand, und was er bedeutet, in: *Canisius* 49 (1998) Heft 1, 23–25.
– Koch, Ludwig: Jesuiten und Judenverfolgungen, in: *Stimmen der Zeit* 110 (1926) 381–384.
– König, Franz Kardinal – Dupuis, Jacques: Unterwegs zu einem Dialog der Religionen, in: *Stimmen der Zeit* 226 (2008) 232–244.
– Kramp, Igna Marion: »Rosarium vitae Christi«. Zur Meditation des Lebens Jesu in der frühen Gesellschaft Jesu, in: Chittilappilly, Paul-Chummar (Hg.): Das Leben vertiefen. Festschrift für Erhard Kunz. Ostfildern 2019, 224–238.
– Kügler, Joachim: Die Geburt Jesu aus dem Geist der Wissenschaft, in: *Orientierung* 61 (1997) 192–196.
– Küng, Hans: Dominus Jesus?, in: Rainer (Red.): »Dominus Iesus«, 253–255.
– Lambert, Bernhard Maria: Art. Ruminatio, in: Lexikon der Spiritualität. Hg. v. Christian Schütz. Freiburg 1988, Sp. 1072–1074.
– Lapide, Pinchas: Was ich von Jesus glaube, in: Gollwitzer – ders: Ein Flüchtlingskind, 37–38.
– Lohfink, Norbert: Zum Zion. Das Heilige Land und die Erkenntnis des Willens Gottes, in: Falkner – Imhof: Ignatius von Loyola, 71–75.
– Metz, Johann Baptist: »Der gefährliche Christus« – oder Vermutungen über eine Unterbrechung der Moderne (1985), in: JBMGS5, 97-101.
– ders.: Karsamstagschristologie (2011), in: JBMGS 5, 177–179.
– ders.: Trotzdem hoffen (1993), in: JBMGS 8, 13–47.
– Meyer, Hans-Bernhard: Eucharistie. Geschichte, Theologie, Pastoral (GdK 4). Regensburg 1989.
– Petzel – Reck: Art. Beschneidung, in: dies.: Von Abba bis Zorn Gottes, 27–30.
– dies.: Art. Judenmission, in: dies.: Von Abba bis Zorn Gottes, 105–108.
– Pichler, Amos: Art. Jesusgebet, Jesusmystik, in: LThK³, Bd. 5, Sp. 846–847.
– Rahner, Hugo: Die Vision des heiligen Ignatius in der Kapelle von La Storta, in: ders.: Ignatius von Loyola als Mensch und Theologe, 53–108.

– Rahner, Karl: Auf der Suche nach Zugängen zum Verständnis des gottmenschlichen Geheimnisses Jesu, in: Schriften zur Theologie 10, 209–214.
– ders.: Der Christ und seine ungläubigen Verwandten, in: Schriften zur Theologie 3, 419–439.
– ders.: Der Pfarrer, in: ders.: Sendung und Gnade, 259–270.
– ders.: Die Forderung nach einer »Kurzformel« des christlichen Glaubens, in: Schriften zur Theologie 8, 153–164.
– ders.: Die ignatianische Mystik der Weltfreudigkeit, in: Schriften zur Theologie 3, 329–348.
– ders.: Dogmatische Erwägungen über das Wissen und Selbstbewusstsein Christi, in: Schriften zur Theologie 5, 222–245
– ders.: Gedanken zu einer Theologie der Kindheit, in: Schriften zur Theologie 7, 313–329.
– ders.: Gnade als Mitte menschlicher Existenz. Ein Gespräch mit und über Karl Rahner aus Anlass seines 70. Geburtstages, in: *Herder Korrespondenz* 28 (1974) 77–92.
– ders.: »Ich glaube an Jesus Christus«. Zur Deutung eines Glaubensartikels, in: Schriften zur Theologie 8, 213–217.
– ders.: Probleme der Christologie von heute, in: Schriften zur Theologie 1, 169–222.
– ders.: Rede des Ignatius von Loyola an einen Jesuiten von heute, in: Schriften zur Theologie 15, 373–408.
– ders.: Reflexionen zur Problematik einer Kurzformel des Glaubens, in: Schriften zur Theologie 9, 242–256.
– ders.: Theologische Deutung der Position des Christen in der modernen Welt, in: Sendung und Gnade, 13–47.
– ders.: Über den Versuch eines Aufrisses einer Dogmatik, in: Schriften zur Theologie 1, 9–47.
– ders.: Was heißt heute an Jesus Christus glauben?, in: Schriften zur Theologie 13, 172–178
– Rainer, Michael J.: Römische Leitkultur oder Geist des Evangeliums? – Editorische Vorbemerkung, in: ders. (Red.): »Dominus Iesus«, v-vii.
– Reites, James W.: Die Juden. Perspektiven ignatianischer Weltsicht, in: Falkner – Imhof: Ignatius von Loyola, 417–430.
– Sievernich, Michael: Das theologische Profil von Papst Franziskus / Pater Jorge Mario Bergoglio SJ, in: *Theologisch-praktische Quartalschrift* 163 (2015) 20–29.
– Söding, Thomas: Vorwort, in: ders.: Der Weg zu Jesus, 9–13.
– Spies, Franca: Die Frommen von heute, in: Nothelle-Wildfeuer – Striet: Einfach nur Jesus?, 104–119.
– Steiner, Peter B.: Das Kreuz mitten in der Kirche. Giambologna in St. Michael in München, in: *Stimmen der Zeit* 234 (2016) 239–252.
– Stock, Alex: Bilderstreit als Kontroverse um das Heilige, in: ders.: Keine Kunst, 22–44.
– ders.: Hier bin ich. Zur Eröffnung, in: ders.: Andacht, 55–61.
– ders.: Ist die bildende Kunst ein locus theologicus?, in: ders.: Keine Kunst, 129–135.
– ders.: Katholische Züge, in: ders.: Andacht, 205–211.
– ders.: Wozu brauchen Christen Bilder?, in: ders.: Keine Kunst, 11–21.
– Striet, Magnus: Zeitgeist geht auf Missionsreise, in: Nothelle-Wildfeuer – ders.: Einfach nur Jesus?, 53–74.
– Sudbrack, Josef: Das Exerzitienbuch. Ein Wegzeichen moderner Spiritualität, in: Falkner – Imhof: Ignatius von Loyola, 451–469.
– ders.: Die »Anwendung der Sinne« als Angelpunkt der Exerzitien, in: Sievernich – Switek: Ignatianisch, 96–119.
– Switek, Günter: Die Eigenart der Gesellschaft Jesu im Vergleich zu den anderen Orden in der Sicht des Ignatius und seiner Gefährten, in: Sievernich – Switek: Ignatianisch, 204–232.
– Teilhard de Chardin, Pierre: Christologie und Evolution, in: ders., Mein Glaube, 93–115.

- Tück, Jan-Heiner: Pandemie – eine Geißel Gottes? Ein Deutungsangebot zwischen Straftheologie und Gottesbeschimpfung, in: Kasper – Augustin, Christsein und die Corona-Krise, 135–158.
- ders: Einleitung, in: ders.: Die Beschneidung Jesu, 9–22.
- Waldenfels, Hans: Papst Franziskus und seine geistlichen Quellen. Jesuitische Inspiration für die Neue Evangelisierung, in: *Zeitschrift für Missionswissenschaft und Religionswissenschaft* 98 (2014) 26–37.
- Wandinger, Nikolaus: Aus persönlicher Gotteserfahrung unterscheiden, entscheiden und (dramatische) Prozesse anstoßen. Zur ignatianischen Spiritualität von Papst Franziskus, in: *Brixner Theologisches Jahrbuch* 2015. Hg. v. Ernesti, Jörg – Lintner, Martin M. – Moling, Markus. Brixen 2016, 201–215.
- Wiederkehr, Dietrich, Erlösungsglaube im Horizont menschlicher Unheilserfahrung und praktischer Heilsverantwortung (zu Band III/2), in: MySal. Ergbd., 239–251.
- Wrembeck, Christoph: Vorwort zur zwölften Auflage, in: Kroll, Auf den Spuren Jesu, 8.
- Zwick, Reinhold: Die bittersten Leiden. Mel Gibsons »Die Passion Christi«, in: *Herder Korrespondenz* 58 (2004) 172–177.

Anmerkungen

1 Rahner, Ich glaube an Jesus Christus, 64.
2 Ebd. 65.
3 Schönborn, Die Lebensschule Jesu, 45. – Das Buch geht auf eine 2011/12 gehaltene Katechesenreihe im Stephansdom zurück; vgl. www.erzdioezese-wien.at/pages/inst/14428675/text/katechesen.
4 Ebd. 45 f.
5 Vgl. Batlogg, Durchkreuzt.
6 Rahner, Ich glaube an Jesus Christus, 51.
7 Müller, Don Camillo spricht mit Jesus, 5.
8 Zitiert nach: http://w2.vatican.va/content/francesco/de/speeches/2016/october/documents/papa-francesco_20161024_visita-compagnia-gesu.html.
9 Vgl. Waldenfels, Sein Name ist Franziskus, bes. 91–113; Batlogg, Der evangelische Papst, 56–59; ders. – Zulehner, Der Reformer, 18.
10 Zitiert nach: http://w2.vatican.va/content/francesco/de/speeches/2013/march/documents/papa-francesco_20130316_rappresentanti-media.html.
11 Zitiert nach: http://w2.vatican.va/content/francesco/de/speeches/2013/march/documents/papa-francesco_20130322_corpo-diplomatico.html.
12 Zitiert nach: http://w2.vatican.va/content/francesco/de/homilies/2013/documents/papa-francesco_20131004_omelia-visita-assisi.html.
13 Kreidler-Kos – Kuster, Christus auf Augenhöhe, 13.
14 Ebd. 20.
15 Ebd. 22.
16 Decker, Franz von Assisi, 88.
17 Feld, Franziskus von Assisi. Der Namenspatron des neuen Papstes, 118.
18 Ebd. 120.
19 Drobinski, Stoßgebete.
20 Hoff, Das Echo der Stille.
21 Zitiert nach: http://w2.vatican.va/content/francesco/de/homilies/2020/documents/papa-francesco_20200327_omelia-epidemia.html.
22 Vgl. Biser, Der Freund, 285.
23 Rahner, Was heißt Jesus lieben?, 26.
24 Ebd. 27.
25 Ebd.
26 Vgl. Batlogg, Karl Rahner: Was heißt Jesus lieben?, 101.
27 Rahner, Auf der Suche nach Zugängen zum Verständnis des gott-menschlichen Geheimnisses Jesu, 209.
28 Rahner, Ich glaube an Jesus Christus, 55.
29 Rahner, Gnade als Mitte menschlicher Existenz, 87.
30 Rahner, Was heißt heute an Jesus Christus glauben?, 186.
31 Ebd. 187.
32 Finger, Gottes Influencer.
33 Zitiert nach ebd.
34 Kügler, Die Geburt Jesu aus dem Geist der Wissenschaft, 192.
35 Bachl, Der schwierige Jesus, 9.
36 Zitiert nach: http://w2.vatican.va/content/francesco/de/homilies/2019/documents/papa-francesco_20190106_omelia-epifania.html.
37 Vgl. www.missionmanifest.online.
38 Vgl. Meuser – Hartl – Wallner (Hg.), Mission Manifest, 9–13.
39 Nothelle-Wildfeuer – Striet, Vorwort, in: dies. (Hg.): Einfach nur Jesus?, 7.
40 Ebd. 10.
41 Striet, Zeitgeist geht auf Missionsreise, 62.
42 Florin, Surfer auf der Welle des Gebets, 98.
43 Ebd.

44 Spies, Die Frommen von heute, 112.
45 Schönborn, Die Lebensschule Jesu, 46.
46 Biser, Der Freund, 280.
47 Wilmer, Gott ist nicht nett, 181.
48 Ebd. 181.
49 Ebd. 183.
50 Ebd. 18.
51 Ebd.
52 Neuner, Mein Leben mit Christus gestalten, 118.
53 Ruh, Edward Schillebeeckx, 57.
54 Schillebeeckx, Jesus, 3.
55 Schillebeeckx, Christus und die Christen, 13.
56 Vgl. Ruh, Edward Schillebeeckx, 71 f.
57 Vgl. Siller, Letzte Erfahrungen, 169–171.
58 Beutler, Das Johannesevangelium, 110.
59 Theobald, Das Evangelium nach Johannes, 177.
60 Ebd. 185.
61 Schwank, Evangelium nach Johannes, 67.
62 Schnackenburg, Das Johannesevangelium, 374.
63 Ebd.
64 Zitiert nach: http://www.vatican.va/content/francesco/de/angelus/2021/documents/papa-francesco_angelus_20210117.html.
65 Rodríguez, Namen machen Leute, 56.
66 Vgl. ebd.
67 Rodríguez, Namen machen Leute, 55; vgl. auch: https://www.katholisch.de/artikel/14531-forscherin-jesus-als-vorname-ist-schwere-buerde.
68 Rodríguez, Namen machen Leute, 83.
69 Ebd. 84.
70 Vgl. Meyer, Eucharistie, 380.
71 Rahner, Im Namen Jesu, in: ders., Glaube, der die Erde liebt, 44 f.
72 Delp, Namen-Jesu-Fest, in: ders., Gesammelte Schriften 4, 154–159, 157 f.
73 Ebd. 159.
74 Delp, Neujahr (1.1.1943), in: ebd. 143–148, 144.
75 Ebd. 145.
76 Maier, Welt ohne Christentum – was wäre anders?, 33.
77 Maier, Die christliche Zeitrechnung, 36.
78 Ebd. 37.
79 Ebd. 38.
80 Ebd. 63.
81 Wolf, Der Unfehlbare, 15.
82 Ebd. 17.
83 Ebd.
84 Vgl. ebd. 39.
85 Vgl. Maier, Die christliche Zeitrechnung, 63.
86 Ebd. 69.
87 Kramp, Begegnung mit den Geheimnissen des Lebens Jesu, 21.
88 Vgl. Tellechea, Ignatius von Loyola, 336.
89 Johannes G. Gerhartz, Von Jerusalem nach Rom, 103.
90 Switek, Die Eigenart der Gesellschaft Jesu im Vergleich zu den anderen Orden in der Sicht des Ignatius und seiner ersten Gefährten, 219.
91 Endean, »Preti Riformati del Gesù« und Pfarrer Luthers, in: Falkner – Imhof, Ignatius von Loyola, 121–128.
92 Vgl. Ludolf von Sachsen, Das Leben Jesu Christi. – Diese 1994 erschienene Auswahl des spätmittelalterlichen Klassikers in deutscher Übersetzung bezieht sich genau auf die im Exerzitienbuch (EB 261–312) von Ignatius zusammengestellten Schriftstellen.
93 Sudbrack, Das Exerzitienbuch, 453.
94 Ebd.
95 Beutler, Die Rolle der Heiligen Schrift im geistlichen Werden des Ignatius, 45.
96 Lohfink, Zum Zion, 71.
97 Rahner, Rede des Ignatius von Loyola an einen Jesuiten von heute, 385.
98 Ebd.
99 Kramp, Begegnung mit den Geheimnissen des Lebens Jesu, 14.
100 Lohfink, Zum Zion, 75.
101 Pedro de Ribadeneira, Dicta et facta S. Ignatii I, 24: »Un día que estávamos comiendo delante de muchos, a cierto propósito, hablando de sí, dixo que tuviera por gracia especial de nuestro Señor venir de linage de judíos; y añadió la causa, diziendo: – ¡Cómo! ¡Poder ser el hombre pariente de Christo N. S. secundum carnem, y de nuestra Señora la gloriosa Virgen María! – Las quales palabras dixo con tal semblante y con tanto sentimiento, que se le saltaron las lágrimas, y fué cosa que se notó mucho.«
102 Delgado, Juden und Christen in Spanien, 114.
103 Ebd. 113.
104 Ebd.
105 Ebd. 117.
106 Ebd. 112.

107 Ebd. 120.
108 Reites, Die Juden, 417.
109 Ebd. 425.
110 Vgl. Kramp, Begegnung mit den Geheimnissen des Lebens Jesu, 48–77.
111 Faber, Memoriale, 111 (Nr. 113).
112 Ebd. 154 f. (Nr. 175).
113 Ebd. 330 f.
114 Henrici, Die Beschaulichkeit eines Rastlosen, 10.
115 Vgl. Nadal, Der geistliche Weg. Erfahrung und Lehre nach seinem Notizbuch »Orationis observationes«.
116 Vgl. Kramp, Begegnung mit den Geheimnissen des Lebens Jesu, 59, 61.
117 Ebd. 63.
118 Vgl. Kramp, »Rosarium vitae Christi«. Zur Meditation des Lebens Jesu in der frühen Gesellschaft Jesu (2019).
119 Kramp, Begegnung mit den Geheimnissen des Lebens Jesu, 68.
120 Ebd.
121 Ebd. 72.
122 Ebd. 73.
123 Ebd. 77 f.
124 Hugo Rahner, Zur Christologie der Exerzitien des heiligen Ignatius, 254.
125 Ebd. 255.
126 Vgl. z. B. Batlogg, Der evangelische Papst, 67–96 (»Der Jesuit«); Deck, Francis, Bishop of Rome, 17–31 (»Jesuit Roots«); Waldenfels, Sein Name ist Franziskus, 13–26 (»Die geistlichen Quellen: Jesuitische Inspiration«).
127 »Als hätte Gott selbst gesprochen«, 50.
128 Ebd.
129 Vgl. Batlogg – Zulehner, Der Reformer, 178–181 (»Top down oder bottom up: Synodale Vorgänge dauern!«).
130 Kasper, Das Feuer des Evangeliums, 57.
131 Spadaro, Das Interview mit Papst Franziskus, 31.
132 Dokumentation in: www.vatican.va/content/francesco/de/homilies/2013/documents/papa-francesco_20130731_omelia-sant-ignazio.html.
133 Dokumentation in: https://www.vatican.va/content/francesco/de/speeches/2016/october/documents/papa-francesco_20161024_visita-compagnia-gesu.html.
134 Zitiert nach: www.vatican.va/content/francesco/de/speeches/2014/october/documents/papa-francesco_20141004_incontro-per-la-famiglia.html.
135 Vgl. Waldenfels, Papst Franziskus und seine geistlichen Quellen (2014); Sievernich, Das theologische Profil von Papst Franziskus / Pater Jorge Mario Bergoglio SJ (2015).
136 Vgl. Wandinger, Aus persönlicher Gotteserfahrung unterscheiden, entscheiden und (dramatische) Prozesse anstoßen (2016).
137 Vgl. Borghesi, Papst Franziskus (2020), bes. 84–111 (»Die Philosophie der Polarität«), 249–279 (»In der Schule des heiligen Ignatius von Loyola. Das Leben als Zeugnis«).
138 Marti, Gott im Diesseits, 45.
139 Ebd.
140 Rahner, Über den Versuch eines Aufrisses einer Dogmatik, 14 f.
141 Rahner, Was heißt Jesus lieben?, 17.
142 Ebd. 12.
143 Ebd. 18.
144 Strauß, Die Fehler des Kopisten, 136.
145 Rahner, Was heißt Jesus lieben?, 32.
146 Rahner, Bemerkungen zur Bedeutung der Geschichte Jesu für die katholische Dogmatik, 215.
147 Ebd.
148 Gemmingen, Wenn wir die Heiligen fragen könnten, 8.
149 Bachl, Der schwierige Jesus, 32.
150 Vgl. https://abtei-kornelimuenster.de/spirituelles/bilder-brooks-gerloff.html?view=article&id=81:brooks-gerloff-unterwegs-nach-emmaus&catid=48.
151 Vgl. Bulst, Das Grabtuch von Turin. Forschungsberichte und Untersuchungen (1955); ders., Das Grabtuch von Turin. Zugang zum historischen Jesus? Der neue Stand der Forschung (1978); ders. – Pfeiffer, Das Turiner Grabtuch und das Christusbild. Bd. 1: Das Grabtuch, Forschungsberichte und Untersuchungen (1987), Bd. 2: Das Grabtuch, der Schleier von Manoppello und ihre Wirkungsgeschichte (1991); ders., Betrug am Turiner Grabtuch. Der manipulierte Carbontest (1990).
152 Vgl. Bulst – Pfeiffer, Das Turiner Grabtuch und das Christusbild. Bd. 2, 14–19.
153 Vgl. Bulst – Pfeiffer, Das Turiner Grabtuch und das Christusbild. Bd. 2, 65-72.

154 Dokumentation: http://www.vatican.va/content/benedict-xvi/de/speeches/2006/september/documents/hf_ben-xvi_spe_20060901_manoppello.html.
155 Bulst – Pfeiffer, Das Turiner Grabtuch und das Christusbild. Bd. 2, 103.
156 Ebd. 104.
157 Vgl. Kapellari, Braucht Religion Bilder?, in: ders., In und Gegen, 26–28.
158 Zitiert nach: Rombold, Der Streit um das Bild, 11.
159 Stock, Wozu brauchen Christen Bilder?, 17.
160 Denzinger – Hünermann 601.
161 Vgl. ebd. 605.
162 Vgl. Schönborn, Die Christus-Ikone, 139–225.
163 Stock, Wozu brauchen Christen Bilder?, 17.
164 Rombold, Der Streit um das Bild, 12.
165 Stock, Ist die bildende Kunst ein locus theologicus?, 129.
166 Kapellari, Heilige Bilder, in: ders., In und Gegen, 29–31, 30.
167 Kapellari, Das Bild des Glaubens, 15.
168 Ebd. 16.
169 Küng, Das »wahre« Jesusbild, zitiert nach: Bock, Christus-Bilder der Nähe Gottes, 5.
170 Küng, Christ sein, 120. – Die deutschen Bischöfe sahen sich 1977 dazu genötigt, eine eigene »Erklärung« zu diesem Erfolgsbuch von 1974 abzugeben.
171 Vgl. https://www.austrianhospice.com/.
172 Vgl. Batlogg, Franz Michel Willam als Leben-Jesu-Schriftsteller (2003).
173 Vgl. ebd. 100.
174 Ratzinger – Benedikt VI., Vorwort, 10.
175 Guardini, Der Herr, XI.
176 Iserloh, Innerkirchliche Bewegungen und ihre Spiritualität, 309.
177 Kroll, Auf den Spuren Jesu ([12]2002).
178 Wrembek, Vorwort zur zwölften Auflage, in: Kroll, Auf den Spuren Jesu, 8.
179 Gräßer, Die historisch-kritische Methode als Verstehenshilfe, 33.
180 Vgl. Theißen – Merz, Der historische Jesus, 21–33.
181 Schweitzer, Von Reimarus zu Wrede, 399.
182 Ebd. 620 f.
183 Vgl. Seewald, Benedikt XVI., 875.
184 Benedikt XVI., Letzte Gespräche, 237.
185 Seewald, Benedikt XVI., 879.
186 Ebd.
187 Benedikt XVI., Letzte Gespräche, 235 f.
188 Söding, Vorwort, 11.
189 Seewald, Benedikt XVI., 877.
190 Ratzinger – Benedikt XVI., Vorwort, 10.
191 Ebd. 14.
192 Ebd. 22.
193 Vgl. Tück, Annäherungen an »Jesus von Nazareth«. Das Buch des Papstes in der Diskussion (2007); Häring, »Jesus von Nazareth« in der wissenschaftlichen Diskussion (2008); Ruh, Das Jesusbuch des Papstes – Die Debatte (2008).
194 Vgl. Seewald, Benedikt XVI., 1017.
195 Vgl. Söding, Tod und Auferstehung Jesu. Theologische Antworten auf das Buch des Papstes (2011); Tück. Passion aus Liebe. Das Jesus-Buch des Papstes in der Diskussion (2011).
196 Ratzinger – Benedikt XVI., Jesus von Nazareth. Prolog, 9.
197 Ebd.
198 Schillebeeckx, Das Evangelium erzählen, 60.
199 Vgl. Kügler, Die Geburt Jesu aus dem Geist der Wissenschaft (1997).
200 Vgl. Der schwarze Christus. Wege afrikanischer Christologie (1989).
201 Lüdemann, Jesus nach 2000 Jahren, 886.
202 Vgl. Pesch – Stachel, Augstein's Jesus (1972). Auch Karl Rahner äußert sich darin.
203 Vgl. Söding, Der Menschensohn. Zu Rudolf Augsteins neuem Jesusbuch (1999); Fikensche, Jesus, made by Augstein (1999).
204 Augstein, Jesus Menschensohn, 7.
205 Ebd. 8.
206 Ebd.
207 Guardini, Die Daseinsgestalt Jesu, 611.
208 Vgl. z. B. Zwick, Evangelienrezeption im Jesusfilm (1997); Langenhorst, Jesus ging nach Hollywood (1998).
209 Vgl. Schmitthals, 75 Jahre: Bultmanns Jesus-Buch (2001); Körtner, Jesus im 21. Jahrhundert (2002);
210 So der Untertitel des Sammelbandes »Jesus von Nazareth und das Christentum« von Daecke – Sahm (2000).
211 Vgl. Kollmann, Die Jesus-Mythen (2009).
212 Vgl. Dirnbeck, Falsches Zeugnis wider Jesus (2002).

213 Vgl. O'Reilly – Dugard, Killing Jesus (2014).
214 Vgl. Wohlmuth, Jesu Weg – Unser Weg (2002).
215 Sander, nicht verleugnen, 16.
216 Lambert, Gott umarmt uns durch die Wirklichkeit, 94.
217 Ebd. 95.
218 Ebd. 95–97, Anm. 1.
219 Ebd. 96.
220 Vgl. Stock, Katholische Züge, 209.
221 Oosterhuis, Ich steh vor dir, 73.
222 Stock, Poetische Dogmatik. Christologie, Bd. 1, 18.
223 Ebd. 165.
224 Ebd. 168 f.
225 Vgl. ebd. 171.
226 Ebd. 171 f.
227 Ebd. 172.
228 Schnackenburg, Freundschaft mit Jesus, 45.
229 Bonnefoy, Berichte im Traum, 140, zitiert nach: Stock, Liturgie und Poesie, 56.
230 Vgl. Stock, Poetische Dogmatik. Christologie, Bd. 1, 69–93, 117–149.
231 Ebd. 145.
232 Zitiert nach: Morgenlob – Abendlob. Mit der Gemeinde feiern. Fastenzeit – Osterzeit. Dienstbuch. Erarbeitet von Paul Ringseisen u. a. Hg. v. Amt für Kirchenmusik im Ordinariat des Erzbistums München und Freising. Planegg 2004, 160-162.
233 Hoeren – Kutschki, Kleines Credo für Verunsicherte, Vorwort, 7.
234 Küng, Credo, 9.
235 Rahner, Über den Versuch eines Aufrisses einer Dogmatik, 19 f.
236 Rahner, Die Forderung nach einer »Kurzformel« des christlichen Glaubens, 156.
237 Rahner, Reflexionen zur Problematik einer Kurzformel des Glaubens. – Vgl. dazu Stock, Kurzformeln des Glaubens (1969); Skeb, Karl Rahners Kurzformeln des Glaubens (1992).
238 Pröpper, Erlösungsglaube und Freiheitsgeschichte, 39.
239 Ebd. 40.
240 Dazu mehr im Abschnitt »Jesusbaby und Jesusleiche« in Kapitel 26.
241 Vgl. dazu ausführlich Batlogg, Die Mysterien des Lebens Jesu bei Karl Rahner, 385–398 (»Vision einer Dogmatik«).
242 Vgl. ebd. 390 f. (Zweiter Hauptteil: Spezielle Dogmatik, Zweiter Teil, C. Der Erlöser. I. Theologie der Geschichte der Menschheit auf den Erlöser hin; II. Die Inkarnation als Erlösung; III. Theologie des Lebens Jesu).
243 Rahner, Über den Versuch eines Aufrisses einer Dogmatik, 9.
244 Ebd. 11.
245 Ebd. 20.
246 Ebd.
247 Rahner, Probleme der Christologie von heute, 211.
248 Ebd. 212.
249 Rahner, Dogmatische Fragen zur Osterfrömmigkeit, 159 .
250 Ebd. (Hervorhebung AB).
251 Ebd. 161.
252 Löhrer – Feiner, Die Mysterien des Lebens Jesu, 1, Anm. 2.
253 Grillmeier, Geschichtlicher Überblick über die Mysterien Jesu im Allgemeinen, 3.
254 Ebd.
255 Ebd. 17.
256 Wiederkehr, Erlösungsglaube im Horizont menschlicher Unheilserfahrung und praktischer Heilsverantwortung, 241.
257 Ebd. 242.
258 Erasmus von Rotterdam, Ratio seu methodus compendio perveniendi ad veram theologiam, 102 A.
259 Jens, Erasmus von Rotterdam, 15; vgl. ders., Pathos und Präzision, 143.
260 Stier, Vielleicht ist irgendwo Tag, 80 f.
261 Ders., An der Wurzel der Berge, 204.
262 Vgl. Schierse, Christologie, 12.
263 Rahner, Im Namen Jesu, 45 f.
264 Sowohl die überarbeitete Fassung der Einheitsübersetzung von 2016 als auch die revidierte Fassung der Lutherbibel von 1984 übersetzen übereinstimmend mit »Weg« bzw. »neuer Weg«; Fridolin Stier übersetzt mit »die den Weg befolgen«. Davon gravierend abweichend übersetzt Ulrich Wilckens mit »Anhänger der christlichen Lehre«. Völlig anders übersetzen Klaus Berger und Christiane Nord: »die christlichen Männer und Frauen« – auf welcher Textgrundlage?
265 Stock, Hier bin ich, 56.
266 Dokumentation in: www.vatican.va/roman_curia/congregations/cfaith/

documents/rc_con_cfaith_doc_20000806_dominus-iesus_ge.html.
267 Küng, Dominus Jesus?, 253.
268 Ebd. 255.
269 Ohlig, Fundamentalchristologie, 413.
270 Stock, Poetische Dogmatik. Christologie, Bd. 1, 115.
271 Ebd. 33.
272 Schillebeeckx, Jesus, 486.
273 Vgl. Stier, Vielleicht ist irgendwo Tag, 25–28. – In Kapitel 28 gehe ich näher darauf ein.
274 Stier, An der Wurzel der Berge, 163.
275 Stier, Vielleicht ist irgendwo Tag, 38.
276 Ratzinger / Benedikt XVI, Jesus von Nazareth I, 20.
277 Ebd. 21.
278 Stier, Vielleicht ist irgendwo Tag, 69.
279 Ders., An der Wurzel der Berge, 137.
280 Ebd. 148.
281 Vgl. ebd. 196–204.
282 Vgl. ebd. 204–207.
283 Ebd. 205.
284 Ebd. 206.
285 Ebd. 207.
286 Ebd. 208.
287 Ebd. 209.
288 Ebd. 205.
289 Ebd. 207.
290 Ebd. 197.
291 Dostojewskij, Der Großinquisitor, 10.
292 Ebd. 13 f.
293 Ebd. 31.
294 Vgl. Dostojewskij, Der Großinquisitor, 40–43. – Als Jesuit liest man betroffen, welche Jesuitenklischees hier bemüht werden!
295 Ebd. 42.
296 Ebd. 44 f.
297 Vgl. Guardini, Religiöse Gestalten in Dostojewskijs Werk, 129–145.
298 Stier, Vielleicht ist irgendwo Tag, 114.
299 Ders., An der Wurzel der Berge, 206 f.
300 Ebd. 207.
301 Ratzinger, Salz der Erde, 226.
302 Ebd. 227.
303 Ebd. 242.
304 Ebd. 243.
305 Ratzinger, Gott und die Welt, 627.
306 Bonhoeffer, Widerstand und Ergebung, 209 f.
307 Rahner, Die ignatianische Mystik der Weltfreudigkeit, 337.
308 Ebd.
309 Rahner, Der Pfarrer, 261 f.
310 Waldenfels, Christus und die Religionen, 11 f.
311 Ebd. 12.
312 Ebd. 14.
313 Ebd. 23.
314 Guardini, Das Wesen des Christentums, 14.
315 Ders., Ein Gespräch vom Reichtum Christi, 265.
316 Ebd.
317 Rahner – Vorgrimler, Art. Wissen Christi, in: Kleines theologisches Wörterbuch, 388.
318 Ebd.
319 Bruners, Wie Jesus glauben lernte (1988), 9.
320 Bruners, Wie Jesus glauben lernte (22018), 9.
321 Bruners, Wie Jesus glauben lernte (22018), 19.
322 »Alle diese Erzählungen«, so Klaus Berger und Christiane Nord in ihrer Einleitung (in: Das Neue Testament und frühchristliche Schriften, 1334), »betreffen Jesus vor dem 12. Lebensjahr. Sie folgen damit einem Topos der antiken biographischen Literatur: Schon an den wunderbaren Ereignissen in der Kindheit wird die künftige Größe eines Menschen erkennbar. Im Unterschied zu den kanonischen Evangelien beansprucht eine derartige Sammlung niemals, das Ganze oder auch nur das Wichtigste zu bieten. Es geht um typische ›ergänzende‹, komplettierende Literatur zu bis dahin weißen Flächen in der Biographie.«
323 Bruners, Wie Jesus glauben lernte (22018), 22.
324 Ebd. 22 f.
325 Ebd. 23.
326 Zitiert nach: www.vatican.va/paul-vi/de/travels/documents/terrasanta/html.
327 Zitiert nach: Paul VI., Christus und der Mensch heute, 83 f.
328 Ebd. 84 f.
329 Bachl, Der schwierige Jesus, 53.
330 Bachl, Jesus, ein Übermensch?, 90.
331 Ebd. 89 f.
332 Bruners, Wie Jesus glauben lernte (22018), 6.

333 Vgl. ebd. 30–59: »Was Jesus bei Johannes lernt und warum er ihn irritiert«.
334 Ebd. 77.
335 Ebd. 79 f.
336 Schnackenburg, Das Johannesevangelium, II. Teil, 77.
337 Bruners, Wie Jesus glauben lernte (22018), 177.
338 Metz, Memoria passionis, 8; vgl. ders., Trotzdem hoffen (1993); ders., Karsamstagschristologie (2011).
339 Vgl. Tück, Pandemie – eine Geißel Gottes?, in: Kasper – Augustin (Hg.), Christsein und die Corona-Krise, 135–158.
340 Bruners, Wie Jesus glauben lernte (22018), 177 f.
341 Ebd. 179.
342 Kehl, [Rezension:] Bachl, Gottfried: Der schwierige Jesus, 354.
343 Ebd. 355.
344 Bachl, Der schwierige Jesus,.12 f.
345 Ebd. 37.
346 Ebd. 40.
347 Ebd. 44.
348 Ebd. 61.
349 Ebd. 65.
350 Ebd. 85.
351 Ebd. 79.
352 Ebd. 103.
353 Bachl, Andacht zum erwachsenen Jesus (Mk 3,20-21.31-35), 87.
354 Holl, Jesus in schlechter Gesellschaft, 82.
355 Bruners, Wie Jesus glauben lernte (22018), 90.
356 Ebd. 91.
357 Bachl, Der schwierige Jesus, 69.
358 Vgl. ebd.
359 Holl, Jesus in schlechter Gesellschaft, 176.
360 Bachl, Andacht zum erwachsenen Jesus (Mk 3,20-21.31-35), 87.
361 Metz, »Der gefährliche Christus« – oder Vermutungen über eine Unterbrechung der Moderne (1985), 97.
362 Agraphon Nr. 80, zitiert nach: Das Neue Testament und frühchristliche Schriften, 1127. – Das Wort findet sich auch im »Unbekannten Berliner Evangelium« (UBE 9,7), erst seit 1998 als »Papyrus Berolinesis 22 220« bekannt. Es handelt sich um eine Homilie des Origenes zu Jeremia 20,3.
363 Metz, »Der gefährliche Christus« – oder Vermutungen über eine Unterbrechung der Moderne (1985), 97.
364 Ebd. 97 f.
365 Ebd. 99.
366 Wilmer, Gott ist nicht nett, 21 f.
367 Ebd. 24.
368 Ebd. 22.
369 Ebd.
370 Ebd.
371 Ebd.
372 Ebd.
373 Ebd. 25.
374 Ebd. 198.
375 Ebd. 202.
376 Dokumentiert in: www.st-michael-muenchen.de/fileadmin/Redaktion/Predigten_MP3/2020/Predigt_Andreas_Batlogg_SJ_St_Michael_041020.mp3.
377 Vgl. www.jm-hohenems.at; Eichmann-Leutenegger, Grenzen überschreiten. »Heimat Diaspora« – das Jüdische Museum Hohenems in einer opulenten Dokumentation (2008).
378 Vgl. Benz, Israelkritik und Antisemitismus (2012).
379 Batlogg, Alltags-Antisemitismus (2013).
380 Tück, Einleitung, 9 f.
381 Vgl. die Kurzinformationen bei Petzel – Reck, Art. Beschneidung (2020).
382 »Interreligiöser Dialog ist gottgewollt«, zitiert nach: Batlogg, Jesuiten und Juden, 418.
383 Ebd.
384 Ebd. 419.
385 Delgado, Juden und Christen in Spanien, 111.
386 Ebd.
387 O'Malley, Die ersten Jesuiten, 220.
388 Ebd.
389 Ebd.
390 O'Malley, Die ersten Jesuiten, 220.
391 Monumenta Ignatiana, Epistolae et Instructiones V, 335, zitiert nach: Maron, Ignatius von Loyola, 266.
392 O'Malley, Die ersten Jesuiten, 221.
393 Maron, Ignatius von Loyola, 267.
394 Tellechea, Ignatius von Loyola, 297.
395 O'Malley, Die ersten Jesuiten, 221.
396 Ebd. 223.
397 Vgl. Koch, Jesuiten und Judenverfolgungen (1926).
398 Reites, Die Juden, 429.

399 Maron, Ignatius von Loyola, 268.
400 Rutishauser, Christsein im Angesicht des Judentums, 8.
401 Zitiert nach: www.dbk-shop.de/media/files_public/4b095cf1f3711b9b1524e8be-ca7d78d5/DBK_1126.pdf.
402 Ebd.
403 Lapide, Was ich von Jesus glaube, 38.
404 Homolka – Striet, Vorwort, 9.
405 Homolka, Der historische Jesus aus jüdischer Sicht, 24.
406 Ebd. 34.
407 Ebd. 67.
408 Ebd. 67.
409 Ebd. 70.
410 Striet, Christliche Theologie im Angesicht des Judeseins Jesu, 74.
411 Ebd. 121.
412 Ebd.
413 Ebd. 126.
414 Ebd. 127.
415 Ebd. 133.
416 Thiede, Wer ist der kosmische Christus?
417 Teilhard de Chardin, Der göttliche Bereich,195; vgl. Cuypers, Teilhard Wörterbuch, 25.
418 Cuypers, Teilhard Wörterbuch, 25 f.
419 Ebd. 75.
420 Vgl. Kummer, Der Fall Darwin, 216–227 (»Teilhard de Chardin: ein kühnes System und seine Brüche«).
421 Ebenso warmherzig wie vielsagend ist diesbezüglich die Ansprache von René d'Quince SJ bei der Messe für die Seelenruhe von Pierre Teilhard de Chardin in der Kapelle Rue de Sèvres am 27. April 1955, die als Anhang V bei de Lubac (Teilhard des Chardins religiöse Welt, 390–383) abgedruckt ist.
422 Kummer, Der Fall Darwin, 294.
423 Rahner, Was heißt Jesus lieben?, 21.
424 Haas, Welt in Christus – Christus in Welt, 369.
425 Teilhard de Chardin, Christologie und Evolution, 93.
426 Ebd. 115.
427 Schmidkonz, Kreuzweg-Erfahrungen, 51.
428 Ebd. 52; vgl. dazu die Bildinterpretation von Rolf Baumann, in: Widmann (Hg.), Die Bilder der Bibel von Sieger Köder, 174.
429 Biesinger, Kinder nicht um Gott betrügen, 20 f.
430 Ders., Wenn die Enkelkinder nach Gott fragen, 27.
431 Ders., Kinder nicht um Gott betrügen, 80 f.
432 Ebd. 80.
433 Gordan, Ich will Jesus sehen, 87.
434 Ebd.
435 Anlass war ein Vortrag bei der II. Internationalen Tagung der SOS-Kinderdörfer in Hinterbrühl bei Wien.
436 Untertitel: »Meditationsskizzen zu Mt 18, 3«. – 1967 erstmals erschienen, erlebte das Bändchen inzwischen zehn Auflagen (102011).
437 Ders., Kinder nicht um Gott betrügen, 17.
438 Ebd.; vgl. ders., Wo Kinder sind, ist Gott schon da, 7.
439 Zitiert nach: https://www.jesus.de/gibts-den-in-echt-ich-will-jesus-zum-anfassen/.
440 Halík, Berühre die Wunden, 17.
441 Halík, Nicht ohne Hoffnung, 117.
442 Ebd. 118.
443 Kollas (Hg.), Hirtenbriefe, 113 (vgl. https://www.klaus-hemmerle.de/de/werk/ostergruss-1993.html#/reader/0).
444 Lambert, Gott umarmt uns durch die Wirklichkeit, 99 f.
445 Gordan, Ich will Jesus sehen, 88.
446 Ebd.
447 Ebd.
448 Rahner, Was heißt Jesus lieben?, 19.
449 Ebd. 19 f.
450 Lessing, Werke 8, 14; zitiert nach: Jesus der Offenbarer II, 65.
451 Rahner, Grundkurs des Glaubens, 224.
452 Ebd. 226.
453 Vgl. dazu Hugo Rahner, Die ›Anwendung der Sinne‹ in der Betrachtungsmethode des hl. Ignatius von Loyola, 354 f.
454 Metz, Glaube in Geschichte und Gesellschaft, 200.
455 Kierkegaard, Einübung im Christentum, 70 f. (= XII, 60).
456 Ebd. 71. (= XII, 60).
457 Ebd. 13 (= XI, 1).
458 Ebd. 71 (= XII, 60).
459 Vgl. dazu die instruktive Studie von Wolff, Das Problem der Gleichzeitigkeit des Menschen mit Jesus Christus bei Søren Kierkegaard im Blick auf die Theologie Karl Rahners, bes. 27–48.

460 Rahner – Vorgrimler, Art. Gleichzeitigkeit, 137.
461 Ebd.
462 Rahner – Vorgrimler, Art. Wiederholung, 386.
463 Rahner – Vorgrimler, Art. Anamnese, 18.
464 Rahner, Heilige Stunde und Passionsandacht, 15; leichter zugänglich in: ders., Gebete des Lebens, 80.
465 Zitiert nach: http://www.vatican.va/content/francesco/de/homilies/2021/documents/papa-francesco_20210403_omelia-vegliapasquale.html.
466 Bachl, Der schwierige Jesus, 9.
467 Bleistein, Alfred Delp, 408.
468 Vgl. Bethge, Dietrich Bonhoeffer, 1102; Schlingensiepen, Dietrich Bonhoeffer, 359.
469 Bonhoeffer, Nachfolge, 11.
470 Hugo Rahner, Die ›Anwendung der Sinne‹ in der Betrachtungsmethode des hl. Ignatius von Loyola, 344–369.
471 Sudbrack, Die »Anwendung der Sinne« als Angelpunkt der Exerzitien, 100.
472 Vgl. Schulz, Nachfolgen und nachahmen (1962).
473 Karl Rahner, Nachfolge des Gekreuzigten, 189.
474 Ebd.
475 Ebd.
476 Hugo Rahner, Eine Theologie der Verkündigung, 102.
477 Kierkegaard, Einübung im Christentum, 237 (= XII, 217).
478 Ebd. 237 (= XII, 217).
479 Ebd. 253 (= XII, 231).
480 Ebd. 254 (= XII, 231).
481 Ebd. 255 (= XII, 232).
482 Ebd. 258 (= XII, 235).
483 Guardini, Das Wesen des Christentums, 24.
484 Vgl. Zwick, Die bittersten Leiden; ders. – Lentes (Hg.), Die Passion Christi. Der Film von Mel Gibson und seine theologischen und kunstgeschichtlichen Kontexte (2004).
485 Vgl. Ignatius von Loyola, Briefe und Unterweisungen, 50–52 (MI Epp. I, 145–147).
486 Tellechea, Ignatius von Loyola, 256; vgl. Ravier, Ignatius von Loyola gründet die Gesellschaft Jesu, 28–30.
487 Ravier, Ignatius von Loyola gründet die Gesellschaft Jesu, 472.
488 Ebd. – Hugo Rahner (Die Vision des heiligen Ignatius in der Kapelle von La Storta, 54) wies allerdings schon 1935 auf Petrus Canisius hin, der (gegen den Ignatius-Biografen Pedro de Ribadeneira) eingewandt hatte, dass es »nicht ganz richtig (sei), diese Vision als einzigen oder auch nur hauptsächlichen Grund anzuführen, den Ignatius zu dieser Namensgebung bewogen hat.«
489 Hugo Rahner (Die Vision des heiligen Ignatius in der Kapelle von La Storta, 79) kennt eine dreifache Überlieferungsreihe: »Ego ero vobis Ramiae propitius« (Laínez); »Ego vobis propitius ero« (Nadal); »Ego vobiscum ero« (Nadal). Von Petrus Canisius ist »io sarò con voi« überliefert.
490 Kiechle, Ignatius von Loyola, 62.
491 Delp, Briefe und Notizen, 83 f., 83 (Brief Nr. 48).
492 Ebd. 84.
493 Delp, Das Schicksal der Kirchen, 319.
494 Ebd. 320.
495 Delp, Tagebuch der Großen Exerzitien, 260.
496 Bachl, Der schwierige Jesus, 53.
497 Bachl, Andacht zum erwachsenen Jesus (Mk 3, 20-21.31-35), 86.
498 Bachl, Der schwierige Jesus, 53 f.
499 Bachl, Andacht zum erwachsenen Jesus (Mk 3, 20-21.31-35), 87.
500 Ebd. 86.
501 Bachl, Der schwierige Jesus, 109.
502 Ebd. 110.
503 Ebd. 56.
504 Ebd. 110.
505 Stier, Vielleicht ist irgendwo Tag, 62 f.
506 Ebd. 63.
507 Ebd. 26 f.
508 Ebd. 27.
509 Ebd. 27 f.
510 Machoveč, Jesus für Atheisten, 1.
511 Ebd.
512 Kern, Disput um Jesus und um Kirche, 17.
513 Ebd. 34.
514 Pröpper, Der Jesus der Philosophen und der Jesus des Glaubens (1976).
515 Kern, Disput um Jesus und um Kirche, 36. – Der Ausdruck »Christus inkognito« geht auf Karl-Josef Kuschel (Jesus in der deutschsprachigen Gegenwartsliteratur, 318) zurück.

516 Zitiert nach Krantz, Lexikon der christlichen Weltliteratur, 711.
517 Rahner, Theologische Deutung der Position des Christen in der modernen Welt, 45; ders., Der Christ und seine ungläubigen Verwandten, 423.
518 Martini – Eco, Woran glaubt, wer nicht glaubt? (1998); vgl. dazu Sudbrack, Der Skeptiker und der Kardinal. »Die Gottesfrage klopft wieder an die Tür« (1999).
519 Kurzke – Wirion, Unglaubensgespräch (2005).
520 Grunden, Wer glaubt, fragt (2010).
521 Stier, Vielleicht ist irgendwo Tag, 134.
522 Vgl. Ignatius von Loyola, Bericht des Pilgers, Nr. 34; und dazu die entsprechende Anmerkung 111 von Knauer in: Ignatius von Loyola, Gründungstexte der Gesellschaft Jesu, 35 (die Originalbezeichnung: MI Scripta II, 369).
523 Switek, Die Eigenart der Gesellschaft Jesu im Vergleich zu den anderen Orden in der Sicht des Ignatius und seiner ersten Gefährten, 219.
524 Knauer, Der Name »Gesellschaft Jesu«, in: ders., Hinführung zu Ignatius von Loyola, 85.
525 Ebd. 88.
526 Ebd.
527 Knauer, Kleine und große Gesellschaft Jesu, 24.
528 Papst Franziskus, »Mit Frieden gewinnt man alles«, 227.
529 Arrupe, Mein Weg und mein Glaube, 48.
530 Alle Zitate nach: Gabriela Herpell, »Heute wäre Jesus auf einem Boot im Mittelmeer«.
531 Bischof mahnt christlich-soziale Politik ein; zitiert nach: https://religion.orf.at/stories/3201759/.
532 Geißler, Was würde Jesus heute sagen?, 151.
533 Ebd. 154.
534 Riccardi, Alles kann sich ändern, 227.
535 Ebd. 245.
536 Zitiert nach: http://www.vatican.va/content/francesco/de/events/event.dir.html/content/vaticanevents/de/2018/1/17/giovanimaipu-cile.html.
537 Zur Entstehungsgeschichte vgl. Dürr, Johann Sebastian Bach, 742–748.
538 Abgedruckt in: Scholl – Hartnagel, Damit wir uns nicht verlieren, 463 f.
539 Abgedruckt in: ebd. 466 f., Zitat: 467.
540 Biser, Der Freund, 34.
541 Tück, Pandemie – eine Geißel Gottes?, 136.
542 Papst Franziskus, Ich glaube, 150 f.
543 Ebd. 143.
544 Ebd. 144.
545 Vgl. Steiner, Das Kreuz mitten in der Kirche (2014).
546 Vgl. Stock, Das Wappen der Jesuiten, in: ders., Poetische Dogmatik. Christologie 2, 51–63.
547 Vgl. Stock, Poetische Dogmatik. Christologie 1, 69–83, 117–149.
548 Quellen: Delp, Briefe und Notizen, in: ders., Gesammelte Schriften 4, 83 f.; Rahner, Die Forderung nach einer »Kurzformel« des christlichen Glaubens, 161; ders., »Ich glaube an Jesus Christus«, 217.

Zitatnachweis

Wir haben uns bemüht, alle Rechteinhaber ausfindig zu machen, verlagsüblich zu nennen und zu honorieren. Sollte uns dies im Einzelfall nicht gelungen sein, wenden Sie sich bei berechtigten Ansprüchen an den Verlag.

S. 124ff. aus: Willi Lambert, Gott umarmt uns durch die Wirklichkeit (Topos Taschenbücher, Band 731). © Matthias Grünewald Verlag. Verlagsgruppe Patmos in der Schwabenverlag AG, Ostfildern 2010. www.verlagsgruppe-patmos.de.

S. 131f. aus Morgenlob – Abendlob. Mit der Gemeinde feiern. Fastenzeit – Osterzeit. Dienstbuch. Erarbeitet von Paul Ringseisen u. a. Hg. v. Amt für Kirchenmusik im Ordinariat des Erzbistums München und Freising. Planegg 2004, 160–162. Abdruck mit freundlicher Genehmigung. © Paul Ringseisen, Pfr.i.R., Bad Wörishofen.

Weihwasserkessel an der Sakristeitüre der Jesuitenkirche St. Michael in der Münchner Innenstadt. © Walter Glück.